PUHUA BOOKS

我们一起解决问题

5G新动能

数字经济时代的加速器

陈晓华　吴家富　主编

邓相军　李银科　郝东林　副主编

人民邮电出版社

北　京

图书在版编目（CIP）数据

5G新动能 ：数字经济时代的加速器 / 陈晓华，吴家富主编. -- 北京 ：人民邮电出版社，2020.4（2025.1 重印）
ISBN 978-7-115-53349-4

Ⅰ. ①5… Ⅱ. ①陈… ②吴… Ⅲ. ①移动通信－通信技术－产业发展－研究 Ⅳ. ①F407.63

中国版本图书馆CIP数据核字(2020)第007568号

内容提要

为了适应多样化的业务需求，实现真正意义上的万物互通互联，5G 网络不仅对网速提出了更高的要求，同时还对接入密度、网络延迟、可靠性等方面提出了更高的要求。作为新一代通信网络标准，5G 的商用普及将进一步推动万物互联化与数据泛在化的发展，为各行各业赋能，成为数字经济时代的加速器。

为了更好地帮助读者了解 5G 及其对各产业链和社会生活的重要影响，本书不仅介绍了 5G 相关知识，还介绍了许多融合了 5G 技术的最新应用案例，以展现最新的科技发展潮流，提升读者对 5G 的认识水平，让读者跟上 5G 时代的发展潮流，同时也为企业探索 5G 融合应用提供理论与技术支持。

本书适合政府、企业、科研机构人员，以及对 5G 应用感兴趣的人员阅读。

◆主　　编　陈晓华　吴家富
副 主 编　邓相军　李银科　郝东林
责任编辑　田　甜　程珍珍
责任印制　彭志环
◆人民邮电出版社出版发行　　北京市丰台区成寿寺路 11 号
邮编 100164　电子邮件 315@ptpress.com.cn
网址 http://www.ptpress.com.cn
涿州市京南印刷厂印刷
◆开本：787×1092　1/16
印张：18　　2020 年 4 月第 1 版
字数：300 千字　　2025 年 1 月河北第 4 次印刷

定　价：65.00 元

读者服务热线：（010）81055656　印装质量热线：（010）81055316

反盗版热线：（010）81055315

广告经营许可证：京东工商广登字 20170147号

本书编委会

本书编写出版支持单位：

沐盟集团

北京他山科技有限公司

青岛进化者小胖机器人科技有限公司

山东沐点智能科技有限公司

协進科技管理大学

深圳市优必爱信息科技有限公司

北京终极科技（VR）有限公司

知云时代（北京）教育科技有限公司

前　言

2016 年 G20 杭州峰会上提出，发展数字经济是中国创新增长的主要路径，这一倡议受到了各方的积极响应与支持；2017 年，“数字经济”被写进政府工作报告，这一举措将加快数字经济成长，让企业广泛受益、群众普遍受惠。

由此可见，数字经济已经成为中国的重要战略发展方向，被视为经济增长的新引擎。数字经济是近年来中国经济发展最活跃的领域，未来它会重塑各个行业的核心竞争力，促使技术、模式、产业、组织、文化等发生深刻的变革。

数字经济是经济增长的新引擎，而5G是数字经济时代的新引擎。马化腾说：“可以把 5G 网络看作一把钥匙，它能够帮我们解锁原先难以数字化的现实场景，让数字技术以更小的颗粒度重塑现实世界。”

5G 是指第五代移动通信技术（5th Generation Mobile Communication Technologies）。2015 年，国际电信联盟（ITU）明确了 5G 标准化的时间表，很多国家计划于 2020 年实现 5G 商用。2019 年 6 月 6 日，工业和信息化部正式向中国移动、中国电信、中国联通、中国广电发放 5G 商用牌照，跳过 5G 试商用阶段，中国由此正式进入 5G 商用元年。相较于之前提出在 2020 年实现 5G 商用的计划，中国的 5G 商用时间整整提前了一年。此外，韩国、美国、瑞士、英国也已经开通了 5G 服务，5G 正在从概念走向现实。

在 5G 之前，移动通信技术的发展走过了四个阶段，从 20 世纪 80 年代的 1G 开始，基本保持了 10 年一代的发展规律。1G 是以模拟通信为代表的模拟蜂窝语音通信，它使移动通话成为现实；2G 是以时分多址（TDMA）和频分多址（FDMA）为主的数字蜂窝语音技术，它大幅降低了通话成本，并引入了短信和无线应用协议（WAP）；3G 是以码分多址（CDMA）为核心的窄带数据多媒体移动通信，由此开始产生视频和互联网业务；而 4G 则是以正交频分复用（OFDM）和多入多出（MIMO）为核心的宽带数据移动互联网通信，它奠定了移动互联网的根基。

从 1G 时代到 4G 时代，移动通信技术的发展始终围绕着提升以带宽和速率为核心的连接能力这条主线。到了 5G 时代，这一情况发生了一些变化，5G 不再一味地追求人与人通信的体验速率，即达到 4G 的 10 ~ 100 倍，而是更强调满足物联网、边缘计算、行业应用等多种场景需求。

4G只有峰值速率和移动性两项指标，而国际电信联盟对5G定义了包括时延、连接数密度等在内的八大关键指标。例如，峰值速率要求10Gbit/s以上，连接密度要求百万级，时延要求毫秒级。4G网络已无法满足这种多样化的业务需求，所以5G技术应运而生。同时，不同于之前4G软硬一体的网络设备形态，5G网络架构具备了软件化、云化、服务化等天然特性，这给5G带来了更大的灵活性。

5G商用使移动互联的能力突破了传统带宽的限制，同时解决了时延和大量终端接入的问题，人类将进入集移动互联、智能感应、大数据、智能学习于一体的智能互联网时代。这个时代打破了人与人、人与物、物与物之间互联互通的界限，所有的人和物都将存在于一个有机的数字生态系统中，数字生态系统内的数据信息会呈爆发式增长，并通过智能方式传递。

相较于2G落后、3G跟随、4G并跑的情况，中国在5G技术研究方面处于全球领先地位，是全球信息通信产业中的重要力量。5G技术的发展不能单纯依靠电信运营商的努力。要想充分发挥5G技术的潜力，各行各业都要找到与5G技术的结合点，充分利用5G赋能产业发展，从而衍生出新产品、新业态，创造巨大的经济价值。因此，建设优秀的5G网络不是最终目的，各个产业运用5G网络的优势并抓住机遇进行变革才是关键。

可以说，5G融合应用是实现5G价值的关键。5G时代是一个融合的时代，工业、交通、医疗、能源、智慧城市、智能家居等，都将随着与5G的融合迎来新的发展。借助于5G低时延、大带宽、海量连接等特性，大规模、高性能的网络体系将铺设一条覆盖广泛的信息高速公路。5G进一步与其他技术融合，实现对各行业的赋能，真正做到“5G改变社会”。

为了更好地帮助人们了解5G，以及5G对各产业链和社会生活的重要影响，我们策划并编写了这本书。本书共分为十三章，前三章分别介绍了数字经济、5G的基本概念和5G的技术知识，第四章介绍了5G产业链，第五章到第十三章分别介绍了“5G+VR/AR”“5G+新媒体”“5G+金融科技”“5G+智慧教育”“5G+医疗”“5G+车联网”“5G+文化旅游”“5G+制造业”“5G+区块链”等5G融合应用的知识。

本书在策划过程中，得到了沐盟集团、北京他山科技有限公司、青岛进化者小胖机器人科技有限公司、山东沐点智能科技有限公司、协進科技管理大学、深圳市优必爱信息科技有限公司、北京终极科技（VR）有限公司、知云时代（北京）教育科技有限公司等单位给予的支持；在具体写作过程中，得到了北京邮电大学国家大学科技园的大力支持；中国移动通信联合会教育与考试中心也对本书的写作与出版给予了全方位的支持。

在编写本书的过程中，我们得到了很多同行以及相关行业朋友们的大力支持，我们还参考和借鉴了一些国内外相关著述，在此一并对相关人员表示衷心的感谢！

由于5G商用刚刚起步，其理论和实践还在不断地被探索和完善，让我们共同为推进5G的发展贡献一份力量。由于编者能力有限，书中难免有不足之处，欢迎广大读者批评指正。

目 录

第一章

数字经济：全球经济发展新主线

近年来，随着信息技术的发展与移动互联网的广泛普及，数字信息成为重要的生产、生活要素，数字经济作为一种新的经济形态日益成为全球经济发展的重要内容。数字经济的蓬勃发展不断催生出新产品、新模式、新业态，极大地激发出市场的潜能。世界各个国家逐渐认识到数字经济所带来的巨大发展机遇，纷纷顺应时代趋势，抢占数字经济发展的战略高地，数字经济正在成为全球经济发展的新主线。

一、何谓数字经济

近年来，“数字经济”成为社会生产、生活中的一个热词，以互联网、物联网、大数据、人工智能等新技术为代表的数字经济，在不断发展中迸发出引领时代的巨大能量。

在数字经济时代，人们通过刷脸即可轻松完成在线支付，点击手机屏幕就能自助办理各项业务，即使与医院相隔千里也能预约挂号、问诊看病，万千企业的数据管理走上“云端”，工厂车间实现智能化生产，智慧交通指挥决策平台助力交通治理……数字经济已经逐渐渗透到社会经济活动的各个环节，其概念越来越为人们所关注。那么，到底什么是数字经济呢？

数字经济是承接农业经济、工业经济的一种新的社会经济发展形态。随着数字经济的发展，人们对数字经济的认识也在不断深化。1996 年，美国经济学家唐·泰普斯科特（Don Tapscott）撰写的《数字经济：智力互联时代的希望与风险》出版，“数字经济”这一经济学术语被正式提出，唐·泰普斯科特因此被人们誉为“数字经济之父”；随后，曼纽尔·卡斯特（Manuel Castells）撰写的《信息时代三部曲：经济、社会与文化》、尼古拉斯·尼葛洛庞帝（Nicholas Negroponte）撰写的《数字化生存》等著作的出版和畅销，将数字经济的理念推广开来；1997 年 5 月，日本通产省在相关报告中对“数字经济”进行了定义；1998 年，美国商务部发布《新兴的数字经济》报告，数字经济被正式纳入美国官方统计中，此后联合国、欧盟等国际组织纷纷提出了数字经济的新概念，“数字经济”这一术语开始在社会中广泛流行。

时至今日，随着互联网技术的不断发展和社会信息化的不断推进，数字经济浪潮迅速席卷全球，各国纷纷聚焦数字经济的发展，人们对数字经济的概念有了更深刻和更全面的认识。2016 年 G20 杭州峰会通过的《二十国集团数字经济发展与合作倡议》指出：“数字经济是指以使用数字化的知识和信息作为关键生产要素、以现代信息网络作为重要载体、以信息通信技术的有效使用作为效率提升和经济结构优化的重要推动力的一系列经济活动。”

数字经济从最初用来客观衡量信息产业发展的态势，逐步成为引领全球经济发展的中坚力量，这一过程体现了信息技术的深度创新、融合与扩散。随着数字经济的深入发展，数字经济的内涵和外延也在不断发展和演变。其中，计算机制造、通信设备制造、电子设备制造、电信、广播电视和卫星传输服务、软件和信息技术服务等产业构成了数字经济的基础产业。

数字经济的发展离不开持续的技术创新，数字经济的本质在于信息化。信息化是充分利用信息技术，开发利用信息资源，促进信息交流和知识共享，提高经济增长质量，推动经济社会发展转型的历史过程。从产生的角度看，信息化层次包括信息产业化与产业信息化、产品信息化与企业信息化、国民经济信息化、社会信息化。其中，信息产业化与产业信息化是信息化的关键，也是数字经济的重要推动力。

信息产业化是指在信息化过程中，将信息开发、信息产品制造及信息服务等发展成为一个相对独立的产业——信息产业，提高信息产业增加值在国民生产总值中的比重并实现信息资源共享。

产业信息化是指以信息技术为手段对产业发展进行改造和提升，围绕物流、资金流、业务流、价值流和产品生命周期、企业生命周期、产业生命周期，构建以信息化带动其他要素流动的产业关联，对资源进行优化配置和整合，对过程进行优化重组。

如今，以互联网、云计算、大数据、物联网等为代表的信息技术获得了迅猛的发展，在信息技术的驱动下，企业的新陈代谢不断加速，以信息产业为主导的综合国力的竞争更加激烈。信息产业的发展为数字经济带来了巨大的增长动力，未来数字经济的增长潜力不容忽视，数字经济正引起越来越多的企业和国家的重视，成为全球经济高质量发展的新动能。

二、数字经济的特征

数字经济不但改变了人类社会的沟通方式、组织方式、生产方式、生活方式，也提升了人类的生产效率和交易效率。作为一种新的经济形态，数字经济正成为传统经济转型升级的重要驱动力，也成为全球新一轮产业竞争的制高点。与传统经济相比，数字经济呈现出独有的特征，具体体现在五个方面。

（一）数据是推动经济发展的关键因素

数据是数字经济最基础的要素。全球知名咨询公司麦肯锡称："数据，已经渗透到当今每一个行业和业务职能领域，成为重要的生产要素。人们对于海量数据的挖掘与运用，预示着新一波生产率增长和消费者盈余浪潮的到来。"数字经济凭借着源源不断的数据资源，正在成为世界各国博弈的新"战场"。

人类社会正在实时产生海量的数据，包括行为数据、交易数据、交往数据等，人们通过收集和分析这些数据来组织社会生产、消费、融资、投资等活动。在数字经济时代，移动互联网的普及、物联网产业的蓬勃发展，带来全球数据量的激增，大数据概念应运而生。所谓大数据，指的是需要新的处理模式才能获得更强决策力、洞察力和流程优化能力的海量、高增长率和多样化的信息资产。

如同农业生产要素中的土地和劳动力、工业生产要素中的技术和资本一样，数据已经成为数字经济时代的关键生产要素，以数据为驱动力的创新正在向科技研发、经济社会等各个领域扩展，成为国家创新发展的关键形式和重要方向。

例如，家电零售连锁企业国美电器专注于对供应链系统的升级和改造，打通了线下 2100 多家实体店、线上商城、国美 App 和社交电商"国美美店"，实现了全渠道融合。管理者能够实时掌握企业销售大数据，对每个产品、每家店铺的销售情况都能了如指掌，实现了企业数据资源的优化配置。

又如一些数据公司专门对病历文书的语义进行分析和结构化存储，形成了高质量的医疗大数据。数据公司将这些医疗大数据应用到健康管理、临床诊疗、新药研发等方面，对开发精准的健康管理方案、降低医疗成本以及针对性药物的生产等具有重要意义。

数据是数字经济的重要资源，谁掌握了数据，谁就掌握了经济发展的主动权。数据的流动与共享推动着商业流程跨越企业边界，编织全新的生态网络与价值网络。数据不仅能够为企业赋能，也对全球经济的发展起到巨大的驱动作用。从国家角度来看，数据是重要的战略资源，海量数据资源的合理利用能够为经济的发展插上“数字之翼”。因此，挖掘数据价值、激活经济发展正成为国家创新发展的关键形式和重要方向。

（二）数字基础设施创造新的行业环境

基础设施是指为社会生产和居民生活提供公共服务的物质工程设施，是用于保证国家或地区社会经济活动正常进行的公共服务系统，它是社会赖以生存和发展的一般物质条件。基础设施不仅包括公路、铁路、机场、通信、水电煤气等公共设施，即俗称的基础建设，而且还包括教育、科技、医疗卫生、体育、文化等社会事业，即社会性基础设施。

近年来，云计算、大数据、人工智能、物联网等技术协同发展，深度融入实体经济的发展中，成为数字经济发展的新引擎。新的经济动能的发展和传统实体经济的数字化转型离不开新一代基础设施的强有力支持，大规模数字基础设施的建设，也推动着数字经济向纵深方向发展。

传统基础设施如铁路、公路、机场、水利工程等重大基础设施的建设，是实现现实物理世界连通的重要基础。数字技术出现后，网络和云计算成为重要的信息基础设施。随着数字经济的不断发展，数字基础设施的概念不断扩展和延伸，5G、人工智能、工业互联网、物联网等成为经济活动的重要基础设施。数字基础设施逐渐实现了从现实世界到虚拟世界再到现实世界的连接。

简单来说，数字基础设施是指至少有一个部分包含信息技术的基础设施，一般可分为混合型数字基础设施和专用型数字基础设施两种类型（见图 1-1）。这两类数字基础设施共同为数字经济的发展提供了必要的基础条件，为社会创造出全新的行业环境，推动了经济社会的高质量发展。

图 1-1 数字基础设施类型

（三）供给方和需求方成为融合的“产消者”

在传统的经济活动中，供给侧和需求侧相互分离。在物质匮乏的工业化时代早期，供给侧是决定市场的重要宏观变量，需求的满足取决于供给的产品的数量。随着工业化的不断演进，物质方面有了很大改善，但完全按照消费者的需求来生产相关产品仍难以实现，因为产品的生产还受到技术和效率层面的限制。因此，供给侧和需求侧的界限依然非常清晰。

在数字经济时代，随着数字化技术的不断成熟，供给侧和需求侧的界限日益模糊。供给方和需求方成为融合的“产消者”，即参与生产活动的生产者也是消费者，消费者逐渐参与到供给侧的生产中来。“产消合一”揭示了数字经济时代的发展趋势，也让供给侧站在新的高度去审视消费者。供给侧从简单地接近消费者、尊重消费者，转向发自内心地了解消费者的需求，重视消费者的所思所想。消费者已成为推动创新的核心力量，所以产业模式的变革应围绕消费者需求的变化而展开。在数字经济时代，单凭企业的一己之力很难再创造出新的价值，只有发挥消费者自身的创造性，企业才能在数字浪潮中获得更多的财富。

如今，越来越多的企业在提供产品和服务的过程中会充分考虑用户需求，以最大限度地发挥出个性化生产的能力。大数据、人工智能、物联网等技术的发展为企业的个性化生产提供了有力支持，以用户需求为中心的商业模式，正在成为主导市场经济发展的新风口。例如，企业通过运用大数据技术，能够有效发现并分析客户的行为模式，帮助企业随时识别客户对某些产品或服务的需求变化，指导企业以客户需求为中心，更好地开展个性化的产品设计和产品营销推广活动，以及为客户提供更具针对性的售后服务。

供给方和需求方的融合重新定义了供应链、商业服务等内容，以数字技术为支撑的按需定制、个性化生产的新模式将成为许多企业的制胜法宝。

（四）人人参与，共建共享

数字技术的不断发展，为人类社会创造了新的发展空间。在信息技术的驱动下，数字经济呈现一种人人参与，共建共享的特点。越来越多的人有机会参与到数字经济的建设中，并分享数字经济发展的成果。

随着数字经济的发展，超越传统商业生态系统范畴的新型组织形态“数字经济体”应运而生。像亚马逊、阿里巴巴、谷歌、腾讯这些全球领先的互联网公司，在自身规模、分工协作、价值创造、规则发展等多个方面都有了质的飞跃，它们涉及的地区和领域愈加广泛，为数字经济创造了普惠共享的新价值，实现了科技、金融和贸易的普惠化。

1. 普惠科技

在科技领域，以云计算为代表的按需服务业务形态降低了科技成果及科技产品的获得成本，这让科技服务能够更快、更多、更好地在社会各阶层和群体中得到普及，企业或个人无须购买昂贵的软硬件产品和网络设备即可轻松获得自己所需的存储资源和网络资源。

2. 普惠金融

在金融领域，以大数据为支撑的新型信用评分模型对普惠金融的实现起到了至关重要的作用。金融企业通过挖掘客户的信息数据资源，包括互联网金融机构掌控的生态体系内积累的客户信息，以及通过外部各种渠道采集的客户信息，并对这些数据进行统计、概率计算，可以实现对不同个体进行精准的风险评估，进而为不同的个体匹配差异化的金融信贷服务，让更多的个体享受到适合其风险特质的金融信贷服务。

3. 普惠贸易

在全球贸易领域，数字经济为全球带来了普惠贸易的全新格局。一方面，中小微型企业、个体工商户等获得了更多地参与贸易的机会，贸易秩序更加公平、公正；另一方面，消费者可以直接与全球的商户进行沟通互联，参与到国际贸易中，并且获得更加多样化的产品和服务，实现全球性的消费。

（五）数字素养是基本人权

随着信息技术的发展和数字工具的普及，数字素养已成为 21 世纪公民参与经济和社会生活的必备生存技能。

早在 1994 年，以色列学者约拉姆·埃谢特 - 阿尔卡莱便提出了“数字素养”这一概念，他根据多年研究和工作经验，在分析了相关文献并开展试点研究之后，提出了数字素养的五个框架，全面阐释了数字素养的模式（见图 1-2）。

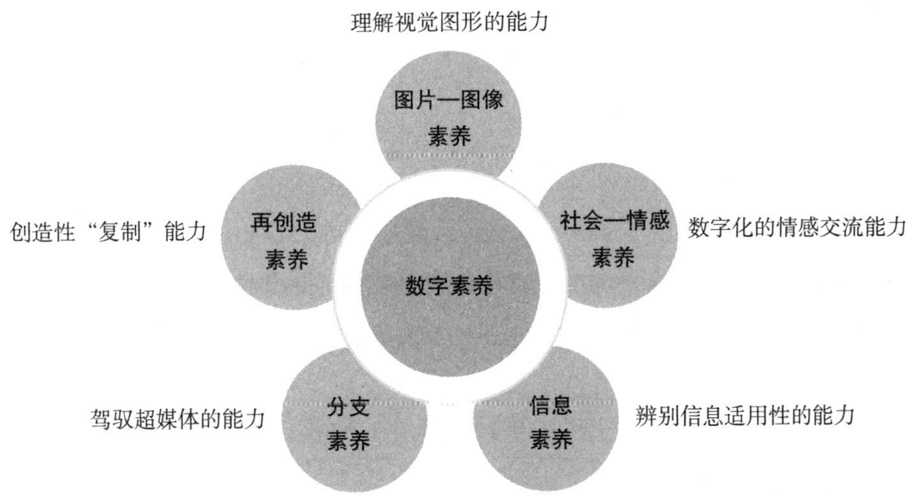

图 1-2　数字素养的框架

随着数字技术的发展，虽然一些人具备了一定的使用数字产品的能力，对一些数码设备和社交网站非常熟悉，但这并不代表他们具备了数字素养。数字素养意味着个体将基于信息通信技术的知识应用于数字世界，从而激发出数字潜力和创新能力，数字素养已经成为数字时代的基本人权。

正如印刷机出现之后，人们通过培养和运用读写能力改变了知识传播的途径一样，数字素养作为数字经济时代重要的技能之一，也将对经济的发展产生重大的影响。对于劳动者来说，市场对数字技术人才的需求正在急剧增长，培养较高的数字素养无疑为劳动者就业增添了新的“砝码”；对于消费者而言，提高个人的数字素养，能让其更好地享受数字化产品和服务，从而与数字时代接轨。总之，提高个人的数字素养是时代的新要求，也是数字经济发展的关键要素和重要基础。

三、推动数字经济发展的因素

新一代信息技术的发展加速推进了深化全球产业分工和经济结构调整的进程，信息技术已经成为推动全球产业变革的核心力量。新一阶段的技术和产业演进脉络日渐清晰，并不断催生出新的平台、新的模式，这不仅使经济结构得以优化，也有效带动了经济的增长。信息技术的不断发展，成为推动数字经济发展的关键因素。

（一）“云网端”技术的发展推动数字经济发展

近年来，随着云计算技术的普及和应用，成千上万台服务器能够通过虚拟化和分布式计算等技术按需提供计算能力和存储能力。而数据要素的投入，结合云计算的应用，大大降低了技术创新的成本，提高了创新效率，激发出新的生产力。移动互联网的飞速发展与传感器成本的降低，促进了物联网的推广和应用。

技术边界的不断扩展，引发了基础设施层次上的巨变，在铁路、公路、机场、水利等基础设施建设之上，架构起以“云网端”技术为核心的新型基础设施（见图1-3），并支撑起经济、社会活动的正常运作，“云网端”的概念逐渐流行开来。以“云网端”为基本结构的新基础设施成为推进数字技术与实体经济深度融合的重要力量。

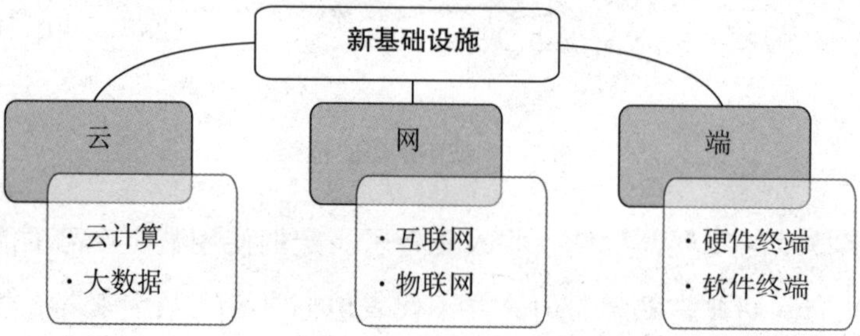

图 1-3　新基础设施

1.“云”的概念

“云”是指云计算及用于支撑云计算的大数据基础设施和资源。云计算又称网络计算，是分布式计算的一种，是指通过网络“云”将巨大的数据计算处理程序分解成无数个小程序，然后通过多部服务器组成的系统对这些小程序进行处理和分析并得出结果，最后将结果返回给用户。云计算中心汇聚了各种各样的数据，它能根据用户需要对数据进行处理和分流，让每一个使用互联网的人都可以便捷、低成本地使用网络上的庞大计算资源与数据。

国外的云平台服务商如谷歌 GAE、亚马逊 AWS、微软 Azure 等，都将云产品的研发作为主攻方向，中国的 IT 企业也在积极参与云技术的发展和应用，目前中国领先的云服务商包括阿里云、腾讯云、百度云、京东云、华为云等。

2.“网”的概念

“网”不仅包括原有的互联网，还拓展到人与人、人与物、物与物之间的交流，即物联网领域。在物联网领域，智能感知、识别技术与普适计算等通信感知技术的发展使网络承载能力不断提高，网络的新增价值得到持续挖掘。

随着互联网的深入发展，特别是移动互联网的全面兴起，新模式、新业态、新产业被不断催生出来，互联网作为大众创业、万众创新的基础支持平台，拓展了经济发展新空间，释放出推动数字经济发展的潜能。如今，由互联网延伸出的物联网也成为经济发展的新动力，被应用在物流、交通、安防、能源、医疗、建筑、制造、零售和农业等领域。

相关专家认为，在不久的将来，物联网技术将无处不在，人们将很难再找到没有连接物联网的设备，哪怕是一个最普通的水壶。即便是今天，人们已经可以通过手机来操控电灯、空调甚至是汽车，物联网正在以多样化的方式走进人们的生活。例如，人们可以将温控器连接到空调上组建智能温控系统，这样人们通过手机就可以控制每个房间的温度，还可以定制个性化模式，甚至可以实现基于位置的全自动温控调节。

3. “端”的概念

“端”就是终端，是计算机网络中处于网络最外围的设备，主要用于用户信息的输入以及处理结果的输出等。它是数据的来源，也是提供服务的页面，包括用户直接接触的计算机、手机、可穿戴设备、传感器等硬件终端，以及各种 App、网页登录界面等软件终端。

自 1946 年 2 月 14 日，世界上第一台计算机 ENIAC 在美国宾夕法尼亚大学诞生，到 1969 年美国将多台计算机第一次连接成可以相互通信的网络，再到 2006 年谷歌首席执行官首次提出“云计算”的概念，“云”“网”“端”逐渐融合为不可分割的整体，信息技术的发展推动了计算机及智能终端设备的完善，云计算技术的成熟反过来推动了网络的智能化，从而加快了工业经济向数字经济转型的步伐。

（二）人工智能、区块链等新兴技术推动数字经济发展

进入 21 世纪以来，新一代信息技术的发展推动了全球经济进入以信息产业为主导的经济发展新时期，产业与经济结构的调整重塑了全球经济的竞争格局。尤其是人工智能和区块链等新兴技术的高速发展，开辟了全球技术创新与应用的新领域，极大地丰富了数字经济的内涵，加速了数字经济的发展。

1. 人工智能技术

人工智能即人们所熟知的“AI”，是研究与开发用于模拟、延伸和扩展人的智能的理论、方法、技术及应用系统的一门新的技术科学。人工智能主要是对人的智能行为的延伸，它融合了计算机科学、脑神经学、统计学和社会科学等学科，其目标是让计算机拥有与人类一样的智力和能力，代替人类实现识别、认知、分析和决策等多种功能（见图 1-4）。

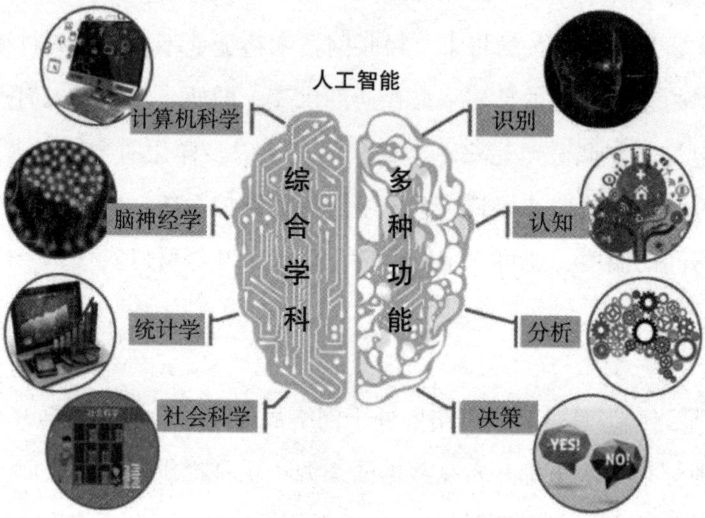

图 1-4　人工智能技术

1956 年美国达特茅斯会议首次提出“人工智能”的概念，人工智能作为一门新兴学科正式诞生。当下全球新一轮科技革命和产业变革方兴未艾，人工智能进入发展快车道，在这期间人工智能的发展经历了许多起伏。2016 年，人工智能机器人 AlphaGo 以 4∶1 的优势比分战胜了韩国围棋职业九段棋手李世石，从此，由计算、数据与算法三者叠加出的人工智能开始受到众人的关注。

如今，人工智能正在全球范围内蓬勃兴起，成为科技创新的超级“风口”。计算能力的提升、大数据的发展、学习算法的突破、人机交互技术的完善为人工智能的发展奠定了良好的基础，人工智能作为极具颠覆性和变革性的技术，正不断渗透到社会生产、生活的各个方面，并被应用到电子商务、金融等领域，为国家的经济发展带来深刻的影响。图 1-5 呈现了不同领域应用人工智能技术的情况。

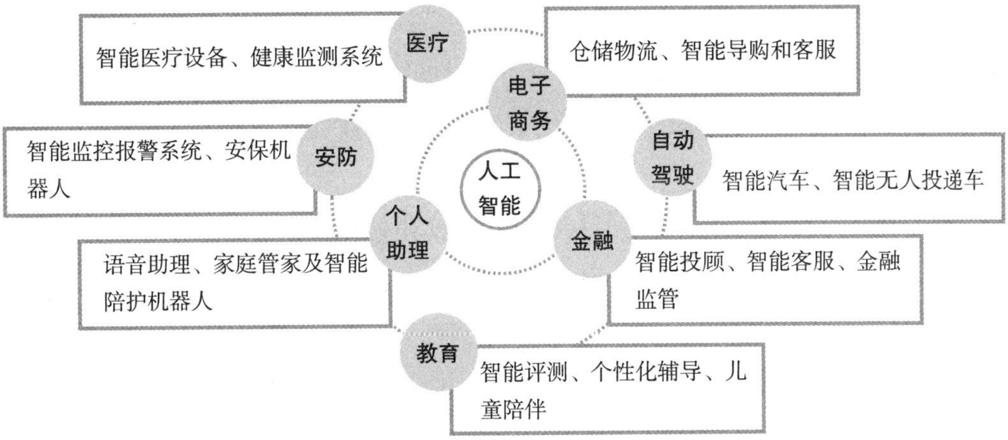

图 1-5　人工智能在不同领域的应用

人工智能是推动数字经济发展的重要驱动力。人们利用人工智能技术不但可以创造出新的智能产品，如智能应用软件、智能基础硬件、智能基础软件等，还可以赋能传统产品并提升传统产品的附加值。

在生产领域，人工智能技术的应用使枯燥乏味、重复单一的体力劳动实现了自动化，让人们能够以更大的规模和更快的速度复制劳动行为，有效提高了劳动生产率。随着科技的进步，人工智能甚至能够执行某些超出人类能力的任务。例如，从事电子商务的企业在无人仓内为拣货机器人配备了视觉传感器，借助视觉传感器，拣货机器人可以准确地判断出传送带上的物品是一袋话梅还是一部手机，通过综合应用视觉传感器和算法，拣货机器人可以精确地判断出商品的重量和位置深度。与传统的拣货员需要进行反复取货相比，拣货机器人不会存在由于疲惫而导致犯错的问题，其效率和准确率也更高。

2. 区块链技术

近年来，受到全球关注的区块链技术已经拓展到经济社会的各个领域，成为一种新型的产业协作模式。特别是自 2008 年以来，区块链被认为是继蒸汽机、电力、信息和互联网技术之后，最有潜力引发颠覆式创新的技术之一，为提高产业协同流通的效率，加速社会数字化进程提供有力的支撑。

区块链是分布式数据存储、点对点传输、共识机制、加密算法等计算机技术的新型应用模式，因其安全、便捷的特性逐渐得到了各行各业的关注。

从狭义上来讲，区块链是一种按照时间顺序将数据区块以顺序相连的方式组合成的一种链式数据结构，并以密码学方法保证的不可篡改和不可伪造的分布式账本；

从广义上来讲，区块链技术是利用块链式数据结构来验证与存储数据、利用分布式节点共识算法来生成和更新数据、利用密码学的方式保证数据传输和访问的安全、利用由自动化脚本代码组成的智能合约来编程和操作数据的一种全新的分布式基础架构与计算方式。

作为价值互联网的底层存储与传输协议，区块链具有去中心化、公开透明、信息不可篡改、匿名性、集体维护的特点，所以其可将密码和时间标签等数据存储在分布式的数据节点上。

（1）去中心化

传统数据库的读写活动具有中心化的特点。例如，人们在日常交易活动中，通过购物软件购买商品、完成支付，该购物软件的创建者就是交易活动的中心，它能够获得交易双方的全部数据。而区块链最大的优势就是去中心化，它可以实现整个系统的全球分布，没有中心的硬件和机构，各节点分享权利和义务，在这个去中心化的体系中，每个人都可以用自己的价值维度去建立区块链。

区块链去中心化的特点实现了数据点对点的直接交互，使高效率、大规模、无中心化代理的信息交互方式变为现实。

（2）公开透明

区块链所建立的系统是公开透明的，除了交易各方的私有信息被加密外，任何人都可以自由加入区块链，通过区块链中公开的结构查询并得到所有数据。例如，在公益慈善项目中运用区块链技术，可以实现从捐赠者到最终受益人的全透明、可追溯性的操作，从而有效提高公益慈善行业的透明度和可信度。

（3）信息不可篡改

区块链是一个无法进行修改的记录系统。一旦信息经过验证并添加至区块链，就会被永久存储且不能修改。如果一个人想修改区块链中的数据，除非他能够同时控制系统中超过 51% 的节点，否则单个节点上对数据库的修改是无效的，而整个系统中参与者众多，一个人要想掌握这么多节点是很难实现的，因此区块链具有不可篡改的特征，其记录的数据完整、真实且安全，具有极高的稳定性和可靠性。

（4）匿名性

类似于非实名的社交网站，区块链上的每一个组织或个人都有一个不同的代号，这个代号通常是一串无意义的数字。人们通过该数字的表面信息无法将其与某一个具体对象的真实身份相对应。由于区块链中各个节点之间的数据交换遵循固定的算法，区块链中的程序规则会自行判断某一项数据交换活动是否有效，因此在区块链中的数据交互中，人们无须公开个人信息，这样用户的隐私就得到了保护。

（5）集体维护

在去中心化的区块链系统中，数据块是由整个系统中所有具有维护功能的节点来共同维护的，每个节点在参与记录的同时也会验证其他节点记录结果的正确性，而这些具有维护功能的节点是任何人都可以参与的，这大大提高了数据块的维护效率并降低了维护成本。

依托于去中心化、公开透明、信息不可篡改、匿名性、集体维护等特点，区块链不仅与大数据、云计算、人工智能等技术产生了紧密联系，为新一代信息技术的发展提供了安全、可靠的底层技术支撑，而且与金融、法律、科技、管理、环保、能源等应用场景深度结合，引发了诸多业态和模式创新。

数字经济的发展离不开信息的畅通、去中心化的介质和公开透明的市场环境的支持。区块链采取了分布式账本、共识机制、非对称加密技术、智能合约这四大技术保障（见图 1-6），颠覆了现有的生产关系，为金融、供应链等诸多领域提供了变革的机会，推动了数字经济的发展。

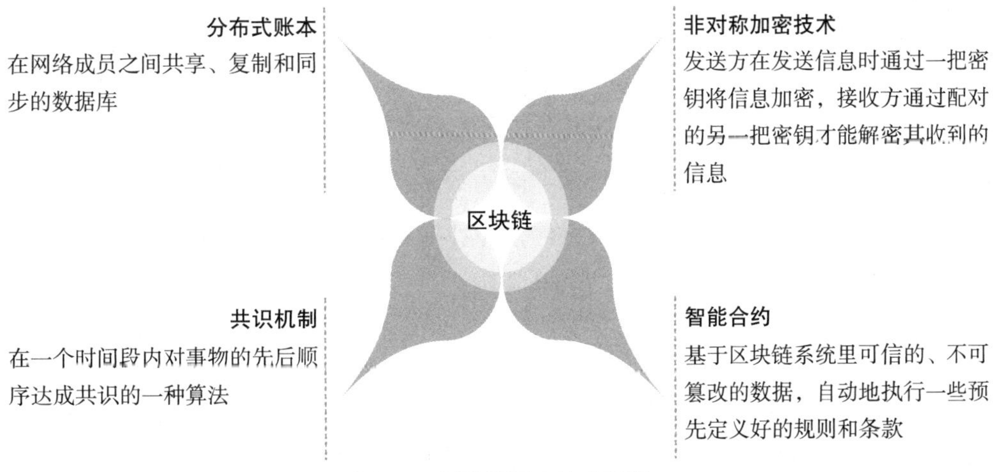

图 1-6　区块链四大技术保障

在区块链中，依靠分布式账本技术可以构建完整、严谨且不可篡改的数据库。该数据库可以存储海量数据，为数字经济的发展构建新的账户体系，促进数字的资产化，保证系统网络的稳定和安全，让企业交易数据公开、透明，笔笔可追溯，即使参与数据记录的某些节点崩溃，数据库中存储的信息也依然完备，系统仍然能够正常运行。

共识机制能够保障区块链在分布式场景中达到一致状态。区块链中的各个节点是分散的，没有能够做出决策的中心化权威机构，网络中保存数据的所有节点必须汇集在一起共同决策。在需要做出某种决策时，各个节点受激励措施驱动来共同做出决定。例如，数据库应该处于何种状态、接受哪些事务及回绝哪些事务？共识机制让区块链的数据库更富有真实性。

非对称加密技术以密码学为基础，将密码学算法运用于区块链，进而很好地对数据进行确权。该技术有效地保护了数据的隐私性，还能够让多方数据协同计算，使得数据库更加安全、可信赖。同时该技术结合智能合约技术，支付、结算的执行可以实现成本更低，风险更小的自动化。

在数字经济环境下，区块链技术的支持使人类可以方便、低成本和安全地实现数据的交互和价值的传递，保障了数据和价值的真实性、唯一性及完整性。作为新一代可信协议，区块链技术促进了数字经济时代的资产安全交易，构建了平等、透明的商业模式，为经济制度带来了重大变革，极大地推动了数字经济的发展。

四、数字经济对经济产生的影响

随着云计算、大数据、物联网、人工智能等新一代信息技术在社会经济领域的日益渗透，新产业、新业态以及新商业模式不断涌现，"互联网+"为传统产业的转型升级注入新的动能。根植于新技术群落的数字经济，构建了全新的经济系统。不同的国家和地区纷纷将目光投向数字经济，并探索出多条创新发展路径，数字经济对中国乃至全世界的经济都产生了深远的影响。

（一）数字经济对全球经济产生的影响

以互联网为代表的新一轮科技革命和产业革命引领数字经济的发展，大数据、云计算、人工智能、区块链等新兴技术成为各个国家竞争的战略高地。数字经济的迅猛发展，联动全球经济形态发生深刻变化，数字经济逐渐成为撬动全球经济增长的新动能。

数字经济对全球经济的影响主要表现在以下四个方面。

1. 以互联网企业为代表的数字经济体强势崛起，不断催生出新业态与新模式

据全球知名会计师事务所普华永道发布的《2019 全球市值百大企业排名》分析

报告显示，截至 2019 年 3 月 31 日，全球市值排行前十的企业中，有七家属于数字经济范畴，它们分别是微软、苹果、亚马逊、Alphabet、Facebook、阿里巴巴、腾讯（见图 1-7）。在过去，全球市值前十的公司主要以能源和金融企业为主，而随着数字经济时代的到来，互联网企业后来居上。这些互联网企业以数字技术创新以及多领域的应用为目标，同时开发多项技术，其产生的影响不仅局限于互联网领域，而且逐渐渗透到了各个产业的发展中。全球市值排名前十的企业所属行业的变化充分体现了数字经济的崛起。

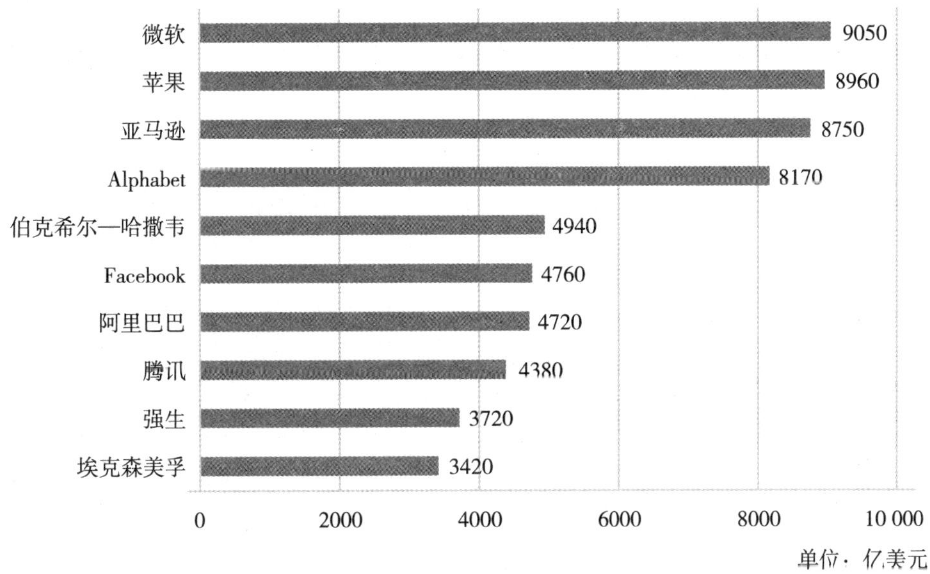

图 1-7　2019 年全球市值排名前十的企业

以互联网企业为代表的数字经济体强势崛起，将数字信息和知识转化为生产要素，加速了信息技术的普及和应用，信息技术逐步向市场化方向迈进，大量新产品、新服务被不断衍生出来，发展成为数字产业。信息技术的持续创新和转化，使数字产业获得了迅猛发展。

在全球信息领域，创新链、产业链、价值链的整合能力越来越强，数字经济不断驱动着市场产品和新业态、新模式的发展。例如，在服务消费领域，平台经济、分享经济、体验经济发展迅速；基于自媒体、网络直播、网络社群、短视频等新型传播手段的商业模式不断涌现，数字经济为全球经济增长提供了更多的机遇。

2．数字经济驱动传统经济转型升级

随着云计算、大数据、人工智能等技术的广泛普及和应用，数字经济逐渐渗透到传统经济活动的整个生命周期。传统经济的生产方式、销售模式及服务形式，在以数字技术为主的新的生产要素基础上发生了重大变革。数字经济对传统经济的渗透和融合，改善了传统产业的运营流程、降低了传统产业的运营成本、提高了其运营效率，进而促使传统产业借助数字化、信息化转变为智慧型生产组织。

云计算、大数据、物联网等技术与实体经济（尤其是制造业）的深入融合，推动了制造业生产效率的提升和产品更新换代的速度，为制造业培育出新的增长点。工业互联网创新发展、5G技术的应用与推广、制造业数字化转型，为传统经济的高质量发展提供了强有力支撑。数字经济对农业、医疗、旅游、交通等行业的渗透，加快了数字技术由消费领域向生产领域的延伸。数字经济的发展使传统的经济部门焕发出新活力。

3. 数字经济创造了新的需求和供给

数字经济的发展使得供给侧和需求侧发生了重大变革，创造出了新的需求和供给。

一方面，数字经济有效促进了供给侧的结构性改革，以互联网、云计算、大数据等技术为代表的新型生产要素催生出了新的供求关系。数字经济的发展使供求关系呈现出动态平衡的格局，各类生产要素的分配更加合理，生产要素从过剩领域转向有市场需求的领域，从低效益领域转向高效益领域，资源实现了优化配置。数字经济的新供给具有普惠特性，解决了过去中小企业面临的资本和人才短缺等问题。

另一方面，数字经济有效推动了需求侧的升级，消费者的地位得到不断提升，其行为、态度、需求等数据被转化为社会经济活动中必不可少的核心要素，通过大数据挖掘与分析，企业生产出了更加丰富的产品和更加便利的服务，满足了消费者日益增长的多方面的需求，带动了消费升级。

4. 数字经济重塑世界贸易格局

由于数据和技术的赋能，传统的贸易规则和贸易形态不再适应数字经济的发展。在全球范围内，合作、互惠、共赢的贸易格局被建立起来，数字经济为促进世界经济的联动发展起到了基础性作用。

在20世纪，经济全球化的主要表现形式是商品贸易、服务贸易和资金流动，然而在数字经济时代，数据流动成为经济全球化的新特征。根据麦肯锡数据显示，2005—2014年，跨境宽带流量增长了45倍；2015—2019年，跨境宽带流量又增长了9倍。由此可见，数据流动逐渐成为全球经济贸易发展的主导力量。数字贸易在全球贸易体系中的地位已经与传统贸易同等重要，甚至更加重要。

目前，通过互联网推进全球普惠贸易，建设数字商业基础设施，已经成为全球共识。例如，阿里巴巴集团提出的“世界电子贸易平台”（eWTP）的概念，意在为中小企业和年轻创业者提供参与全球市场的平台，进一步实现全球贸易无障碍化。

纵观数字经济对世界经济的影响，不难看出数字经济是主宰世界经济发展的一股不可逆转的潮流。数字经济推动了经济变革、效率变革和动力变革，重塑了全球经济的新图景。

（二）数字经济对中国经济产生的影响

近年来，中国十分重视数字经济的发展，积极布局新兴技术产业，加强数字技术与经济社会的深度融合，加上中国庞大的市场体量和网民数量，数字经济的发展规模迅速扩张，尤其是在电子商务、移动支付等领域已处于全球领先水平。

据中国信息通信产业研究院发布的《中国数字经济发展与就业白皮书（2019年）》显示，2018 年，中国数字经济的规模已达到 31.3 万亿元人民币，占 GDP 的比重为 34.8%；数字经济领域的就业岗位为 1.91 亿个，占当年总就业人数的 24.6%，数字经济领域成为吸纳劳动力的重要渠道。当前，数字经济作为中国经济的重要组成部分，逐渐成为拉动经济增长的新引擎。

数字经济对中国经济产生巨大影响，具体体现在四个方面。

1. 信息基础设施水平的提高，为中国经济社会的发展提供有力支撑

中国经济的发展离不开基础设施的支撑，以信息技术为核心的新型基础设施为中国经济的发展夯实了基础。“宽带中国”战略的实施和《信息基础设施重大工程建设三年行动方案》的出台，加快了我国信息基础设施建设的步伐。

据《中国互联网发展报告（2019）》显示，截至 2019 年 6 月，中国网民规模为 8.54 亿人，互联网普及率达 61.2%，网站数量 518 万个，光纤接入用户规模达 3.96 亿户，占互联网宽带接入用户总数的 91%。移动互联网快速发展，移动通信基站总数达 732 万个，其中 4G 基站 445 万个。2019 年 6 月，随着 5G 商用牌照的发放，中国正式进入了 5G 商用元年。这些都意味着中国信息基础设施建设已经取得了显著成就。

高速宽带网络等信息基础设施的普及和应用，引领着以网络技术为代表的新一代信息通信技术的快速发展。移动互联网广泛普及，云计算、大数据、物联网等信息基础设施的逐步完备，有效带动了中国经济社会的创新发展。

移动互联网的发展，将互联网的技术、平台、商业模式和应用与移动通信技术结合起来，极大地拓展了互联网的应用场景，催生出多元化的移动应用。云计算技术的普及，大大降低了企业的运营成本，让所有资源得到了充分利用，缩短了产品的开发周期，节约了企业建立基础设施的成本。通过运用大数据技术将海量、高增长率和多样化的信息资产进行分析处理，企业能够获得更强的决策力、洞察力和流程优化能力。物联网的兴起，将人与物、物与物相连，搭建起信息化、远程管理控制和智能化的网络，为经济社会精准、高效的运行提供了保障。

除此之外，人工智能、区块链等技术也为中国经济社会的发展提供了有力的支撑，一批极具国际竞争力的龙头企业涌现出来，在网络通信、智能终端等领域走在了世界前列。

2. 电子商务和移动支付领跑下的数字经济，成为推动商业发展的重要加速器

中国电子商务行业的发展始于20世纪90年代末，其标志性事件是电商交易平台阿里巴巴的创建。自此之后，越来越多的电商交易平台在我国相继出现，如京东、当当等，并逐渐衍生出移动支付等相关业态。

随着国内电子商务规模的不断发展壮大，其所带动的经济增长也是有目共睹的。据《中国电子商务报告（2018）》显示，2018年中国电子商务交易额达31.63万亿元，同比增长8.5%。电子商务行业日益走向成熟化，体系趋于完善。图1-8为2011—2018年中国电子商务交易总额。

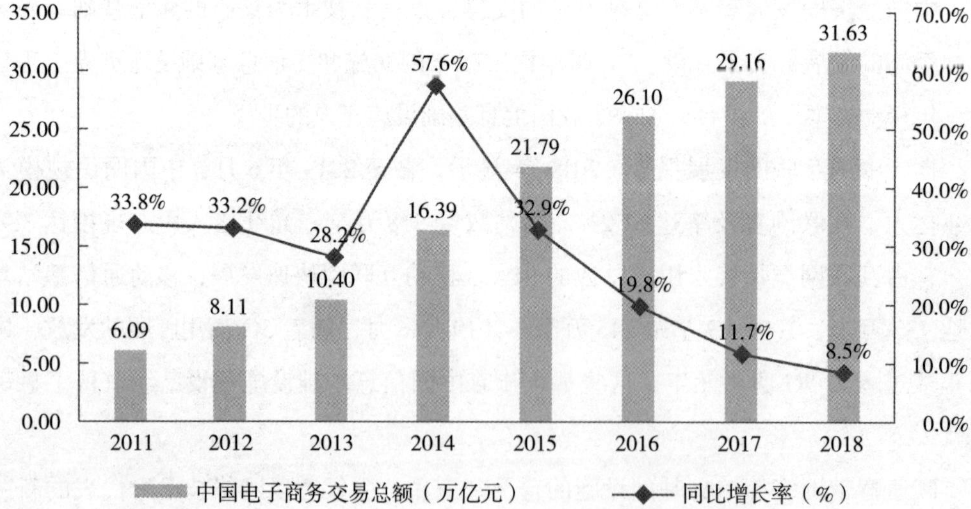

数据来源：国家统计局

图1-8 2011—2018年中国电子商务交易总额

当下手机支付已经成为人们日常购物的主要支付方式。微信、支付宝等移动应用中的扫码支付、近场支付、红包支付模式大大拓展了电子支付的应用场景，简化了交易支付流程，实现了小额资金的快速流动，提高了商品的交易速度。据中国人民银行数据显示，2018 年非银行支付机构处理网络支付业务为 5306.1 亿笔，金额达 208.07 万亿元，同比分别增长 85.05% 和 45.23%。近年来，中国网络支付一直保持着高速增长的态势（如图 1-9）。

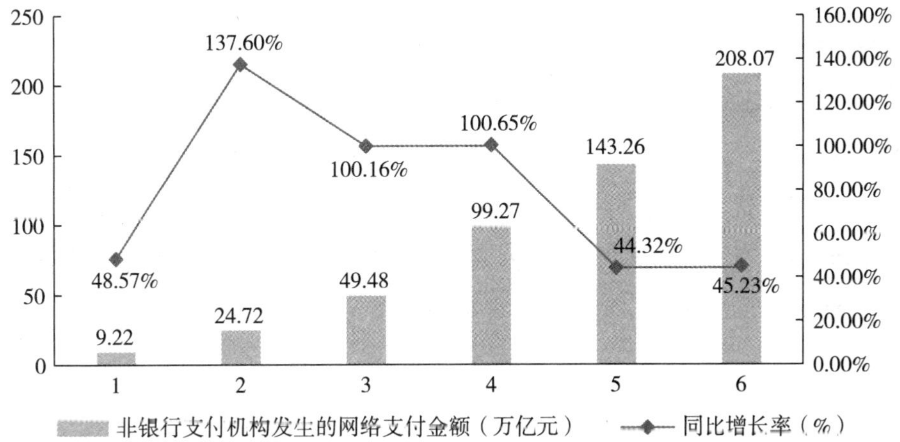

数据来源：中国人民银行

图 1-9　2013—2018 年中国非银行支付机构发生的网络支付金额

作为数字经济中最活跃的领域，中国的电子商务取得了突飞猛进的发展。拥有全球最大电子商务市场的中国，已经成为塑造全球数字经济格局的重要力量。中国位于全球领先地位的移动支付规模不仅使商品交易更加简约，也培养了用户新的消费习惯，引领了经济社会的快速发展。

3．新模式、新业态的不断涌现，为中国经济发展赋能

数字经济与传统经济的深度融合，使得以网约车、共享单车、外卖、在线教育等为代表的一系列新业态层出不穷，并不断发展壮大。据第 44 次《中国互联网络发展状况统计报告》显示，截至 2019 年 6 月，中国在线教育用户规模达 2.32 亿，线上外卖用户规模达到 4.21 亿人，网约车用户规模达 3.37 亿人……庞大的数据彰显着数字经济引领下的中国经济正在迅猛发展。

随着各类新业态、新模式的快速涌现，线上、线下融合日益深入，数字经济在稳增长、促就业、惠民生等方面发挥了重要作用。网络化、平台化、众包化的新型企业组织模式使企业组织对外部环境的变化更敏感、更具灵活性和竞争力。移动服

务、精准营销、个性化定制、线上与线下融合等新型服务模式激发出新的消费需求，拉动了社会经济的快速发展，新型的企业发展模式正逐步改变中国经济的增长方式。

4. 数字经济的发展推动中国大众创业、万众创新的浪潮

数字经济的迅猛发展激发出人们更大的创业、创新热情。特别是在互联网的普及应用和政府的大力推动下，以创业企业、创业投资、创业平台爆炸式增长为主要标志的创业、创新浪潮袭来。

以阿里巴巴、京东等为代表的大型互联网企业为中小企业的创新提供了重要平台，极大地降低了中小企业的创新成本。传统企业积极转型，着力打造创业孵化平台，积极推动员工创客化，让员工变成创业者与企业的动态合伙人。创新创业的生态环境不断优化，激发了全社会的创业热情，有力促进了新旧动能的转换。

数字经济时代，"互联网+"成为人们创业、创新的鲜明特征，互联网的发展为各类群体提供了开放、平等的创业、创新空间，背景、资金、技术对个体创业的制约大大减弱，个体的潜能被更大限度地释放出来，人人皆能创业的社会正在全面开启。

五、衡量数字经济发展水平的标准

回望过去，在农业经济时代，人口数量是衡量经济社会发展水平的主要标准；在工业经济时代，GDP逐渐成为衡量一个国家或地方经济发展水平的核心指标；而在数字经济时代，虽然数字经济发展指数仍与GDP高度相关，但单纯地以GDP来衡量数字经济发展水平则稍显不足。

例如，数字经济所具有的惠普特性使得用户无须额外支付费用就可享受电子邮件、网络新闻、在线音乐、网络视频等数字服务。而GDP仅以市场价格记录交易，因此共享价值难以纳入GDP核算中；又如随着分享经济的兴起，人人可以通过网络平台实现房屋、汽车等资源的分享，而这部分产品和服务的提供者往往是个人，而以GDP的统计方法难以覆盖到这类生产者。除此之外，在数字经济中，难以用GDP衡量的价值还涉及其他方面。

在现阶段，可以通过五个因素来衡量数字经济的发展水平（见图1-10）。

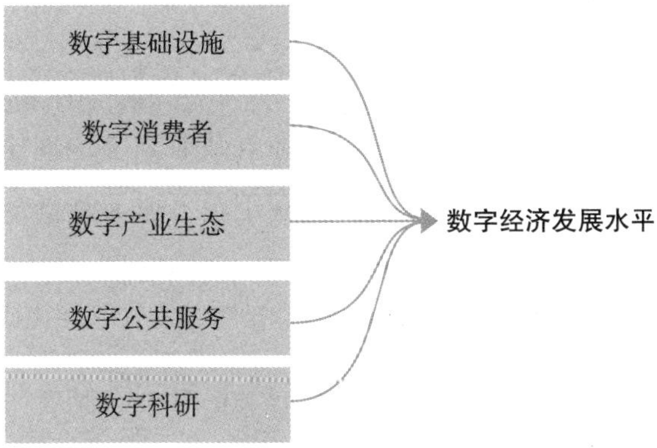

图 1-10　衡量数字经济发展水平的因素

1．数字基础设施

数字基础设施是融合感知、传输、存储、计算、处理为一体的新一代智能化信息基础设施。数字基础设施的建设对数字经济发展起着至关重要的作用，5G、工业互联网、云计算等新型数字基础设施的发展将激发出更多的需求，为数字产业生态的完善和发展提供技术保障和实现手段。数字基础设施的数量、质量和价格，决定了数字经济发展的速度和高度。

2．数字消费者

数字消费者是信息消费的主体，他们是以信息产品、信息服务为消费对象，以互联网为主要渠道的消费群体。在数字经济时代，数字消费群体一直在不断壮大，在社会经济体系中扮演越来越重要的角色。

数字消费者以新的消费理念和消费方式驱动信息消费进入新的阶段，作为数据的生产者，数字消费者产生了巨大的数据价值，为数字经济的发展提供了基础支撑。同时，数字技术在消费者生活中的普及程度，如社交网络、网上购物、移动支付在消费者生活中的普及率，也将影响数字经济的发展。

3．数字产业生态

在数字经济时代，新兴技术的迅猛发展拓宽了商业的边界，衍生出全新的商业模式。产业数字化和数字产业化共同构成了数字经济的产业生态。企业对新技术的应用水平和数字化产业的发展水平成为刻画数字经济发展水平的重要维度。此外，技术创新、优胜劣汰成为数字产业生态的常态，一大批初创企业成长为独角兽企业（投资界对于 10 亿美元以上估值并创办时间较短的公司的称谓），独角兽企业的数量也成为衡量数字产业生态发展水平的重要指标。

4. 数字公共服务

随着数字化社会的逐步形成，政府实现公共服务的数字化成为一种必然选择，作为一种全新的公共服务模式，数字公共服务对政府调整治理规则，促进数字经济的发展发挥着重要作用。政府对数字技术的利用水平成为衡量数字经济发展水平的标准之一，而政府对数字技术的利用水平则取决于电子政务服务的覆盖率。

5. 数字科研

现阶段，以移动信息通信技术为核心的数字科研不断发展，高质量的科研产出能够促进技术的进步与科技知识的普及。在信息通信技术领域，相关专利数量越多、专业论文质量越高，就越能够保障数字经济的可持续发展。因此，数字科研成为衡量数字经济发展水平的标准之一。

第二章

5G：数字经济时代的新引擎

近年来，移动通信技术的发展日新月异，科技界热门的话题莫过于5G，即第五代移动通信技术。5G不仅是连接数十亿智能设备以及打通物联网的基础，也是释放海量数据潜力、引领数字经济的契机和抓手。为了强化产业布局、塑造自身竞争新优势，世界各国在国家数字化战略中纷纷把5G作为优先发展领域。5G正逐渐成为数字经济时代的新引擎。

一、从1G到5G，移动通信技术的进化史

在当代，移动通信技术的发展瞬息万变。早在19世纪80年代，意大利无线电工程师马可尼便发明了无线电通信技术，使信息的传输摆脱了对导线的依赖。而现代移动通信技术的真正兴起则源自20世纪80年代的美国，此时第一代移动通信技术（1G）发展起来，从此以后，移动通信技术经历了突飞猛进的发展。

时至今日，移动通信技术经历了从1G到5G的技术更迭（见图2-1），每一次移

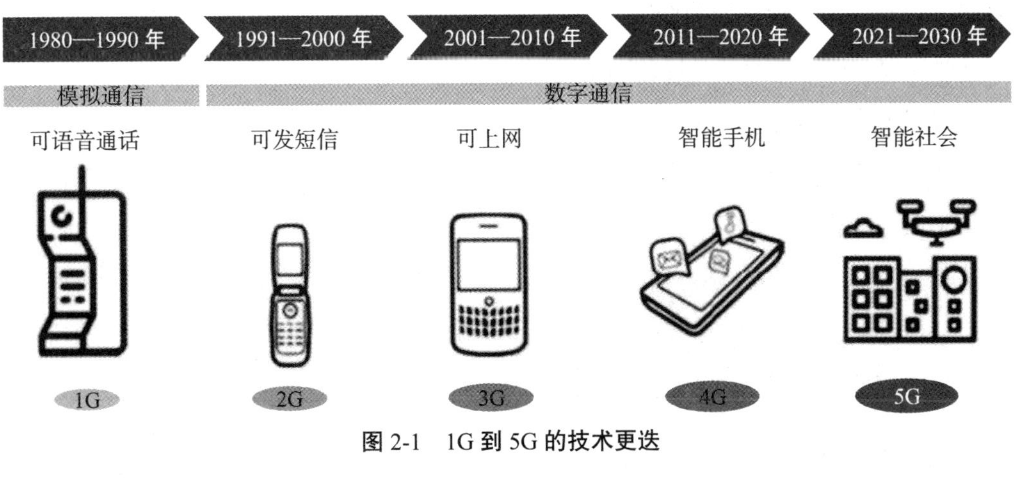

图2-1　1G到5G的技术更迭

动通信技术的变革，都会给人们的生产和生活带来极大影响，并成为推动社会发展的重要力量。

（一）1G：模拟通信技术时代

1G是第一代移动通信技术，被称为模拟通信技术时代，它是以模拟技术为基础的蜂窝无线电话系统，传输速率约2.4kbit/s。

1986年，第一代移动通信系统在美国芝加哥诞生，它采用模拟信号传输，将电磁波进行频率调制后，再将介于300Hz到3400Hz的语音信号转换到高频载波电磁波上，承载信息的电磁波被发射到空间后，由接收设备接收，并从载波电磁波上还原语音信息，从而完成一次通话。第一代移动通信技术以模拟调频、频分多址为主体，包括以蜂窝网系统为代表的公用移动通信系统、以集群系统为代表的专用移动通信系统和无绳电话，主要向用户提供模拟话音业务。

虽然1G的兴起开创了移动通信技术史上的里程碑，但在这一阶段，各个国家的通信标准并不一致且互不兼容。例如，丹麦、瑞典、挪威、芬兰、冰岛、瑞士、荷兰、俄罗斯等国家主要采用"北欧移动电话系统"（NMT），美国和澳大利亚采用的是"高级移动电话系统"（AMPS），英国则采用"全接入通信系统"（TACS），中国当时采用的也是TACS系统。由于1G没有统一的通信标准，因此不能实现"全球漫游"，这成为阻碍1G发展的主要原因。

在1G时代，最大的赢家莫过于美国摩托罗拉公司。1973年4月3日，摩托罗拉公司前高管马丁·库帕（Martin Cooper）打通了史上第一个移动电话，他所使用的这部电话最多可以通话十分钟。在此基础上。经过10年的研究与调试，1983年6月，世界上第一款商用手机摩托罗拉DynaTAC 8000x问世，它重约0.9千克，最长通话时间半小时，销售价格为3995美元，是最贵重的"砖头"手机（见图2-2）。这款手机的面世引发了一场轰动全球的通信革命。

1987年，广东省为了迎接第六届全国运动会的到来建立了中国首个移动通信网络，这标志着1G在中国正式起航。同年，摩托罗拉在北京设立了办事处，推出摩托罗拉3200（见图2-3），也就是人们俗称的"大哥大"，这种身躯庞大的移动电话，体型厚实、笨重，重量都在0.5千克以上，但其功能非常有限，仅支持打电话，而且通话质量不够清晰、稳定，信号覆盖范围也不够广，经常出现掉线、串号、盗号等情况。即便如此，大哥大在当时依然受到了人们的青睐，公开售价达到了20 000元，入网使用还需再花费上千元，远远超出了一般人的消费水平，因此在当时手持大哥大成了人们身份、地位和财富的象征。

图 2-2　**摩托罗拉** DynaTAC 8000x

图 2-3　**摩托罗拉** 3200

总体而言，1G 时代的移动通信技术呈现出六个特征（见图 2-4）。

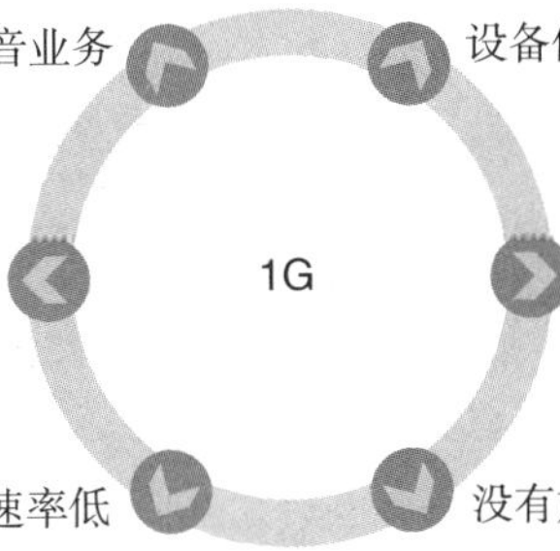

图 2-4　1G 技术的特征

虽然第一代移动通信技术存在诸多缺陷，但是第一代移动通信技术的兴起叩响了人类通信技术创新的大门，移动通信技术以 1G 为开端迅速发展起来。

（二）2G：数字传输技术的开始

由于 1G 模拟通信技术存在种种缺陷，人们开始着手研发新型移动通信技术。20 世纪 80 年代后期，随着大规模集成电路、微处理器与数字信号的应用愈加成熟，当时的移动运营商逐渐将目光投向了数字传输技术，研制出第二代移动通信技术（2G），移动通信进入 2G 时代。

第二代移动通信技术以数字语音传输技术为核心。与 1G 相比，2G 的传输速率有所提高，系统的容量也有所增加，其不仅支持语音通话功能，还增加了短信业务。除此之外，2G 还能为用户提供低速上网等数据服务。

从2G时代起，各国开始了移动通信标准的争夺，当时主要有两种网络制式标准：一种是最终被大规模使用的全球移动通信系统，即 GSM（Global System for Mobile Communication），它起源于欧洲，经爱立信、诺基亚等公司推广到全球；另一种是 cdmaOne 系统，它起源于美国，在美国、加拿大和亚洲一些国家（地区）的应用较广泛。GSM 和 cdmaOne 系统的特点如表 2-1 所示。由于 cdmaOne 起步较晚，加之美国资源被分散，GSM 成为当时主流的移动通信标准。

表 2-1　2G 时代的移动通信标准

移动通信标准	特点
GSM	以 TDMA（Time Division Multiple Access）为技术核心，采用数字信号编码手机号码；支持国际漫游；支持 SIM；支持用户发送短信。其缺陷是容量有限，当用户过载时，就必须建立更多的基站
cdmaOne 系统	基于 CDMA 技术，通过发送调制、接收解调的方式让所有用户同时使用同一频段，同时采用加密技术，让所有人同时讲话也不会被其他人听到。此外，cdmaOne 系统的容量大幅提升，可以帮助运营商少建基站

与此同时，手机的形态也开始多样化（见图 2-5）。中国在移动通信技术上也有了很大突破，发售了第一款 GSM 手机（爱立信 GH337）；摩托罗拉公司也推出第一款翻盖手机（摩托罗拉 8900），由于其体积小、轻便耐用，深受女性的青睐，引领了当时的手机时尚；诺基亚于 1998 年发售第一款内置“贪吃蛇”游戏的手机——诺基亚变色龙 6110。此后，滑盖、直板、超薄等一系列样式的手机层出不穷，手机已逐渐成为人们与外界联系的重要工具。

爱立信 GH337　　摩托罗拉 8900　　诺基亚变色龙 6110

图 2-5　2G 时代的手机

在 2G 时代，数字传输取代了模拟传输，数字网络时代开启。移动通信技术的成熟和进步带来了通信质量的提升。与 1G 时代相比，2G 时代的通信技术具备频率资源利用率高、接口开放、通信设备功能强大等优点，在系统容量方面也有了质的飞跃。同时，电话通信具有较强的保密性和抗干扰性，音质清晰，通话稳定。手机上网在 2G 时代也成了现实，虽然网络不稳定，网络速度极慢（9.6 ~ 14.4kbit/s），但文字信息的传输由此开始，这为随后移动互联网的发展打下了坚实基础。

（三）3G：高速 IP 数据网络时代

随着社会的进步，人们对数据传输速度提出了更高的要求，同时人们也产生了传输图片和视频的需求，这些促使人们加快了科技创新的步伐，第三代移动通信技术（3G）应运而生。

第三代移动通信技术是指支持高速数据传输的蜂窝移动通信技术。由 3G 开始，互联网技术开始得到充分利用，各种数据包括音频、视频、多媒体文件等能够通过移动互联网高速传输，用户可以享受网页浏览、电话会议、电子商务等多种服务。与 2G 相比，3G 最大的优势是高速的数据下载能力。在 3G 发展之初，系统可支持 2Mbit/s 的信息传输速度。之后随着 3G 系统的不断演进，信息传输速度可达 10Mbit/s，而且由于采用更宽的频带，信息传输的稳定性也大大提高。

在经过详细的技术评估、研究分析及大量的协调和融合工作之后，2000 年 5 月，国际电信联盟正式公布第三代移动通信标准。第三代移动通信标准主要有三种，即 WCDMA、CDMA2000、TD-SCDMA，其各自的特点如表 2-2 所示。在这三个 3G 通信标准中，WCDMA 较成熟、市场占有率高。

表 2-2　第三代移动通信标准

第三代移动通信标准	特点	简介
WCDMA	基于 GMS 发展而来	由欧洲国家提出，支持者包括瑞典爱立信公司、法国阿尔卡特公司、芬兰诺基亚公司、加拿大北方电信公司，以及日本 NTT 通信公司、日本富士通公司、日本夏普公司等
CDMA2000	基于 cdmaOne 发展而来	由美国高通公司提出，摩托罗拉公司、朗讯科技公司和韩国的三星集团也参与了该标准的研究
TD-SCDMA	融入智能天线、同步 CDMA 和软件无线电等技术	由中国的大唐电信公司提出，同时，华为技术有限公司（以下简称华为）、中兴通讯股份有限公司（以下简称中兴通讯）、联想集团（以下简称联想）等十家单位也参与了该标准的研究

从这一阶段开始，手机不再只是接收信息的工具，更是产生大量信息的平台。手机行业在这个时代产生了不可思议的逆转，通信市场群雄并立，呈现出一片生机勃勃的景象。全球各大手机生产商逐渐形成自己的风格，手机的薄厚、音质、像素成了各大手机生产商竞争的焦点，音乐手机（见图 2-6）、拍照手机等成为 3G 时代的特色。

图 2-6　3G 时代的音乐手机

苹果在 MP3 市场取得巨大成功后，于 2007 年发布 iPhone 手机（见图 2-7），其操作系统 iOS 登上了历史舞台。iPhone 手机将 iTunes Music Store（音乐商店）、Safari（浏览器）、E-mail（电子邮件）、Camera（照相机）等应用皆以图形化的方式呈现在简洁的手机屏幕上，并去掉了手机上的操作键盘，只设置了一个 Home 键。手机采用多点触控屏幕技术，用户只需要点击 Home 键，并用手指滑动手机屏幕即可操作手机。iPhone 手机的出现颠覆了当时的手机市场，iPhone 手机凭借鲜明的特色与强大的功能占领了手机市场的半壁江山，移动通信设备进入到全新的时代。

图 2-7　iPhone 手机

在苹果推出 iOS 系统之后，谷歌推出了安卓（Android）系统，该系统为第三方开发商提供宽泛、自由的开发环境，使第三方开发商创造出了更丰富、更实用、更新颖的手机软件，良好的用户体验和开放性的设计让 Android OS 很快打入了智能手机市场。

在 3G 时代，移动互联网与智能手机的结合进一步缩短了人与人之间的距离，手机业务不再局限于个人通话以及文字信息传输，而是逐渐增加了处理图像、网页浏览、电子商务等服务，QQ、微博等一系列过去在 PC 端才能使用的工具在手机上也能使用。

（四）4G：全面数字化时代

随着数据通信技术的发展与多媒体业务需求的增多，第四代移动通信技术（4G）开始兴起并迅速覆盖人们生产与生活的方方面面，移动通信进入全面数字化时代。

4G 拥有超高的网络数据传输速度，能够让用户实现以 100Mbit/s 的速度下载信息，上传信息的速度也能达到 20Mbit/s。4G 改进并增强了 3G 的空中接口技术，采用 OFDM 和 MIMO 作为其无线网络演进的唯一标准。4G 可以在没有数字用户线路（DSL）和有线电视调制解调器覆盖的地方部署，然后再扩展到整个地区。

目前，4G 是正在被世界各国（地区）普遍采用的一代移动通信技术，4G 网络的全球覆盖率广且终端数量庞大。与前三代移动通信技术相比，4G 拥有更快的传输速度、更宽的网络频谱、更好兼容性、更高的通信质量等一系列优点。目前国际主流的 4G 标准分为 TD-LTE 和 FDD-LTE 两种。在全球范围内，采用 FDD-LTE 标准建网的运营商居多，中国联通、中国电信则倾向于采用 TD-LTE 和 FDD-LTE 融合的组网方式（以后者为主）。

如今，4G 网络已经像水、电一样成为人们生活中不可缺少的基本资源，4G 手机也已经成为人们生活中不可或缺的工具。4G 手机不仅具备通话、上网功能，还具备了娱乐、支付等新功能。

在 4G 时代，各大手机生产商在品牌建设、技术积累、市场影响力等方面实现了快速发展。随着用户需求的不断变化，手机行业也不断细分，以满足用户的多样化需求。例如，手机生产商顺应游戏市场的蓬勃发展推出的游戏手机，得到了广大手游玩家的认可。图 2-8 所示为 4G 时代各大手机生产商生产的手机。

图 2-8　4G 时代的手机

（五）5G：*万物互联时代*

通信技术的演变与升级潜移默化地影响着人们的生活。网络直播、4K 视频、虚拟现实技术的兴起对网络的传输提出了更高的要求，大带宽、低时延、广覆盖的第五代移动通信技术（5G）应时而生。

2019 年 6 月 6 日，中国电信股份有限公司（简称中国电信）、中国移动通信集团有限公司（简称中国移动）、中国联合网络通信集团有限公司（简称中国联通）、中国广播电视网络有限公司（简称中国广电）获发 5G 牌照，标志着中国进入 5G 元年。5G 将以全新网络架构，开启万物互联的新时代，成为全面构筑经济社会数字化转型的关键基础设施。

5G 以高数据传输速率、低时延、节省能源、降低成本、提高系统容量和大规模设备连接为性能目标，通过打造跨行业的融合生态，赋能各行各业，以提升全社会数字化发展水平。

5G 能够把人与人、人与物、物与物有机地联系起来，让万物互联成为可能，实现信息的交互、资源的共享。随着 5G 在系统、芯片、终端等产业链逐步达到商用水平，新一代移动通信技术将撬动世界的发展。汽车自动驾驶、AR/VR，以及智慧城市、智慧工厂等领域都将因 5G 超强的连接和传输能力而获得更大发展。

对于大多数用户而言，手机是体验 5G 最直接的终端设备。在 5G 网络部署伊始，5G 手机就已经显现出百花齐放的态势了，众多国内手机生产商已经开始进行 5G 相关产品预热。截止到 2019 年 7 月，中国已经有 8 款 5G 手机获得了“中国强制性产品认证”（China Compulsory Certification，3C 认证）。华为凭借强大的自主研发实力，抢占了第一款 5G 商用手机的风头。除了华为，其他手机生产商也摩拳擦掌等待着加入 5G 手机的竞争中，图 2-9 所示为 2019 年华为和中兴发布的 5G 手机。在未来，随着 5G 商用规模的不断扩大，还会催生出新的智能终端设备，如可穿戴设备、VR/AR 一体机等。

华为 Mate 20X　　中兴 Axon 10 Pro

图 2-9　5G 手机

二、推动 5G 发展的有利环境

作为新一代移动通信技术，5G 拥有大带宽、低时延和高连接密度等优势，能够有效地将虚拟世界与现实生活进行联通。5G 的普及过程并不是一蹴而就的，现阶段，无论从国家政策、技术的创新发展还是市场需求，都为 5G 发展创造了有利的环境。

（一）政策支持：5G 被列为国家战略

当今世界，移动通信技术作为数字经济时代的基石，在社会经济中占据着重要位置，特别是 5G 已经成为各个国家引领科技创新，实现产业升级，发展数字经济的基础性资源。世界主要国家逐渐认识到 5G 所能创造的巨大价值，纷纷将 5G 列为国家战略，出台政策予以支持，以谋求在国际竞争中的新优势。

1. 美国在 5G 发展上提供的政策支持

2018 年 9 月，美国联邦通信委员会（FCC）发布“5G 快速计划”，提出全方位部署 5G 网络。2019 年 4 月，FCC 再次强调“5G 快速计划”的重要性，宣布将实施两项扶持 5G 发展的计划，包括举行第三次毫米波频谱拍卖，推动 5G、物联网和其他基于频谱的服务发展，并成立了一个规模 204 亿美元的乡村数字机遇基金，该基金旨在未来十年投入乡村宽带网络。

除此之外，美国政府正在积极调整基础设施建设方面的政策，并鼓励私营企业投资 5G 网络的建设，以加速 5G 网络的有线骨干网的建设。

2. 韩国在 5G 发展上提供的政策支持

韩国将发展 5G 视为推动经济转型的基础，不断加大对 5G 发展的政策支持与投资力度。为保证5G获得持续、稳定地发展，韩国政府在2019年4月发布了“5G+战略”，该战略着眼于建立在5G基础设施上的各种核心的智能服务。此外，韩国政府还制定了激活5G相关产业的方案、5G服务的资源保障方案、购买5G电信设备的税收优惠方案等措施。

3．欧洲各国在5G发展上提供的政策支持

早在2012年9月，欧盟委员会就启动了“5G NOW”的研究课题；同年11月，欧盟委员会投资2700万欧元启动了名为“METIS”的5G研发项目。

2016年7月，欧盟委员会发布《欧盟5G宣言——促进欧洲及时部署第五代移动通信网络》，以促进通信业在5G方面与各个垂直行业的有效沟通、培育合作机制及氛围，建设5G生态系统，并着力打造以投资为中心的5G政策框架。

2016年9月，欧盟委员会发布了5G行动计划，为欧洲制定了明确的5G时间表。2017年年底，欧盟就5G技术路线图达成一致，在欧盟范围内发放统一频率规划和牌照，预计2025年以前欧盟各个国家都将推出5G网络。

目前，瑞典、挪威、芬兰、丹麦、冰岛五个北欧国家在5G建设上较领先。2018年5月，五个北欧国家的领导人签署了一份合作信函，旨在加大北欧五国对5G的投入并设立适当的监管框架，这一举措在政治层面为公共部门推动5G发展创造了条件。

英国于2018年3月发布了旨在指导5G建设的“下一代移动技术：英国5G战略”。英国是全球首个对5G频谱进行拍卖的国家，它在2018年4月就完成了频谱的首轮拍卖。预计2020年英国将建立并运行1000个5G基站。

4．中国在5G发展上提供的政策支持

中国是继韩国、美国、瑞士、英国之后，全球第五个开通5G服务的国家。毋庸置疑，中国在政策上对5G给予了强力支持。

2017年3月，中国《2017年政府工作报告》指出：“全面实施战略性新兴产业发展规划，加快新材料、人工智能集成电路生物制药、第五代移动通信等技术研发和转化，做大做强产业集群。”这是政府工作报告首次提到5G，充分体现了中国对5G发展的重视。

在这之后，政府又发布了《5G发展前景及政策导向》《5G承载网络架构和技术方案》等相关政策，以国家力量持续加大对5G建设的投入。2018年4月，国家发展和改革委员会（以下简称发改委）、财政部下发《关于降低部分无线电频率占用费标准等有关问题的通知》，规定降低5G公众移动通信系统频率占用费标准，实行“头三年减免，后三年逐步到位”的优惠政策。

2019年，中央经济工作会议将5G商用列为重点工作之一。工业和信息化部在5G超高清视频、车联网等方面发布了相关支持政策。同时地方各级人民政府也高度关注5G的建设进程，陆续出台各地方5G产业行动规划，对未来5G建设指明了非常清晰的方向。

（二）技术推动：关键技术得到突破性发展

5G是由大量技术形成的一个综合体系，多种技术的融合与不断完善成就了5G的整体建设，关键技术的突破性进展为5G的发展增加了助推力。

现阶段，很多国家在发展5G的关键技术方面均实现了突破。其中作为构成5G空中接口三大关键技术之一的信道编码技术，是各个国家以及信息技术企业讨论、布局的热点。在5G的技术标准化进程中，三大信道编码候选技术分别是LDPC码、Polar码和Turbo码，三大信道编码技术的简介如表2-3所示。

表2-3　三大信道编码技术

信道编码名称	简　介
LDPC码	低密度奇偶校验码。它是麻省理工学院的罗伯特·加拉格（Robert Gallager）于1962年在博士论文中提出的一种具有稀疏校验矩阵的分组纠错码。它的性能逼近香农极限，且易于描述和实现，也易于进行理论分析和研究，译码简单且可实行并行操作，适合硬件实现
Polar码	极化码。它由土耳其比尔肯大学教授埃达尔·爱瑞肯（Erdal Arikan）在2007年提出，2009年开始引起通信领域的关注。Polar码是一种新的信道编码方案，它是基于信道极化理论提出的一种线性分组码
Turbo码	由法国科学家克劳德·柏若（Claude Berrou）和阿兰·格拉维克（Alain Glavieux）发明，被3G和4G标准采纳，由两个二元卷积码并行级联而成

在这场编码之争中，美国以高通公司为领队主推LDPC码，法国主推Turbo码，中国以华为为领队主推Polar码。最终，在2016年10月的里斯本会议与2016年11月的里诺会议上，华为主推的Polar码拿下了5G控制信道eMBB场景编码方案，而LDPC码成为数据信道的上行和下行短码方案。

除此之外，还有其他技术，如毫米波、关键的应用芯片、接入单元等都取得了重大进展，关键技术的不断突破有力地推动了5G的发展。

（三）市场需求：视频、物联网应用催生5G创新

从5G发展的宏观环境来看，市场对5G的需求也是推动5G创新的重要因素之一。

据相关研究数据预测，到 2021 年，全球数据量将达到 49EB[①]，是 2016 年数据量的 7 倍，图 2-10 为 2016—2021 年全球数据量的发展趋势。全球移动数据业务流量的剧增对移动通信技术提出了更高的要求。

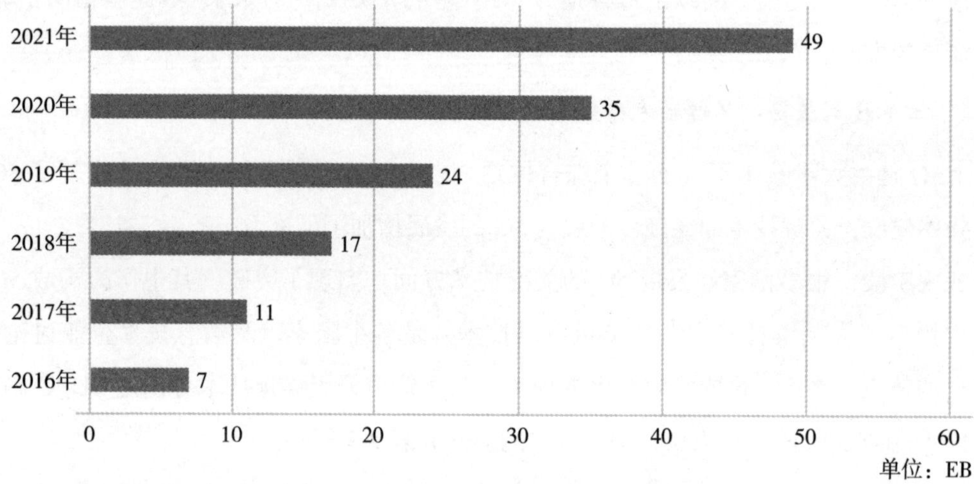

图 2-10　2016—2021 年全球数据量的发展趋势

此外，移动互联网和物联网业务的发展创新是推动 5G 发展的主要驱动力。4G 的承载能力不足以支撑高清视频业务、VR/AR、物联网以及工业控制等应用的运转，这进一步刺激了 5G 的创新。

三、5G 对经济社会产生的影响

随着 5G 的不断发展，5G 将支持更多终端、机器的运行，全新的应用场景在 5G 技术的支持下能够不断释放出新能量。在未来经济的发展中，5G 不仅是一种通信技术，也能作为一项通用技术为各个产业的发展提供强大支持。

（一）5G 对全球经济产生的影响

移动通信技术几乎每十年就会发生一次代际更迭，从 1G 的模拟通信时代到 2G 的数字传输时代，再到 3G 的高速 IP 数据网络时代、4G 的全面数字化时代，移动通信技术的每一次进步都会极大地促进经济社会的发展。5G 是当前极具引领性的移动通信技术，5G 的不断完善与成熟将引领社会进入万物互联、人机深度交互的新时代，

① EB 是计算机存储容量单位，全称 Exabyte，中文名叫艾字节。

5G将以优越的性能驱动全球经济的繁荣发展。

1．推动经济增长

2018年2月，美国高通公司旗下子公司高通技术公司与多名各个产业界的研究专家共同发表了一项名为《5G经济》（*The 5G Economy*）的研究报告，该报告指出，5G所形成的整体经济效益将于2035年之前在全球实现。

5G将支持各类行业的发展，到2035年，教育业、娱乐业、零售业等各行各业将因5G技术的支持而产生价值高达12.3万亿美元的商品和服务。同时，仅5G价值链（OEM厂商、运营商、内容创作者、应用开发者和消费者）本身就能产出高达3.5万亿美元的总收入，并为社会创造超过2000万个工作岗位。

2．5G市场规模不断扩大

以5G网络为支撑的新型基础设施为基础，人们对移动互联网体验的需求不断增加，智能手机的不断普及使未来5G的市场规模不断扩大。根据全球知名市场研究咨询公司Markets and Markets发布的报告，到2020年，全球5G市场规模将达到539.3亿美元；到2025年将达到1232.7亿美元，2020—2025年5G市场规模年均复合年增长率将达到18%。

3．5G将帮助多个行业增加收入

到2035年，5G商用将形成20%面向消费者、80%面向各个产业的格局，5G将帮助多个行业创造更多的收入。届时，在5G赋能下，制造业创造的产出将达到3.4万亿美元，零售批发业创造的产出将达到1.3万亿美元，公共服务业创造的产出将达到1.07万亿美元。

（二）5G对中国经济产生的影响

5G商用牌照的发放标志着中国正式进入5G商用元年。由5G引领的新一轮信息技术革命和产业变革已然开启，5G在VR/AR、车联网、智慧医疗、智能家居等众多场景的应用将得以落地，并对中国经济社会产生显著影响。

根据中国信息通信研究院研究数据预测，在直接产出方面，到2020年，5G将带动约4840亿元的直接产出，2025年、2030年5G所带来的直接产出将分别增长到3.3万亿元、6.3万亿元，10年间5G所带来的直接产出的年均复合增长率为29%。在间接产出方面，2020年、2025年和2030年，5G将分别带动1.2万亿元、6.3万亿元和10.6万亿元的间接经济产出，年均复合增长率将达到24%。

1．5G可以有效提升产业链水平

5G对产业链水平的提升作用凸显在网络设备产业和智能终端产业上。由于5G在建设过程中需要用到芯片、元器件等网络设备，因而5G的发展能够带动中国网络设备制造企业不断创新，持续研发先进设备。同时，中国具有全球规模最大的移动通信市场，移动通信技术的更迭必将带动智能终端的更新换代，从而促使终端生产厂商推陈出新，制造出更先进的终端产品。

网络设备产业和智能终端产业的发展还能带动设备应用市场的繁荣发展，更加多样化的5G应用场景将被开发出来，从而提升信息服务的整体水平。

2．5G促进经济社会数字化转型

5G被视为“数字化革命的关键助推器”，与4G相比，5G的应用场景更加丰富，5G能够与云计算、大数据、人工智能等技术进行深度融合，支撑更大范围、更深层次的数字化转型。5G能够在传统产业的研发设计、生产制造、服务管理等方面产生巨大影响，促进各类生产要素、资源的优化配置，助力传统产业优化结构，从而带动国民经济各行业、各领域实现高质量发展。

3．5G推动了信息消费升级

5G建设的推进扩大了有效投资，激发了新的消费需求，这对促进强大的国内市场的形成，以及推动中国经济高质量发展具有重要作用。一方面，5G可以为用户提供更好的消费体验，如高清视频、新一代社交网络、沉浸式场景等，满足消费者更高质量的消费需求；另一方面，5G万物互联时代的到来，使智能家居、智慧医疗等新型信息产品和服务走进千家万户，推动了信息消费的扩大与升级。

4．5G为社会创造了更多就业机会

5G带来技术革命的同时，也将为社会创造巨大的财富和就业机会。由于5G整合了移动互联网、大数据等与互联网密切相关的新兴领域，因而5G的建设将产生大量的人才需求。例如，与5G相关的工业数据分析、智能算法开发等新型信息服务岗位将产生大量的人才需求。中国信息通信研究院的研究数据显示，预计到2030年，5G将带动超过800万人就业。

四、群雄逐鹿，5G的全球格局

每一次通信技术的变革，都是国与国之间综合国力的较量。当前全球5G布局正在紧锣密鼓地进行中，谁抢占了5G的先机谁就能掌握国际竞争的主动权。在各国5G实力相互碰撞后，5G的全球格局逐渐明晰。

2019年8月，全球移动设备供应商协会（GSA）发布的5G相关数据显示，截至2019年8月，5G的建设和部署已经在100个国家和地区的296家运营商中展开，其中来自32个国家和地区的56家运营商已经开始了5G网络的商用。不仅如此，GSA发布的《2019年8月5G生态系统报告》显示，全球41家供应商宣布已推出或即将推出5G终端设备，这些终端设备涵盖手机、客户前置设备、移动热点等各种类型。

1．世界5G梯队形成

美国无线通信和互联网协会（CTIA）在2018年4月发布的《5G全球竞争》报告中指出，在全球5G竞争格局中，中国、韩国、美国和日本位于第一梯队，英国、德国、法国位于第二梯队，加拿大、俄罗斯和新加坡在第三梯队。但是经过一年的发展，美国无线通信和互联网协会在2019年4月2日发布的调查结果显示，美国已经赶超韩国，与中国并列第一，韩国、日本紧随其后。

2．频谱之争

频谱资源是移动通信技术发展的核心资源，对频谱进行合理规划是移动通信产业发展的起点。5G网络建设如火如荼，5G频谱规划与分配成为各国关注的焦点。在很大程度上来说，5G频谱的规划与分配决定了各国5G产业发展的格局。

中频段是5G网络的主要覆盖与容量层，也是全球各国5G部署的核心频段；高频段是5G网络超大容量层，用于满足大容量、高速率的业务需求；1GHz以下（如700MHz、600MHz）为5G网络的覆盖层，主要满足广域和深度室内覆盖。

在5G频谱竞争中，世界主要国家在高、中、低频段频谱的规划与分配格局见图2-11。

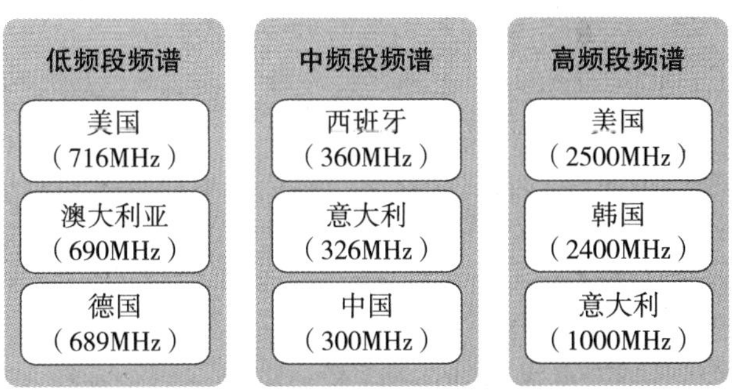

图2-11　世界主要国家的频谱规划与分配格局

从世界各国对 5G 频谱的分配来看，全球对 5G 的频谱构架的认知基本趋同，即统筹规划高、中、低频段的频谱资源。未来 5G 网络将是高、中、低频段频谱的融合组网。

五、中国 5G 发展推进历程

当前，全球 5G 正在进入商用部署的关键期，各国在 5G 相关技术方面的研发以及产业布局也在如火如荼进行中。中国在坚持自主创新的同时也在与其他国家携手合作，有序地推进 5G 技术规模商用的各项测试和准备工作。在全球范围内，中国的 5G 产业已经建立了自己的竞争优势。

2016 年 1 月 7 日，IMT-2020（5G）推进组发布《5G 技术研发试验总体方案》，提出中国 5G 技术研发试验整体分三个阶段进行，包括第一阶段的关键技术验证、第二阶段的技术方案验证和第三阶段的系统验证。直到 2019 年 6 月，中国四大运营商已获得 5G 商用牌照，中国正式进入 5G 商用元年。中国 5G 发展的历程如表 2-4 所示。

表 2-4　中国 5G 发展的历程

时间		推进进程
2013 年	2 月	中国成立 IMT-2020（5G）推进组，指导中国的 5G 推进工作
2015 年	10 月	中国、欧盟、美国、日本、韩国签署五方合作备忘录
2016 年	1 月	中国正式启动 5G 技术研发试验
	6 月	中国开启第二阶段技术方案验证
	9 月	第一阶段关键技术验证完成
2017 年	6 月	由大唐电信科技产业集团建设的 5G 北京试验网正式启动
	9 月	中国完成第二阶段技术方案验证
2018 年	9 月	第三阶段 NSA（非独立组网）测试全部完成
	12 月	中国三大基础电信运营商 5G 频谱分配方案完成
2019 年	6 月	中国电信、中国移动、中国联通、中国广电获发 5G 牌照

在技术标准方面，中国倡导的 5G 概念、应用场景和技术指标已被纳入国际电信联盟（ITU）的 5G 定义中，中国企业提出的灵活系统设计、极化码、大规模天线和新型网络架构等关键技术已经成为 5G 国际标准的重要内容。

在产业发展方面，中国率先启动了 5G 技术研发试验，加快了 5G 相关设备研发和产业化的进程。目前中国 5G 中频段系统设备、终端芯片、智能手机生产处于全球产业第一梯队。

在频率资源方面，中国主推的 3.5GHz 中频率已经成为全球 5G 产业界公认的 5G 商用主要频率。2018 年 12 月，工业和信息化部发放了 5G 系统中低频段试验频率使用许可，中国所许可的中低频段频谱资源居世界首位，保障了中国 5G 商业应用必需的频率资源。

在融合应用方面，中国积极推动 5G 在工业互联网、车联网、超高清视频、智慧城市等领域的应用，推动了 5G 应用产业的发展。中国连续两年举办了 5G 应用征集大赛，发挥行业需求引领和企业创新主体作用，孵化一批 5G 特色应用助力 5G 商用发展。

在产业界各方的共同努力下，目前中国 5G 网络和产业链日趋成熟，在这样的条件下，中国 IMT-2020（5G）推进组将继续推进 5G 技术标准的制定工作、网络演进以及后续产业的持续建设等工作，并将重点放在 5G 应用与垂直行业的融合创新上。在行业应用方面，IMT-2020（5G）推进组将发挥带头作用，和全球 5G 产业界共同推动 5G 在中国的发展。

六、中国企业的 5G 战略布局

在当今世界经济发展中，5G 赋能各行各业，为运营商和相关科技研发企业创造了更多的价值和发展机会。目前中国的 5G 发展处于世界前列，四大运营商以及主要研发企业纷纷摩拳擦掌，积极布局 5G 战略规划，为 5G 大规模商用做充分准备。

（一）中国四大运营商的 5G 部署

2016 年 1 月，中国全面启动 5G 技术研发试验，从关键技术验证、技术方案验证和系统方案验证三个阶段推进实施。如今，中国 5G 布局有序推进，三个阶段的验证工作已经完成，为后续运营商进行 5G 规模商用部署奠定了坚实的基础。而在此之前，中国的四大运营商早已经围绕 5G 场景需求定义、核心技术研发、国际标准制定、产业生态构建、应用业务创新开展了大量的工作。

1. 中国移动的 5G 部署

中国移动早在 2012 年就启动 5G 研发并牵头完成了《5G 愿景与需求白皮书》的编制，中国移动在 5G 国际标准制定过程中所做出的贡献位居全球前列——提交标准提案 2700 余篇，专利申请数量超过 1000 项。作为中国四大运营商之一，中国移动在

5G 领域的部署也有着自己的规划（见图 2-12）。

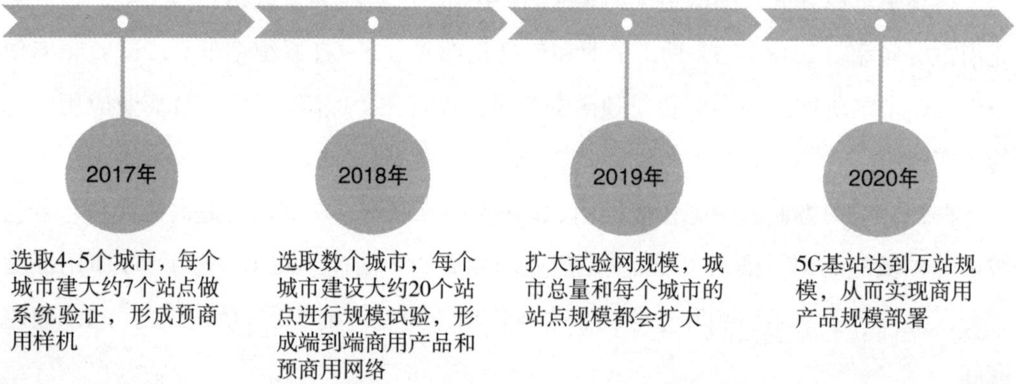

图 2-12　中国移动的 5G 部署规划

目前，中国移动正在大力推进“5G+”计划（见图 2-13），实现“5G+X”应用延展，使 5G 真正成为社会信息流动的主动脉、产业转型升级的加速器、数字社会建设的新基石。

图 2-13　中国移动的“5G+”计划的内涵

（1）5G+4G

“5G+4G”是指 5G 和 4G 将长期并存，中国移动将大力推动 5G 和 4G 的技术共享、资源共享、覆盖协同、业务协同，努力打造覆盖全国、技术先进、品质优良的 5G 精品网络。

（2）5G+AICDE

“5G+AICDE”是指推动 5G 与人工智能（AI）、物联网（IoT）、云计算（Cloud Computing）、大数据（Big Data）、边缘计算（Edge Computing）等新信息技术的紧密融合，打造以 5G 为中心的泛在智能基础设施，加速 5G 与 AICDE 各个领域的相互融通、深度融合，更好地为各行各业的发展提供技术支持。

（3）5G+Ecology

“5G+Ecology”是指中国移动将与各方共同构建 5G 生态系统。5G 不是一家企业的独角戏，而是多方合作的“大合唱”。中国移动将以合作开放、互利共赢的原则为指导，构建资源共享、生态共生、互利共赢、融通发展的5G新生态。

（4）5G+X

“5G+X”是指应用延展，中国移动将通过“5G+4G”“5G+AICDE”“5G+Ecology”来实现“5G+X”，推动5G在更大范围、更多领域内的应用，实现更大的综合效益。

2. 中国联通的5G部署

中国联通为5G商用做了充分的准备工作，分阶段推进5G技术验证，图2-14为中国联通的5G部署历程。

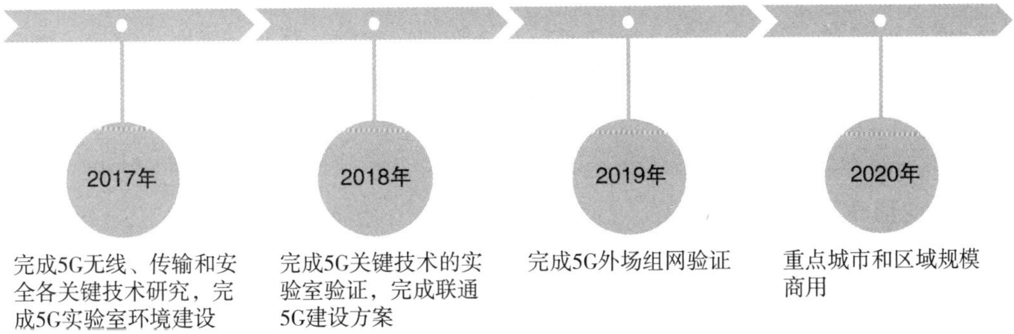

图2-14 中国联通的5G部署历程

2019年4月，中国联通正式启动“7+33+n”5G试验网络部署，“7”是指在北京、上海、广州、深圳、南京、杭州、雄安7个城市和地区实现5G网络连续覆盖；“33”是指在33个城市和地区的热点区域实现5G网络覆盖；“n”是指在n个城市和地区的行业应用区域提供5G网络覆盖，也就是定制化的5G专网，搭建各种行业应用场景，为推进5G应用孵化及产业升级做积极准备。

中国联通一直积极布局5G网络建设，已经在全国40个城市和地区建设5G试验网络，并推出了5G先锋友好体验计划。获得5G商用牌照后，中国联通将基于网络建设和终端供货情况继续扩大友好体验用户的范围和数量。

3. 中国电信的5G部署

在5G的部署上，中国电信围绕技术创新、标准引领、产业攻关、联合创新等原则全力支持国家5G技术研发试验，致力于推动NSA/SA双模终端产业成熟，开展5G网络共建共享的终端研究、低频网络重耕5G终端研究、毫米波终端前沿研究、5G在个人/家庭/行业的全场景下终端研究等。中国电信将迎合5G发展趋势，结合2025年网络重构，全面开展5G相关研究和测试验证，计划分三步进行5G部署（见

图 2-15）。

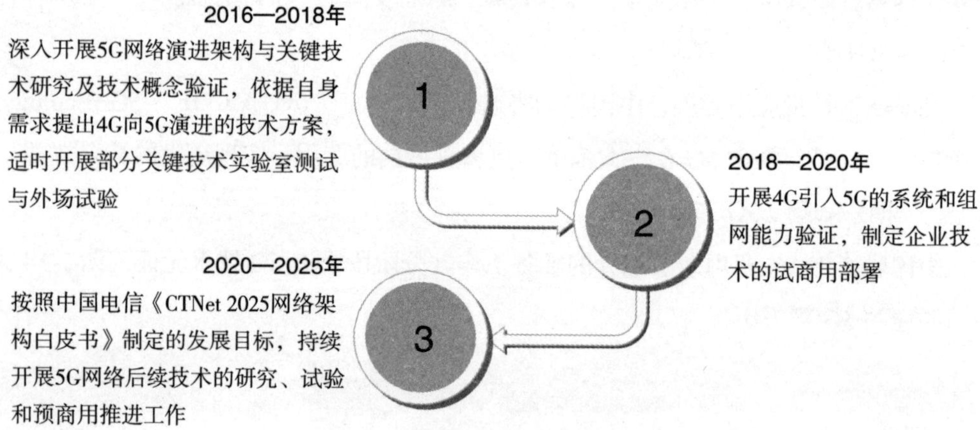

图 2-15　中国电信的 5G 部署规划

2019 年 9 月，中国电信在 5G 生态博览会上明确独立组网（Stand Alone，SA）是中国电信 5G 网络组网战略。目前，中国电信已经建成以 SA 为主、SA/NSA 混合组网的跨省跨域规模试验网，在北京、上海、深圳等 17 个城市开展 5G 创新示范试点。

4．中国广电的 5G 部署

在 5G 商用牌照的发放中，最大的不同就是增加了中国广电这一运营商。广播电视网与移动互联网融合发展的新模式实现了电视大屏与移动小屏的相互融通，重塑了广播电视传播格局，用户能够享受到智慧广电服务，甚至是社会化的智慧城市服务。

中国广电借助 5G 大力开展新视听业务，布局 4K、8K 视听产业，媒体内容呈现的流畅度和画质双双升级将大幅优化用户的视听体验。目前，多家广电机构正积极研发应用 5G 技术，探索多点、多地、全流程、全功能 4K/8K 超高清节目集成制作和发布能力，积极开展 5G 环境下的视频应用和产品创新。

（二）华为的 5G 部署

作为 5G 领域的开创者，华为早在 2009 年就投入 6 亿美元开始进行 5G 研究与创新。无论是专利还是基站数量，抑或是 5G 商业订单，华为都领跑其他企业。

中国的 5G 研发测试是从 2016 年开始的，在工业和信息化部的指导下，由 IMT-2020（5G）推进组负责全面组织实施 5G 的研发测试。根据计划，2016—2018 年主要进行5G技术研发试验，2019—2020年进行5G产品研发试验。5G技术研发试验分为5G关键技术验证、5G技术方案验证和5G系统验证三个阶段。世界上各大企业，如华为、爱立信、中兴通讯、大唐移动通信设备有限公司、三星电子、英特尔公司、上海诺基亚贝尔股份有限公司等都参与了5G技术研发试验。中国参与5G技术研发实验的各大厂商如期完成了每阶段的既定目标，且测试结果优于3GPP的标准要求，极大地推动了中国5G产业的发展。在三个阶段的测试中，华为表现亮眼，始终在进度及性能上保持领先，为中国5G技术试验贡献了巨大力量。

1. 第一阶段测试

5G要实现10Gbit/s甚至20Gbit/s的峰值速率、千亿的连接、1ms的时延，不仅需要一个统一的空中接口架构来满足物联网差异化的业务需求，还需要革命性技术提升频谱效率，以满足未来8K、AR、VR、全息影像等大带宽业务的发展。

华为积极响应国家大力发展5G的号召，深度参与IMT-2020（5G）推进组第一阶段5G关键技术研发验证，于2016年4月在位于成都的5G外场率先完成5G空口技术的单点技术测试和性能验证，为5G关键技术选型做了大量的准备工作。5G空口技术包含两部分：一部分通过现有技术演进实现，包括大规模天线技术和全双工等；另一部分就是华为针对5G需求而提出的革命性新技术——5G新空口，包括F-OFDM（滤波的正交频分复用）、SCMA（稀疏码多址接入）和Polar Code（极化码）三件套。

2. 第二阶段测试

2017年6月，华为在北京怀柔率先完成了第二阶段“多种关键技术融合测试及单基站性能测试”。

在C波段（C-Band）的测试环节中，华为利用整个200MHz全带宽，通过5G新空口及大规模多入多出等技术，使单用户下行吞吐率超过6Gbit/s，小区峰值超过18Gbit/s。在本次无线技术验证过程中，配套华为的小型化5G测试终端，单个5G基站可同时支持上百路超高清4K视频点播，在车载移动场景下也能实现流畅播放，展现了5G移动宽带技术所独有的极致体验。

在本次试验中，华为是首个打通了空口和网络、完成端到端的切片技术验证的厂商，成功地在同一个电信基础设施上提供相互隔离的切片，实现了超大连接、超大带宽、高可靠性、低时延，能够满足多种垂直行业应用的诉求。

3．第三阶段测试

第三阶段测试中，华为率先于2018年12月27日以100%通过率完成5G核心网安全技术测试。在本次测试中，华为的测试场景最全面且各项测试成果遥遥领先，其中100MHz带宽下64T64R Sub-6GHz单小区下行峰值超过14.5Gbit/s，刷新业界记录。

在历时一年的中国5G技术研发试验第三阶段测试中（下面简称第三阶段测试）中，华为在北京怀柔外场充分测试了IMT-2020（5G）推进组测试规范中的所有非独立组网（Non-Stand Alone，NSA）和独立组网用例，并测试了最全的5G首波商用主流频段，如2.6GHz、3.5GHz及4.9GHz，为全球5G的商用部署提供了重要的参考依据。

在5G标准专利方面，华为提供了16 000多个5G标准体验。在解决方案方面，2009—2018年，华为持续投入了将近20多亿美元用于5G技术研发，从设备到终端到芯片再到模组，构建了全面端到端的5G解决方案的能力。例如，华为发布了麒麟980芯片和用于基站的5G芯片。

华为2019年半年报显示，华为已经和全球运营商签订了50多个5G商用合同，累计超过15万个基站已发货。在2018年世界移动大会上，华为正式面向全球发布了世界首款基于3GPP标准的5G终端芯片和基于该芯片的首款5G CPE。此外，华为实现了以“极简站点、极简架构、极简协议、极简运维”的最佳5G端到端解决方案。华为有比较领先的产品和解决方案，可支撑市场需求建设5G网络，通过5G网络实现更多的商业应用。

（三）中兴通讯的5G部署

早在4G到来时，中兴通讯便已经展开5G的相关部署。目前，中兴通讯已经对整个5G产业进行了全产业链部署，构建泛5G端到端产品解决方案。

在无线接入领域，中兴通讯全系列5G AAU商用产品实现了5G全频谱覆盖与全场景应用，通过5G NSA&SA双模基站、多模UBR基站、频谱共享，极简站点解决方案等简化接入层硬件设备，实现5G快速建网。

在核心网领域，中兴通讯推出了商用5G Common Core，支持2G/3G/4G/5G/fixed全融合、全接入，支持3GPP R15 SA和NSA，能够为运营商节省40%投资。

在5G承载领域，中兴通讯开始规模部署5G Flexhaul端到端产品的商用。

在终端方面，中兴通讯已经与全球超过20家运营商开展了5G终端合作。中兴通讯提供的5G终端方案包含5G智能手机、5G室外路由器、5G室内路由器、5G移动热点、5G数据终端和5G模块等系列化、多形态的5G终端产品，同时也能为各行业提供定制化的5G模块化方案。

2019年2月，在西班牙巴塞罗那世界移动通信大会期间，中兴通讯发布了首款5G旗舰手机中兴天机Axon 10 Pro，率先实现了5G手机的商业应用。2019年5月6日，在数字中国建设峰会上，中兴天机Axon 10 Pro 5G作为国内首批5G机器正式亮相。据了解，中兴天机Axon 10 Pro 5G版已经实现中国移动、中国联通和中国电信三大运营商5G外场的调通，中兴通讯成为中国首家完成5G端到端调通的通信设备厂商。

七、5G人才需求格局

随着5G商用大幕的徐徐拉开，市场对5G领域人才的需求量正大幅度上涨。对社会来说，5G能带动很多新兴行业的发展，创造上万亿经济效益、千万个就业机会。同时，企业间竞争也将日渐激烈，5G人才的储备是企业乃至整个国家提升自身竞争力的重要手段。

（一）5G行业人才市场需求

在5G时代，随着通信网络架构日益复杂化以及业务规模的不断扩展，全新的网络技术和全云化的设备部署，使5G网络在运维、研发、测试、系统管理等方面都发生了诸多变化，从而导致5G行业对人才的需求也发生了很大变化。

相关研究数据显示，近三年，市场对5G人才的需求显著增长。2018年，市场对5G人才的需求总量较2017年增长31.6%。2019年以来，市场对5G相关人才的需求出现爆发式增长。2019年1月至5月，市场对5G人才的需求总量已经接近2018年整年的60%，较2018年同比增长38.9%，需求增速较2018年提高了7个百分点。

此外，相关研究数据显示，从5G四大细分领域（5G应用、终端和运营商、元器件及材料、传输网络）对人才需求的分布来看，5G应用对人才的需求量最大，其次是终端和运营商，而元器件及材料、传输网络对人才的需求量则相对较小。

这是因为5G应用涉及的领域最宽泛，涵盖智慧城市、工业互联网、智能家居等应用场景，因而该细分领域对人才的需求量最大。而5G从实验落地到终端应用，需要运营商搭建好5G网络系统，元器件及材料是围绕终端和运营商网络的配套设施；传输网络可在已有的网络基础上加大扩容，因而终端和运营商、元器件及材料、传输网络这三个领域对人才的需求量较小。

从各大行业对5G人才的需求来看，互联网、电子通信、机械制造这三个行业对5G人才的需求量最大。

首先，5G的应用落地依托于网络的部署。2019年互联网行业发展进入下半场，人工智能、云计算、大数据成为行业人才需求的关键词，算法工程师、云计算工程师、大数据工程师成为行业需求的核心人才。

其次，电子通信行业依托5G技术迎来变革浪潮，部分细分行业赶上产业加速迁移的“东风”，迎来了新的发展机遇。这一行业在引领5G技术发展方面起到了关键作用，如华为、中兴及三大移动运营商，对人才的数量及质量都有较高的要求。

最后，智能制造是机械制造行业进行产业升级和转型的方向，而5G技术拥有的低时延、大带宽、更快的网速和超大容量等特点，正在驱动机械制造业在人工智能、增强现实、预测性维护和协作机器人等多个领域的数字化转型。5G人才的引入能够加速机械制造行业智能化水平的提升，因而机械制造行业对于5G人才也有不小的需求。

（二）5G行业人才岗位划分

从网络建设的流程来看，5G网络的建设主要分为四步（见图2-16）。从前期的网络的规划设计到网络部署，再到后面的网络运维运营和优化，整个端到端的环节，每一层都需要优化5G人才配置，5G人才岗位划分正是贴合了5G网络建设流程的需要。

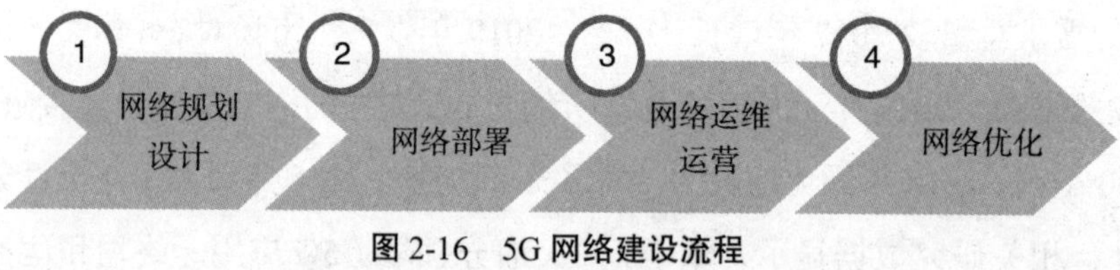

图2-16 5G网络建设流程

根据5G网络建设流程，大致可将5G行业岗位划分为六类，如表2-5所示。

表 2-5　5G 行业岗位及其主要职能

5G 行业岗位名称	主要职能
网络规划设计	负责业务预测、网络覆盖规划、容量规划、站址规划，其中，以网络覆盖规划和容量规划为主，包括网络参数、核心网的网络参数、无线网和传输网的参数的规划，以及软硬件的规划等
设备维护	主要负责 CT（通信业）设备的部署与维护和 IT（信息业）设备的部署与维护
业务编排	负责网络架构的设计，包括系统设计和组网设计等
自动化运维	以人工智能和大数据技术为基础，实现对各个基站的故障预测与自愈，以减少在基站上的操作
业务体验与优化	对各种业务进行测试与体验并给出相应的反馈，继而通过优化参数来调整网络的业务体验
策划方案	通过充分的需求调研分析，策划出针对垂直行业的、符合客户需求的方案

（三）5G 行业人才能力要求

由于 5G 汇集了各种高新科技，因而其相关岗位所需求的是复合型人才，并且需要在前沿技术领域有深入的研究。市场对 5G 行业人才能力的要求主要涉及移动通信技术、网络规划与设计、网络云化能力、大数据和人工智能技术、行业解决方案五个方向（见表 2-6）。

表 2-6　市场对 5G 行业人才能力的要求

5G 行业人才综合能力要求	具体要求
移动通信技术	通信相关知识 空口通信原理 信令与协议
网络规划与设计	站点规划设计能力 组网规划设计能力 参数规划设计能力
网络云化能力	NFV 技术 SDN 技术 Cloud RAN 技术
大数据和人工智能技术	熟悉编程技术 数据清洗与挖掘能力 数据分析建模能力 机器学习
行业解决方案	需求调研能力 系统架构设计 开发解决方案的能力

传统移动通信技术能力是5G行业人才应具备的基本能力，只有熟练掌握通信相关知识，深刻理解空口通信原理和信令、协议的人才才能在5G技术领域具备发展的可能。而作为通用技术，5G设计的网络更加复杂化、多元化，因此5G行业人才必须拥有良好的网络规划和设计能力。

在未来，云网端将是数字经济社会的基础设施，用户需要使用云化的网络，以实现其对网络的各种需求，因此网络云化能力也是5G行业人才的必备技能。

大数据和人工智能技术将会与越来越多的领域结合，能够熟练运用大数据和人工智能技术的人才将会备受青睐。

未来5G网络将为更多的垂直行业提供发展空间。不同的垂直行业对5G网络的需求也会有所不同。一个优秀的5G行业人才应该能够根据不同的垂直行业做相应的5G网络需求调研分析，根据客户的需求去设计整个5G网络方案架构，最终完成解决方案的开发，满足客户的需求。

第三章

5G 的本质：什么是 5G

作为构筑社会和经济发展的重要基石，5G 受到了社会各界的广泛关注。“5G”成为社会生产生活中的一个热词，它可以为人们提供更快的网络速度和更具颠覆性的服务，为人类构建一个万物互联的智能世界。那么究竟什么是 5G？ 5G 的本质是什么？要想了解 5G，就要从多维度来考察。

一、5G 的三大应用场景

纵观移动通信技术的发展历程，5G 的网络能力较前几代移动网络有了飞跃式的提升。在全球范围内，5G 技术已取得阶段性的成果，逐步从试验向商用阶段迈进。如今，大量的 5G 技术已经在公司电网控制、信息采集、移动应用等业务中落到实处，一个又一个典型应用开始从设想走向实际应用场景。

目前，国际标准化组织“3GPP”已经为 5G 定义了三大应用场景，即增强移动宽带（eMBB）、超可靠低时延通信（URLLC）、大规模机器通信（mMTC）。这三大应用场景分别指向不同的领域，涵盖了社会生产和生活的方方面面。

（一）增强移动宽带

增强移动宽带是指在现有移动宽带业务场景的基础上，对用户体验等性能的进一步提升。增强移动宽带是最贴近人们日常生活的应用场景，主要提升以“人”为中心的娱乐、社交等个人消费业务的通信体验，适用于在人口密集区为更多用户提供更快的数据传输速度，支持高清视频在视频媒体、影音娱乐领域的应用以及虚拟和增强现实技术在游戏场景中的应用。

相关分析数据显示，到 2021 年，全球 IP 视频流量将占据全网流量的 82%。5G

时代，高清视频将成为消耗移动通信网络流量的主要业务。而对于目前使用的4G网络来说，其数据传输与下载速度已经远不能满足当前用户的需求。例如，对于高清视频、VR/AR等应用场景来说，现有网络的传输速率均不能为用户带来流畅的体验，因而拥有更快传输速率的网络顺势而生。

在未来几年，用户数据流量将呈现持续爆发式增长，在增强移动宽带应用场景下，用户体验速率可提升至1Gbit/s，峰值速率甚至能达到10Gbit/s。用户可以轻松享受在线高清视频、视频直播与VR/AR视频等体验。

（二）超可靠低时延通信

超可靠低时延通信是指诸如无人驾驶、工业自动化等需要高可靠、低时延连接的业务，主要面向的是工业互联网、智能制造、自动驾驶、智慧能源等领域，为传统制造业的转型升级和高质量发展提供强有力支撑。

与4G相比，5G网络的时延大大降低。4G网络端到端的传输时延为30毫秒至50毫秒，而5G网络的传输时延却可以低至1毫秒。人类眨一下眼尚且需要100毫秒，而5G网络的低时延足以保障高稳定、高可靠性的通信能力。这种低时延的特性让无人驾驶、工业机器人能够及时做出反应并精确执行命令，而无须担心卡顿、延时。

5G之所以能够实现超低时延，是因为它彻底实现了控制面和用户面分离，将用户面下沉，并引入移动边缘计算（MEC），让云服务更加接近用户（见图3-1）。

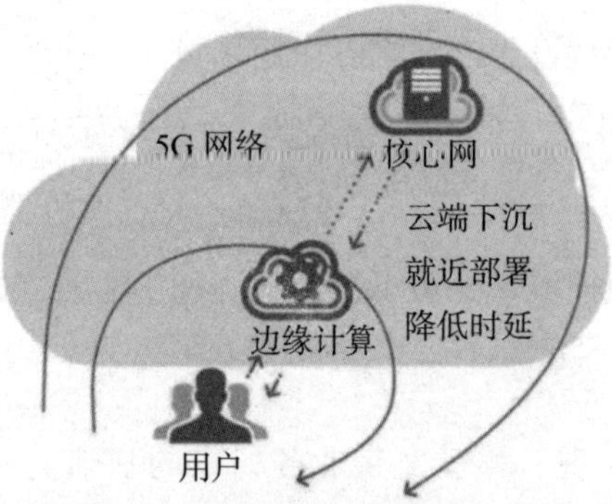

图3-1　5G实现超低时延的原因

例如，在自动驾驶领域，时延和可靠性显得尤为重要，在紧急刹车、车对车、车对人、车对基础设施等多路通信同时进行的场景下，汽车控制系统需要瞬间进行大量的数据处理并迅速做出决策，而5G网络的低时延和高可靠性能为其提供有效的技术保障。

（三）大规模机器通信

大规模机器通信能够满足海量物联网的通信需求，是当下物联网的进化版本，主要面向智慧城市、环境监测、智能农业、森林防火等以传感和数据采集、实时解析为目标的物联网领域。

与4G相比，5G网络的连接容量更大，通过多用户共享接入、超密集异构网络等技术，5G每平方千米最大连接数将是4G的10倍。在5G网络覆盖下，每平方千米可支持100万台设备同时高速上网（见图3-2）。5G强大的连接能力使人们进入万物互联的新时代，在大规模机器通信这一应用场景下，数据的传输速率较低、时延容忍度高、终端成本更低且待机时间超长。布局的终端成本会更低，同时要求具备长续航和可靠性强等特点。

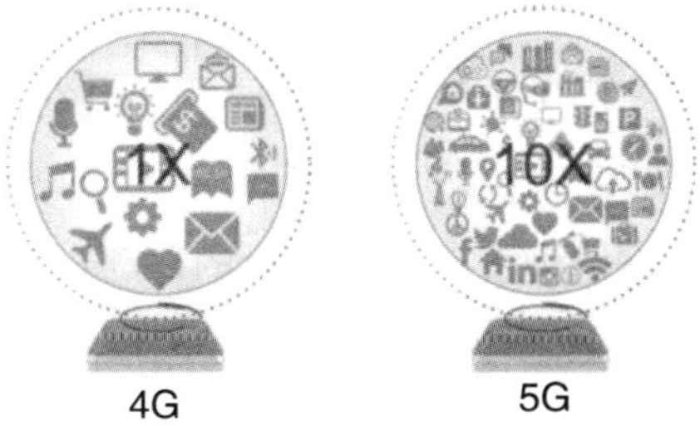

图3-2　4G、5G连接数比较

近年来智能家居行业快速兴起，大量物联网应用如家庭门锁、空气净化器、空调、冰箱、洗衣机等都拥有了网络连接能力，人们对其可以进行远程管理，而5G的大规模机器通信场景会为其带来更多的新体验。基于5G网络的强大连接能力，人们可以把各种家庭电器都接入智能管理平台。在智能管理平台中，这些电器将不再是单独工作，而是通过5G网络协同工作，人们的生活将更加轻松、便捷和智能化。

凭借强大的连接能力，5G可以促进各垂直行业（智慧城市、智能家居、环境监测等）的深度融合。得益于5G超高的容量，人与人之间的通信将拓展到人与物、物与物之间。这样一来，互联通信的概念进一步扩大，从而实现真正的万物互联。

二、5G的基本特点

当前，移动通信行业有句流行语："4G改变生活，5G改变社会。"5G，看似比4G多1G，却不似"4G+1G"这样简单。与4G相比，5G无论是在网速上还是网络容量上，都有了质的飞跃。具体来说，5G 具有速度更快、网络覆盖范围更广、功耗更低、时延更低四个特点。

（一）速度更快

如果把 1G 的网络速度比作走路，2G 的网络速度就是在跑步，3G 的网络速度就是坐汽车，4G 的网络速度就相当于坐上了飞机，而 5G 的网络速度则堪比超音速，能让人体会到“弹指一瞬”的速度。

对于 5G，用户最直观的感知就是网络速度的变化。在 3G 时代，用户用手机下载一张图片尚且需要很长的时间；而到了 4G 时代，即使是用手机传输文件、观看视频也完全不会卡顿，下载一部高清电影只需几分钟；而到了 5G 时代，网络速度是其最抢眼的优势。相比于 4G，5G 网络的平均速率从 25Mbit/s 提升到了 100Mbit/s，峰值则从 300Mbit/s 提升到了 20Gbit/s。这意味着在 5G 网络下，下载一部高清电影只需要 1 秒；用 4G 网络只能下载半集电视剧的时间，用 5G 网络可以下载完 10 集电视剧。

以近年来流行的 VR 视频为例，网络传输速度是其发展的瓶颈，VR 视频的顺畅播放需要至少 157Mbit/s 的网络速度。对于现有的移动通信技术来说，网络带宽小、速率低和高延时等因素导致其难以支撑 VR 视频的顺畅播放，用户在体验时可能会出现画面卡顿的情况，甚至产生头晕目眩的感觉。而在 5G 网络下，VR 视频的体验将得到大幅改善，VR 产业的发展也将获得更多的机遇。

远程医疗和远程教育中的高清图像传输、低时延的操作都需要以高速度的网络为基础。因此，5G 网络速度的提升，不仅使 VR 和超高清视频这类对网络速度要求较高的业务的发展不再受限，还能为远程医疗、远程教育等行业从概念转向实际应用提供了良好的网络基础。

（二）网络覆盖范围更广

即便是在覆盖范围已经很广的 4G 网络下，仍然会存在诸如高铁、隧道、电梯等之类的网络“死角”。在 5G 时代，这些问题都将迎刃而解，5G 网络将覆盖社会生活中的每个角落。

如图 3-3 所示，5G 网络覆盖范围更广的主要表现在两个方面。

图 3-3 5G 网络覆盖范围更广的主要表现

1. 广泛覆盖

5G 网络的广泛覆盖是指凡是人类足迹所至的地域都能被 5G 网络覆盖到，如偏远山区、峡谷等人迹罕至的区域。通过在这些地区部署大量传感器，人们可以对自然环境、空气质量、山川河流的地貌变化甚至是地震进行监测，这为人类发展提供了更多的便利性。

2. 纵深覆盖

在日常生活中，虽然网络已经覆盖了很大的范围，但由于移动通信质量的不稳定，还需要进行更高品质的深度覆盖。例如，目前大多数城市已经普及了 4G 网络，但在诸如地下车库、楼房的高层等一些地方，其网络质量依然有待提升，而 5G 的到来将有效提升网络覆盖的深度。

（三）功耗更低

近年来，智能可穿戴设备受到了广泛的关注，主流的产品形态包括手表、鞋、眼镜以及智能服装、书包、拐杖、配饰等。作为智能终端产业的下一个热点，智能可穿戴设备虽然已经被市场广泛认同，但其在市场上的销量仍然不高。造成这种情况的原因之一是这类设备普遍存在电池续航时间短的问题。

普通的智能手表电池的续航时间在 24 小时左右，如果开启更多的功能，那么智能手表的耗电量会随之增加，这就造成使用者不得不每天为智能手表充电才能保证其正常使用，而频繁的充电会让用户体验大打折扣。

物联网产品的普及离不开通信与能源的支撑。在物联网产品中，通信的实现可以依靠多种手段，但能源的供应却只能依靠电池。因此，在万物互联的 5G 时代，降低通信功耗是 5G 网络建设必须解决的问题。目前，降低功耗主要采用的是美国高通公司主导的 eMTC 技术和华为主导的 NB-IoT 技术，它们同属低功耗广域网（LPWAN）技术。eMTC 技术与 NB-IoT 技术的特点如表 3-1 所示。

表 3-1　eMTC 技术与 NB-IoT 技术的特点

低功耗技术	具体内容
eMTC	由 LTE 协议演进而来，是对 LTE 协议进行了裁剪和优化的技术。它基于蜂窝网络进行部署，支持上下行最大 1Mbit/s 的峰值速率，其用户设备通过支持 1.4MHz 的射频和基带带宽，可以直接接入现有的 LTE 网络
NB-IoT	基于蜂窝网络，只消耗约 180kHz 的带宽，可直接部署于 GSM 网络、UMTS 网络或 LTE 网络，以降低部署成本，实现平滑升级。虽然其传输速度只有 20kbit/s 左右，却能满足 5G 对于物联网应用场景低功耗的要求

低功耗网络的应用场景非常广泛。例如，人类在对空气质量进行监测时采用的手段多是利用空气质量监测站点，对存在于大气、空气中的污染物质进行定点、连续或者定时的采样、测量和分析。因此，为了监测空气，人们需要在城市设立若干个空气站，空气站内安装多参数自动监测仪器以实现连续、自动监测，保证监测结果能够被实时存储和分析。但由于空气站内自动监测仪器功耗大的问题，目前，大多数城市中只建有少量测量站点。而未来，在 5G 网络的基础上采用低功耗技术，人们就可以设立大量低功耗的监测点，从而有效降低监测的成本。

（四）时延更低

在 3G 时代，端到端的时延是几百毫秒量级。而在 4G 时代，端到端的理想时延是 10 毫秒左右，LTE 的端到端典型时延是 50 毫秒至 100 毫秒。国际电信联盟（ITU）、IMT-2020 推进组等国内外 5G 研究组织机构均对 5G 提出了更高的端到端的时延要求，在理想情况下，5G 网络端到端的时延为 1 毫秒，这意味着 5G 将端到端时延缩短为 4G 的 1/10。

为了满足低时延的要求，5G 网络需要遵循一定的思路，结合不同层次的技术，才能灵活应对不同垂直业务的时延要求（见图 3-4）。

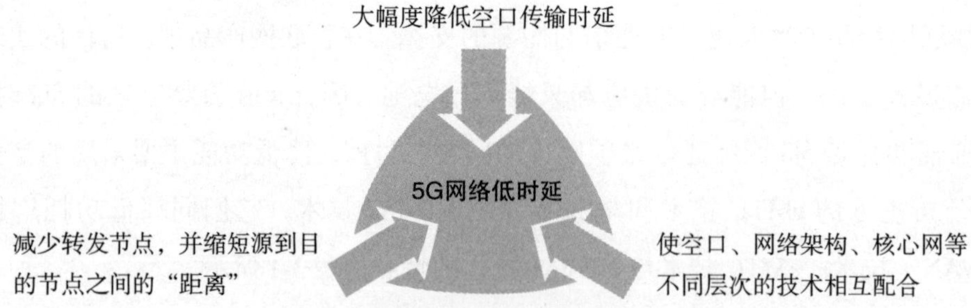

图 3-4　实现 5G 网络低时延的方法

超低时延是 5G 的一个非常重要的属性，由于无人驾驶、远程医疗、远程教育等领域对网络时延和可靠性具有极高的要求，因此超低时延的 5G 网络显得尤为重要。

例如，在无人驾驶领域，5G 网络低时延的特点能够保障车辆的安全行驶。无人驾驶汽车的制动过程十分复杂：首先雷达把信号落到路人或障碍物上，人或障碍物再把这个信号反射回来，无人驾驶汽车接收到信号以后把它转成电信号存储到中央处理系统；其次中央处理系统对电信号进行分析计算并做出制动判断；最后制动判断结果被传递到刹车系统，由刹车系统做出相应的反应。通常来说，无人驾驶汽车在高速行进中，需要制动时，制动信息必须在最短的时间内传送到中央处理系统，让汽车做出及时反应。如果汽车制动不及时，在 100 毫秒左右的时间内汽车就能向前冲出几米，这样就会引发严重的安全事故。因此，无人驾驶对网络的时延提出了近乎严苛的要求。

在无人机领域亦是如此，以攻击型无人机为例，地面上的操作人员通过无人机上的摄像头和图传装置发现目标并对其实施打击。在操作过程中，无人机一直处在飞行状态，任何的传输延时或误差都会让操作人员形成误判，从而错失打击目标的最佳机会。5G 网络所具有的低时延特点能有效保障信息传输的及时性、准确性和稳定性，从而有效降低操作人员的误判率。

除此之外，5G 低时延的特点还将在智慧交通、赛事实况直播、远程医疗等多个领域发挥重要作用。总而言之，5G 就是一场信息革命，它以技术为驱动，从人与人的连接延伸到万物互联，从个人和家庭延伸到社会各个领域，进而为社会经济、生活带来革命性的影响。

三、5G 的关键性能指标

在技术与需求的双轮驱动下，5G 时代正在加速到来，移动通信技术的代际跃迁往往能带来系统性能的指数级提升。5G 已经不再局限于为人提供更好的无线上网业务体验，而是将目标指向了万物互联。为此，中国对 5G 需求开展了深入研究，提出了包含用户体验速率、连接数密度、时延、移动性、峰值速率、流量密度、能效、频谱效率、成本效率在内的九大性能指标。

国际电信联盟（ITU）在进行 5G 网络征求意见时，将 5G 的应用场景分为三类，并采纳了中国提出的八个关键性能指标。国际电信联盟提出的 5G 关键性能指标如图 3-5 所示。

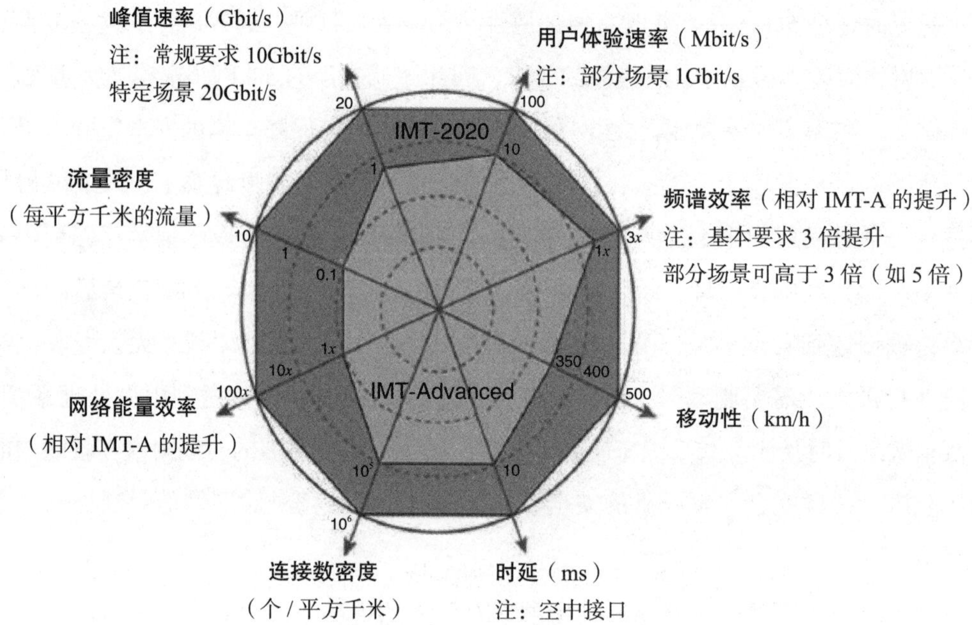

图 3-5　国际电信联盟提出的 5G 关键性能指标

1．用户体验速率

用户体验速率是指真实网络环境下用户可获得的最低传输速率。在实际网络环境下，用户体验到的是信息传送全过程的速率。实际应用中，用户终端的配置、用户自身线路的状况、运营商网络容量、共享网络的用户数，尤其是用户所登录网站服务器的服务能力及接入到特定网站的用户数量限制等因素都将影响用户的体验速率。用户体验速率一般采用期望平均值和统计方法进行评估分析。

2．峰值速率

峰值速率是指在理想条件下用户可以获得的最高传输速率，是系统最大承载能力的体现。5G 的峰值速率是 4G 的 30 倍。针对 eMBB 场景，在 5G 网络环境下，下行链路峰值速率最低要达到 20Gbit/s，上行链路峰值速率最低要达到 10Gbit/s。

3．流量密度

流量密度是指单位面积内的总流量数。它是衡量移动网络在一定区域范围内数据传输能力的指标。在 5G 时代，网络需要支持一定局部区域的超高数据传输，网络架构应该支持每平方千米能提供数十 Tbit/s 的流量。

4．网络能量效率

网络能量效率是指每消耗单位能量可以传送的数据量。在 5G 系统架构中，能量消耗主要指基站和移动终端的发送功率，以及整个移动通信系统设备所消耗的功率。

为实现网络能量系统效率最优和能量价值的最大化利用，5G 采取了一系列新型接入技术，如低功率基站、终端直通（Device-to-Device，D2D）技术、流量均衡技术、移动中继等。

5. 连接数密度

连接数密度是指单位面积上支持的在线设备总和，它可以衡量 5G 移动网络对海量规模终端设备的支持能力。5G 时代存在大量物联网应用需求，如体育场、大型集会等，这就要求网络具备能将超千亿台设备连接起来的能力。

6. 时延

时延采用 OTT 或 RTT 来衡量，前者是指发送端到接收端接收数据之间的间隔，后者是指发送端到发送端数据包从源节点开始传输到被目的节点正确接收的时间。在 5G 时代，车联网、工业自动化生产、远程医疗等应用场景对时延提出了更高的要求，最低空口时延要求达到 1 毫秒。在网络架构设计中，时延与网络拓扑结构、网络负荷、业务模型、传输资源等因素密切相关。

7. 移动性

移动性是历代移动通信系统的一个重要性能指标，它是指在满足一定系统性能的前提下，通信双方的最大相对移动速度。在 5G 时代，高移动性、广覆盖类应用场景主要发生在飞机、高铁、高速公路以及地铁等对移动性要求较高的地点，这些地点对应的主要网络业务有网页浏览、实时在线游戏、云端办公等。因此，移动性不仅要支持飞机、高铁、高速公路、地铁等高速移动场景，同时也需要支持工业控制、数据采集等低速移动或非移动场景。

8. 频谱效率

频谱效率是指在数字通信系统中的带宽限制下，网络可以传送的数据总量。5G 的峰值频谱效率要求达到下行 30（bit/s）/Hz，上行 15（bit/s）/Hz。

四、5G 标准化的进展

近年来，全球 5G 研究不断加速，5G 概念日渐清晰，设立 5G 全球统一标准已经成为业界共识。众所周知，通信技术标准是通信产业的制高点，谁掌握了标准制定的主动权，谁就掌握了国际竞争的话语权。

通信技术标准是通信生产、通信建设以及一切通信活动中共同遵守的技术规定。

目前在移动通信领域，主要有ITU和3GPP两个国际标准化组织，ITU负责定义5G应用场景和网络关键能力指标，以及制定5G网络的需求；3GPP负责组织具体的标准化工作，制定和发布技术规范和技术报告，联合各大设备厂商以及通信运营商共同制定5G的协议标准。

每一代移动通信技术标准的制定都不是一蹴而就的，从ITU制定新系统的需求开始，各大公司和组织就会展开针对愿景、概念等方面的研发和探讨，以验证各项技术的可行性并向国际标准化组织提交方案；国际标准化机构通过会议协商选定合适的技术，并将其指定为标准；之后各个设备厂商就可以根据制定的标准研发相应的产品，然后将产品销售给运营商，由运营商进行网络部署，并为用户提供通信服务。因此，5G标准的制定主要分为四个步骤（见图3-6）。

图3-6 5G标准制定的基本步骤

5G商用的快速开展离不开标准化的尽早完成。5G协议制定分为两个阶段：5G Phase 1和5G Phase 2。它们分别对应R15和R16两个协议版本：R15版本定义eMBB场景的相关指标，本方案核心指标已经于2018年6月冻结；R16主要定义mMTC以及uRLLC两个业务场景，于2019年年底至2020年年初协议冻结，分步骤满足5G的各个业务场景的标准制定。

5G的标准化工作于2019年年底结束，后续的重点是提升5G网络为垂直行业服务的能力，聚焦技术的创新应用，增强5G面向诸如车联网、智能制造、智慧医疗、智能城市等领域的网络服务能力，为各行各业的发展提供支撑。2020年将迎来全球范围内5G规模商用的一年。

五、5G频谱

在5G网络的建设中，各个国家及相关组织对频谱资源尤为关注，业界也意识到频谱对移动通信产业链、漫游特性的重要性。频谱是无线网络的基础，但频谱资源是十分有限的，优质的频谱资源更是稀缺。历代无线技术演进的重要一环就是通过提升频谱效率来拓宽网络覆盖的广度和深度，提高网络质量和容量。因此，5G的频谱的合理使用将对 5G 业务质量产生非常重要的影响。目前 5G 频谱已成为组网的关键要素之一。

在移动通信技术发展过程中，移动行业充分利用频谱资源为社会做出了巨大贡献，使人们的生活发生了深刻的改变。同时，在经历过 3G、4G 的蓬勃发展以后，业界也意识到掌握一段全球均可使用的 5G 频谱，将会是 5G 系统初期部署能够获得成功的关键因素。

5G 的三个应用场景——增强移动宽带、超可靠低时延通信、大规模机器通信分别对应用户体验速率大于 1Gbit/s、时延小于 1 毫秒、每平方千米 100 万个连接的要求。场景的落地有赖于丰富的频谱资源，为满足上述愿景，5G 频率将涵盖高、中、低频段，即统筹考虑全频段。

高频段一般指 6GHz 以上频段，连续大带宽可满足热点区域极高的用户体验速率和系统容量需求。但是其覆盖能力较弱，难以实现全网覆盖，因此它需要与 6GHz 以下的中低频段联合组网，以高频和低频相互补充的方式来解决网络连续覆盖的需求。目前 3GPP 定义的 5G 频率范围分为 FR1 和 FR2（FR 即频率范围），FR1 和 FR2 的具体范围如表 3-2 所示。

表 3-2　5G 频率范围

频率范围名称	相应的评率范围
FR1	450 ~ 6000MHz
FR2	24 250 ~ 52 600MHz

FR1 也称 Sub-6GHz 频段，它以 3.5GHz 为主，是 5G 的主频段，其中 3GHz 以下的频率称为 Sub-3G，其余频段称为 C-band；FR2 是 5G 的扩展频段，这段频谱的电磁波波长大部分都是毫米级别的，因此也称为毫米波。FR1 和 FR2 具有不同的特点，如表 3-3 所示。

表 3-3　5G 频率范围特点

频率范围名称	特点
FR1	频率低、绕射穿透能力强、覆盖效果好 在 5G 中，FR1 作为基础覆盖频段，最大支持 100Mbit/s 的带宽
FR2	超大带宽、频谱干净、干扰较小，作为 5G 后续的扩展频率 作为容量补充频段，FR2 最大支持 400Mbit/s 的带宽

目前，从全球可获得的频谱资源来看，全球5G部署侧重于中频段频谱（主要是3.4～4.2GHz）和24GHz以上的特定频段。中频段频谱资源对早期的5G部署至关重要，多个已规划的5G正式商用设备都将采用中频段频谱，特别是3GHz频段，2019年多数投入使用的5G设备都支持这一频段。同时，也有部分国家青睐5G毫米波，形成毫米波、中频段同步推进的局面。其中，中国已经将3.4～3.6GHz和4.8～5.0GHz的频谱资源分配给5G规模试点和测试研究使用；日本和韩国也分配了C频段的资源给5G测试使用；欧洲的频谱分配也紧随中国，将3.4～3.8GHz的频谱划分给5G使用。

在不久的将来，移动通信系统将拥有更大的带宽，甚至更高的频率。关于频谱共享的研究会越来越成熟，频谱的使用也将越来越灵活。人类对频谱资源的利用，将会更深层次地改变人们生产与生活的各个领域。

六、5G的关键技术

作为新一代的移动通信技术，5G的网络结构、网络能力和要求都与过去有很大不同，加之多样化场景的极端差异化性能需求，5G很难像以往那样以某种单一技术为基础形成针对所有场景的解决方案。为了支持三大应用场景，达成各个网络能力指标，5G网络整合了大量关键技术。

（一）网络切片

万物互联的5G时代，各种新兴业务不断涌现，网络的应用场景逐渐多样化。越来越多的设备接入网络，这些设备分属不同的领域，且具有不同的特点，它们对于网络的带宽、安全性、时延、可靠性都提出了更高的需求。而现有的4G网络已经无法满足日益增多的网络业务需求。为满足这些需求，网络切片技术应运而生。

所谓网络切片，是指将一个物理网络切割成多个相互独立的虚拟网络，每个虚拟网络满足不同的场景服务需求。它是一种端到端的按需组网方式，方便运营商快速、灵活地部署网络。每一个切片都是独立的、完整的虚拟网络，至少包括无线子切片、承载子切片和核心网子切片。而且任何一个虚拟网络发生故障都不会影响其他虚拟网络，这一特点保障了网络的安全性，同时避免了为每一种服务专门建设一个物理网络的麻烦，降低了网络运营成本。总结来说，网络切片具有三大特点（见图3-7）。

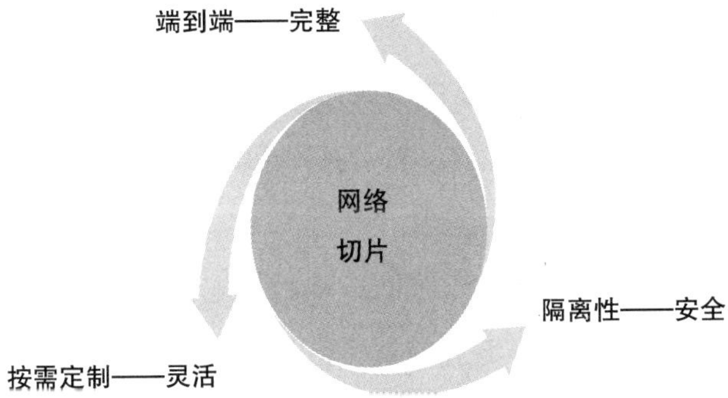

图 3-7 网络切片的特点

在具体应用中，各行各业对网络的需求多种多样，对应 5G 的三大典型场景的需求，网络切片可以分为三种类型（见图 3-8）。

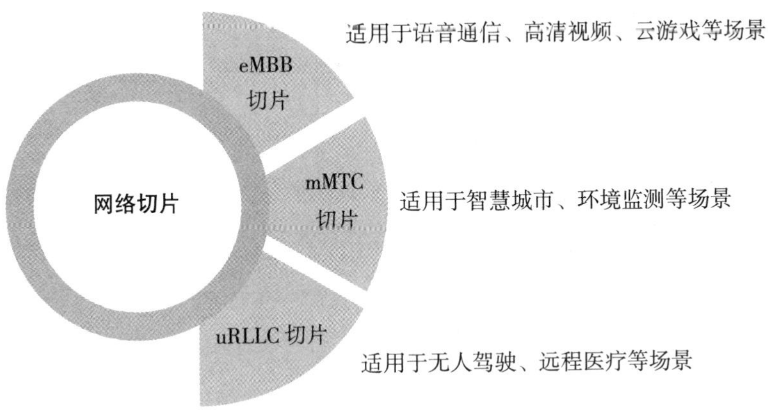

图 3-8 网络切片的类型

例如，高清视频和无人机驾驶对网络性能的要求是有区别的。高清视频更注重视频的流畅性、画质的清晰度，对数据传输速率有一定要求；而无人机驾驶则侧重低时延、高可靠性。如果在这两种场景中使用同一个网络、同样的服务，网络的许多性能就会变得不可控，网络运维也会变得非常复杂。而通过运用网络切片技术，运营商可以向不同需求的用户提供不同的网络服务、不同的计费方式，让用户更好地使用 5G 网络。

目前网络切片技术已经成为各个国家设备生产厂商公认的理想的 5G 网络构架。在网络切片技术的推动下，未来万物互联的场景将会得到更好的实现。网络切片技术的应用将促使通信行业与其他行业深度融合，加速新的商业模式的衍生和各个行业数字化转型的步伐。

（二）超密集组网

超密集组网是实现5G网络的高流量密度、高峰值速率性能的关键技术。5G时代，万物互联带来移动数据流量的激增，除了增加频谱宽带和提高频谱利用率外，网络密集化是未来网络设置的必然趋势。

超密集组网通过更加密集化的无线网络基础设施部署，将基站间的距离缩短为几十米甚至十几米，增加低功率节点的数量，从而获得更高的频率复用效率、更大单位面积的系统容量以及更高的用户体验速率。

超密集组网将是满足未来局部热点区域移动数据流量需求的主要技术手段，其典型应用场景主要包括办公室、密集住宅区、密集街区、校园、大型集会、体育场、地铁等。

超密集组网能够保证用户在人流量密集的区域也能高速上网。与传统大型基站相比，超密集组网具有三个优势（见图3-9）。

1 采用大量小基站方式部署网络，缩短了端到端之间的距离，密集化的小基站使无线资源得到更有效、更合理的利用，系统容量显著增加

2 改变了过去对大型基站的高度依赖，组网更灵活，从而有效提高了网络密度和覆盖范围

3 采用频谱资源的空间复用，可以使频谱效率大幅度提高

图3-9　超密集组网的优势

随着基站部署密度的增加，超密集组网也将面临许多新的问题。首先是干扰问题，在热点高容量密集场景下，无线环境复杂且干扰多变，会影响网络的频谱效率；其次，随着无线接入站点间密度的增大，小区间切换将更加频繁，会使用户获得的业务服务质量下降。除此之外，部署运营成本和能量消耗等都是超密集组网需面临的挑战。

为解决上述问题，接入和回传联合设计、干扰管理和抑制、小区虚拟化技术都是超密集组网的重要研究方向。对于超密集组网中面临的干扰问题，可以采用小区间的干扰协调技术进行处理。针对5G用户移动性而产生的频繁切换问题，可以按用户需求分配资源，采用以用户为中心的虚拟小区、智能小区等技术，实现网络无

边界覆盖。总之，一个复杂的、密集的、大容量的、多用户的网络，要想保持稳定，减少干扰，就需要不断完善算法。

（三）毫米波

毫米波（Millimeter Wave）一般是指波长为 1 ~ 10 毫米、频率为 30 ~ 300GHz 的电磁波。它位于微波与远红外波相交叠的波长范围，因而兼具两种波谱的特点。相较于 6GHz 以下的低频率，毫米波拥有更丰富的可用频谱资源。

从 1G 到 4G，为满足网络更高传输速率的需要，划分的电波频率越来越高。30GHz 之内的频率资源十分紧张，频率短缺和频率冲突问题日益明显。5G 时代的到来，实现超高速率和大容量通信需要大带宽的频段资源作为基础，而毫米波的 24.25 ~ 27.5GHz 和 27.5 ~ 29.5GHz 频段存在大量大带宽的频谱资源，可以被有效利用。加之技术的发展，成本的降低，毫米波成为炙手可热的关键技术。

5G 网络的频段与以往网络频段最大的不同就在于它在原有 Sub-6GHz 频段的基础上，加入了毫米波频段。与 Sub-6GHz 相比，毫米波有着明显的优势（见图 3-10）。

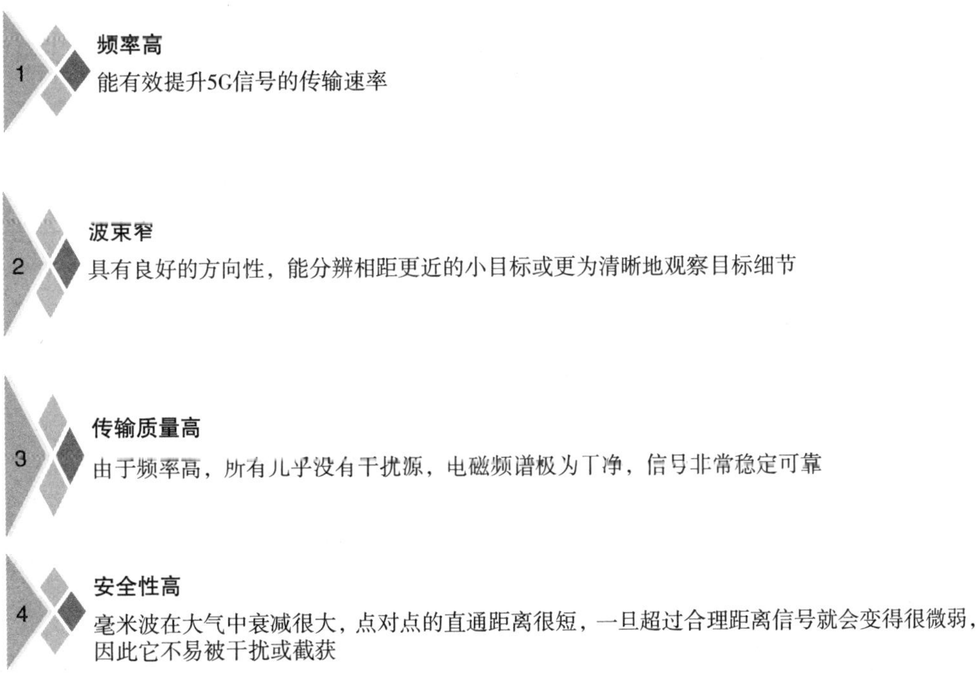

图 3-10　毫米波的优势

虽然毫米波具有如此多的优势，但5G毫米波落地应用还面临一系列问题与挑战。毫米波的不足主要在于其传输性能较差。由于毫米波传输频率较高，再加上许多空间因素的影响，如降雨或物体障碍等，都会增加毫米波在自由空间的损耗，且毫米波绕射能力差，容易被楼宇、人体等障碍物阻挡、反射和折射，容易导致信号中断或信号间歇性传输等问题。随着通信技术的发展，目前业界已经有比较成熟的驾驭毫米波的方法，如波束成形技术、大规模 MIMO 天线技术等。

毫米波的特性决定了它可以被应用在大带宽、高容量的场景中。面向高频段的 eMBB 场景，毫米波可用于人口密度大、网络容量需求大的热点区域。例如，毫米波可用于体育馆、演唱会等大型场所中，为现场用户带来更快的网络传输速率，以及低时延和无限容量的上网体验。

（四）边缘计算

根据国际电信联盟电信标准化部门 ITU-T 的研究报告，2020 年，每个人每秒产生 1.7MB 的数据，IoT（物联网）可穿戴设备的出货量达到 2.37 亿。国际数据公司（IDC）也发布了相关预测，到 2025 年，超过 50% 的数据需要在网络边缘侧分析、处理与储存。

在 5G 时代，网络除了满足人与人之间的通信需求外，还需要解决人与物、物与物之间的通信需要，车联网、工业控制、AR/VR 等应用场景对网络时延提出了新的要求。在传统云计算模型中（见图 3-11），集中式的数据存储与处理模式将面临巨大的压力。

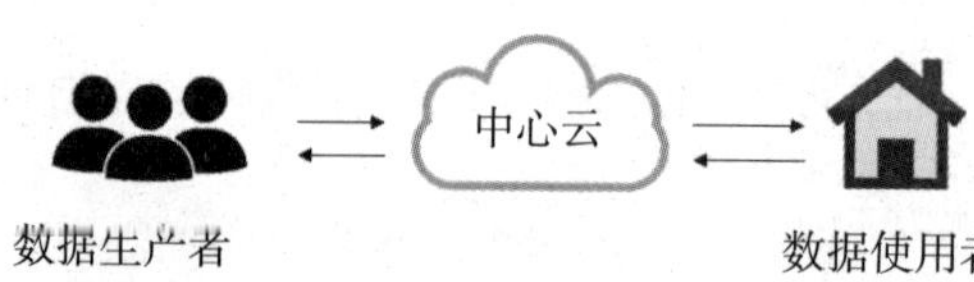

图 3-11　传统云计算模型

而边缘计算作为一种在靠近数据产生的网络边缘提供数据处理能力和服务的技术，缓解了核心网的负荷。边缘计算是指在靠近物或数据源头的网络边缘侧，融合网络、计算、存储、应用核心能力的开放平台，能够就近提供边缘智能服务，满足行业数字化在敏捷连接、实时业务、数据优化、应用智能、安全与隐私保护等方面的关键需求。边缘计算的工作原理如图 3-12 所示。

在 5G 网络的建设中，通过运用边缘计算技术把小型数据中心或带有缓存、计算处理能力的节点部署在网络边缘，与移动终端、传感器和用户紧密相连，能减少核心网络的负载，降低数据传输时延。除此之外，边缘计算还可以提供流量卸载，移动终端可以根据具体应用场景对时延的容忍程度、网络处理能力及功耗等因素判断是否需要流量卸载，实现计算平台的优化处理。

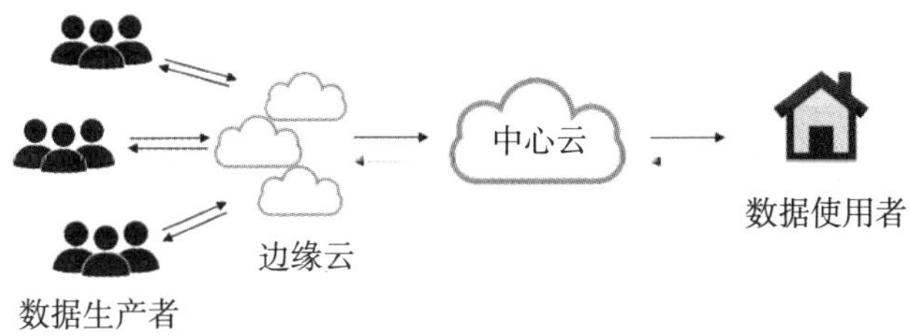

图 3-12　边缘计算工作原理

例如，在车联网中，其对业务控制和数据传输时延要求很高，如果数据都需要先到云端和服务器中进行计算和存储后，再把指令发给终端，就无法实现低时延的目标。而边缘计算就是在基站上建立计算和存储能力，让基站在最短的时间内完成计算并向终端发出指令。

目前，3GPP 已经将边缘计算纳入 5G 架构中，边缘计算已经成为 5G 标准化工作的重要组成部分。

（五）多天线技术

在 5G 时代，智能终端的普及和无线数据应用业务的激增，使网络系统中的数据用户数大幅增加，视频直播、高清视频、VR/AR 等对无线通信系统的网络容量提出了更高的要求，而多天线技术是满足 5G 网络容量需求的重要手段，它能够增加信道容量，提高无线传输速率，改进通信质量。

多天线技术的主要原理是将无线设备发送与接收的信号在空域进行处理，并与时域信号结合，利用空时信号的相关技术，在时域及带宽不变的基础上显著改善无线通信的容量与速率。多天线技术能形成多个数据传输波束以对准不同的用户，天线数越多，产生的独立数据传输波束也就越多，进而系统的传输容量也就越大。

面对 5G 时代对通信速率和容量的巨大需求，4G 时代传统的小规模 MIMO 系统已经无法满足当前各个场景对网络的需求。大规模天线阵列、协作多点传输、毫米波频带技术成为多天线技术的发展方向与趋势。此三类技术的工作原理如表 3-4 所示。

表 3-4 大规模天线阵列、协作多点传输、毫米波频带多天线通信技术的工作原理

多天线技术名称	工作原理
大规模天线阵列	在通信基站处设置一定数量的天线阵列，进而取得比传统的小规模天线阵列更佳的波束控制性能。同时，该技术结合空间复用，能够有效改善频谱利用效率
协作多点传输	对小区间通信进行调度和协作，将小区边缘的干扰信号转化为对用户有用的信号，通过这样的方式降低不同小区之间的信号干扰
毫米波频带多天线通信技术	利用天线阵列进行波束赋型，进而削减损耗以获得更大的信号增益

多天线技术的运用极大地解决了如高校宿舍区、繁华商业区等流量热点区域网络容量不足的问题，是 5G 系统实现大带宽、大容量的关键技术。

（六）上下行解耦

在移动通信网络中，频段越高，网络的覆盖能力越差，这就意味着运营商需要通过增加基站点的方式来提高网络的覆盖范围。而通过 C-band 大带宽和多天线接收技术，用户虽然享受了更快的下载速率，但由于 C-Band 的传输特性，以及终端上行发射功率等限制，部署了 5G 网络的小区的上行覆盖严重受限。如果和现有 1.8GHz 的 LTE 共站部署，覆盖有明显短板，只有小区中心的部分用户才能享受 5G 带来的更高速率的体验。因此，如何节省建设成本且提高高频覆盖范围成为 5G 部署的关键。

为解决这个问题，华为联合合作伙伴在 2017 年世界移动通信大会上提出了 5G 上下行解耦技术。上下行解耦是指在无线侧，终端的上行传输和基站的下行传输采用不同的频段，由于上行覆盖受限，则上行的频段低于下行的频段。

该技术打破了上下行绑定于同一频段的传统限制，通过多频段立体协同，在享受 3.5GHz 下行大容量的同时，将 5G 的上行通过较低的 1.8GHz 或者其他 Sub-3GHz 频谱，实现 5G 3.5GHz 与 LTE 1.8GHz 的并存，大幅提升了网络覆盖范围，有效改善了上下行不平衡的状况。

七、5G 网络的组网方式

由于 5G 网络的频谱普遍较高且初期投资较大，因此业界考虑了两种 5G 网络的组网方式，即非独立组网（NSA）和独立组网（SA）。在 2016 年 3GPP 釜山会议上，德国电信提出了 12 种组网选项。其中选项 3/3a/3x、7/7a/7x、4/4a 为非独立组网构架，选项 2、选项 5 为独立组网构架（见图 3-13）。

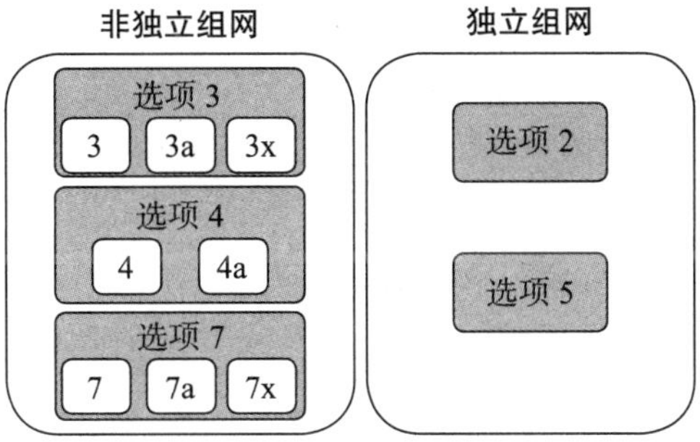

图 3 13　5G 网络组网选项

（一）非独立组网

2017 年 12 月，3GPP 发布“非独立组网”的 5G 标准。目前非独立组网发展技术成熟，已实现商用。

所谓非独立组网，就是在现有的 4G 基础设施上进行 5G 网络的部署，广域覆盖的问题仍旧由 4G 网络来负责。这种组网方式适用于在有明确市场需求的区域逐步建设 5G 网络。

非独立组网采用了双连接的组网方式，即手机终端能同时跟 4G 和 5G 进行数据传输。一般情况下，会有一个主连接和从连接。通过布置控制面（用来发送管理、调度资源所需的信令的通道）和用户面（用来发送用户具体的数据通道）的连接来实现组网。

非独立组网分为以下三种方式。

1. 选项 3：“4G 核心网 +4G/5G”基站

该选项的基站连接的核心网是 4G 核心网，控制面锚点（双连接中的负责控制面的基站）都在 4G，其组网架构如图 3-14 所示。在这种组网方式中 5G 作为 4G 无线宽带的补充而存在。这种组网方式适用于 5G 部署的最初阶段，在此阶段，5G 覆盖不连续，也没有太多业务。

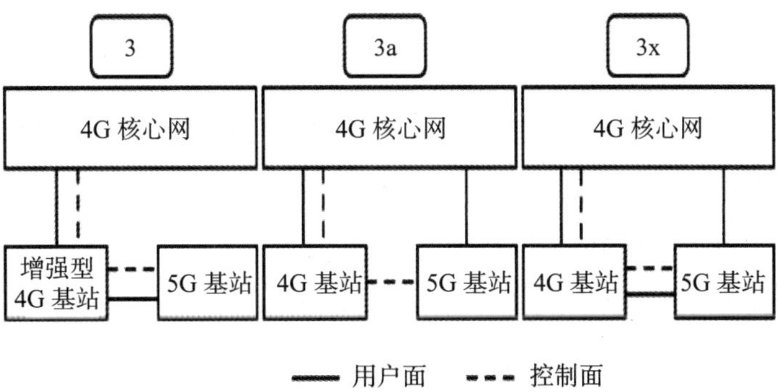

图 3-14　选项 3 的组网架构

2. 选项 7："5G 核心网 + 增强型 4G/5G" 基站

该选项的基站连接的核心网是 5G 核心网，为了与 5G 核心网匹配，4G 基站需要升级为增强型基站，其组网架构如图 3-15 所示。

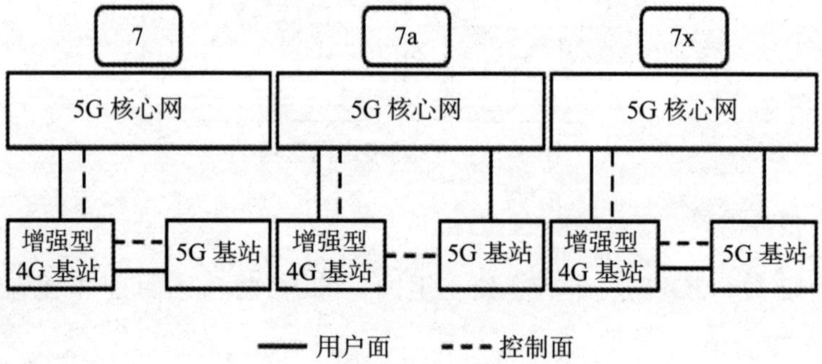

图 3-15 选项 7 的组网架构

3. 选项 4："5G 核心网 +4G/5G 基站"

在选项 4 组网方式中，4G 基站和 5G 基站共用 5G 核心网，5G 基站为主站，4G 基站为从站，如图 3-16 所示。

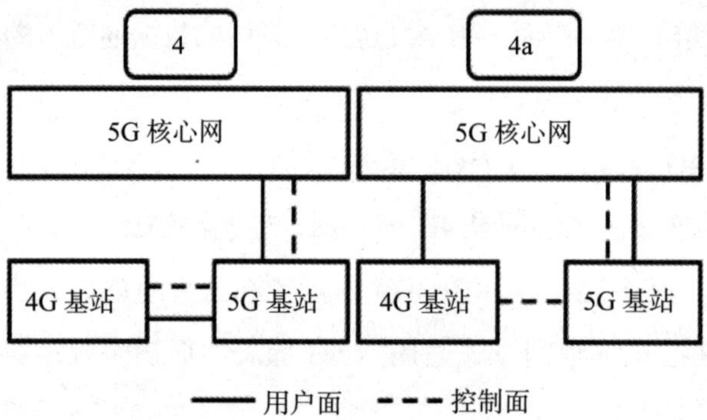

图 3-16 选项 4 的组网架构

非独立组网对初期 5G 网络的覆盖要求不高，运营商可以按需部署 5G 基站。例如，在人流量密集的热点区域可部署 5G 基站，在非热点区域仍然利用原有的 4G 基站，这样既节省了成本，也更易部署，有利于运营商迅速占领市场、抢占用户。

虽然这种组网方式的优势十分明显，但也存在不足之处。在非独立组网下，5G 网络不能完全覆盖，虽然基站具备了提供 5G 网络服务的能力，但其提供的网络并非严格意义上的 5G 网络。这种组网方式实现的流程较为复杂，数据的传输以及流量的分配都是需要考虑的问题。还有较为关键的一点是，5G 的关键技术之一 ——网络切片，无法在非独立组网的情况下实现。

当前，5G 处于发展初期阶段，多数手机厂商会选择非独立组网方式，这样更有利于稳步推进网络建设，获得更大的投资回报。

（二）独立组网方式

5G 低时延、可靠性强的特性以及网络切片技术都要基于独立组网模式的网络架构才能完成。所谓独立组网方式是在无须破坏现有的网络设施的基础上，建设一个全新技术和架构的 5G 网络，包括新基站、回程链路以及核心网的建设。5G 网络是一个新的无线接口，它能够支持海量数据的传输、实现容量和效率的提升。

首先，5G 网络的频段在原有 Sub-6GHz 频段的基础上加入了毫米波频段。大量可用的高频段频谱可提供极致数据传输速度和容量。毫米波还具备低时延的特性，可以满足更多领域的需求。

其次，5G 网络大规模天线基站普遍采用基于天线阵列的信号预处理技术波束赋形技术，该技术在扩大覆盖范围、改善边缘吞吐量以及干扰抑止等方面都有很大的优势。因此，基站可以通过波束迅速找到有通信需求的终端设备，然后通过业务波束信号在通信设备之间建立信息交互业务。

再次，5G 核心网的服务化架构是 5G 时代在网络架构方面的一个重大变革，具备灵活可编排、解耦、开放等传统网络架构所无法比拟的优点，是 5G 时代迅速满足垂直行业需求的一个重要手段。运营商可以按照业务需求进行灵活定制组网，使 5G 网络真正面向云化设计，实现网络资源利用率的提升和用户体验的升级。

最后，5G 网络引入了 CP-OFDM 的波形，可支持更加灵活的数据调度，并能适配灵活可变的参数集。可变参数集可以将不同等级和时延的业务复用在一起，并允许毫米波频段采用更大的子载波间隔，从而实现在同样的时间内传输更多的信息。

新建 5G 网络避免了其与 LTE 网络整合过程中可能会出现的互操作复杂等问题，在毫米波、波束赋形、网络切片等全新技术的加持下，能够更好地满足 eMBB、URLLC 和 mMTC 三大场景的需求。5G 独立组网可以根据应用场景提供定制化服务，从而满足各类行业用户的使用需求，带来了全新的端到端架构。

虽然新建 5G 网络具备诸多优势，但在 5G 早期商业化阶段，这种方式成本相对较高，尤其是在通信设备的建设投入方面需要耗费大量资金，网络建设所需要的时间也会更长。

独立组网的架构比较简单，分为两种。

1．选项 2

选项 2 的组网方式就是指 5G 基站连接 5G 核心网（见图 3-17）。这种组网方式是 5G 网络架构的终极形态，可以支持 5G 的所有应用。

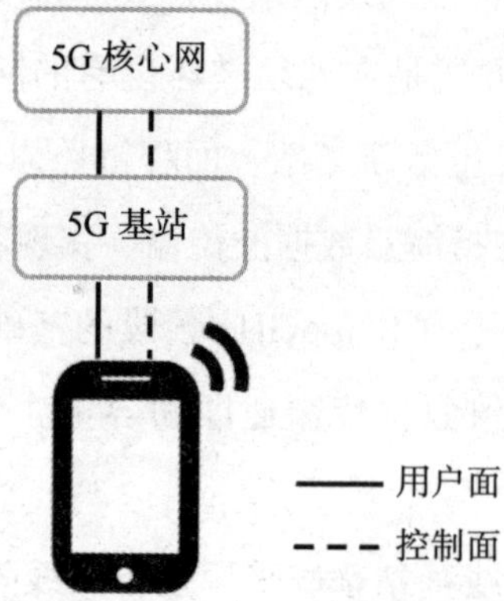

图 3-17　选项 2 的组网架构

2．选项 5

选项 5 的组网方式是将 4G 基站升级成增强型 4G 基站，并用它来连接 5G 核心网（见图 3-18）。

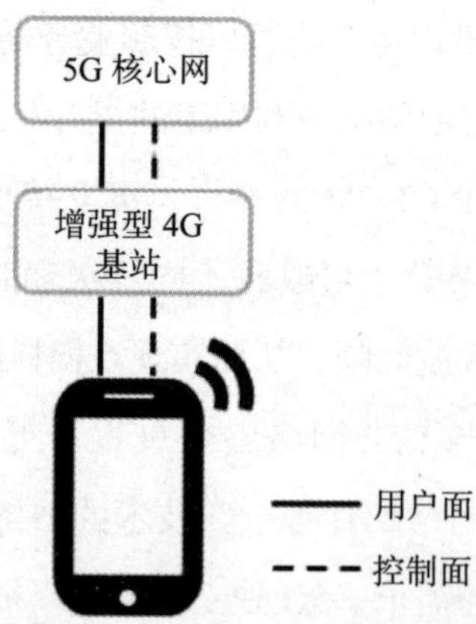

图 3-18　选项 5 的组网架构

5G 独立组网大规模采用网络虚拟化、软件定义网络等新技术，其优点是可以在为用户提供高性能服务的前提下，形成较大的规模经济效益，并且避免了与 LTE 网络整合过程中可能会出现的互操作复杂等问题，但在早期商业化阶段，独立组网的方式成本相对较高。

2018 年 6 月，5G 独立组网标准冻结，5G 完成了第一阶段全功能 eMBB 标准化工作。可以说 5G 的网络建设以独立组网为目标，但标准还不成熟，5G 行业应用仍未兴起，在 5G 用户规模还未扩大的网络建设初期，选择 NSA 的组网方式也是行之有效的办法。可以说，NSA 的组网方式是 5G 实现 SA 组网的必经之路。

第四章

5G 产业链：从铺设到终端应用的产业图谱

5G 商用大幕的开启进一步推进了移动互联网和物联网的整合，技术的快速发展使通信、芯片、电子元器件、终端及应用等产业链全面爆发，从上游基础设施建设，到中游设备网络产业，再到下游终端设备及行业应用，5G 产业链迎来了全面升级。未来，5G 的大规模商用必将为各个行业带来更多的发展机遇。

一、5G 产业链总览

从全球范围来看，5G 催生了万物互联的新时代，从互联网到移动互联网，再到 5G 物联网，新一轮的科技革命将深刻改变人们的生产和生活。一个国家要想在国际竞争中崭露头角，就必须以雄厚的科技力量作为支撑。中国在 5G 技术研发方面投入了大量的资金，运营商、设备商、终端厂商也都在 5G 相关产业上发力，共同推动中国 5G 产业链的升级。

随着 5G 频谱分配的完成和商用牌照的发放，中国 5G 产业链进入大规模建设周期。在5G时代，产业链的深刻变革会带来更多的行业机遇，打造出崭新的产业图景。从总体上看，5G 产业链由上游产业、中游产业和下游产业三部分组成。

5G 产业链的上游产业是 5G 网络建设的基础，主要包括网络规划运维及芯片、光器件、光纤光缆、射频器件等各类器件材料。在上游产业中，芯片制造是中国 5G 建设的短板，很多材料需要依赖进口，核心集成电路的国产芯片是上游产业的薄弱环节。在计算机系统、通用电子系统、通信设备、内存设备以及显示及视频系统的关键芯片上，中国厂商均有未能覆盖的关键领域。但是，在 5G 技术的支持以及国际竞争愈演愈烈的情况下，中国厂商（如华为、中兴）正在迅速跟进，在芯片研发领域已经取得重大突破。现阶段，上游产业各项技术已经趋于成熟，为中游产业和下游产业的发展打下了良好的基础。

中游产业主要是设备网络产业，主要包括基站市场、通信传输网络市场、基站 / 天线市场等。这部分产业的发展对 5G 的全面覆盖起着至关重要的作用，因此受到各国政府和企业的高度重视。在中游产业中，基站 / 天线产业将会出现价格和数量的双提升，其中价格预计可以达到 4G 时代的 4 ~ 5 倍，数量可以达到 4G 基站天线数量的 1.5 倍。综合判断，行业市场容量会有 6 倍以上的扩容，是 5G 产业中比较有发展前景的子产业。中国在中游产业，尤其是在基站 / 天线环节上的投入较大，并且已经具备一定的优势。

下游产业主要包括终端设备生产及场景应用。在终端设备生产行业，5G 商用将掀起一波换机潮。据分析师预测，到 2023 年，5G 手机的出货量将达到 8 亿部左右，占所有智能手机出货总量的 51.4%，届时 5G 终端出货量将首次超过 4G。

未来智能终端不再仅仅局限于头部手机品牌，其他行业的领军者也将加入其中。例如，智能可穿戴设备、汽车、智能家电等行业的企业都在积极进入。在此背景下，5G 与人工智能、大数据、云计算等相结合，将带来更加丰富的应用场景，如无人驾驶、智慧城市、物联网、智能医疗等，为人们的生活带来更多的便利。

总体来说，随着 5G 投资提速，基站建设稳步推进，产业链相关企业逐渐获益。随着 5G 浪潮的开启，相关企业聚焦高景气赛道，不少企业摩拳擦掌，储备产能蓄势待发。5G 作为人联和物联时代的分界线，将迎来产业链的全面爆发和形态的多元化。

二、上游产业：基础设施建设

随着 5G 产业成熟度的逐渐提升，上游产业的景气度也在不断提升。5G 产业链的上游产业包括网络规划运维及芯片、光器件、光纤光缆、射频器件等各类器件材料。

（一）网络规划运维

随着 5G 标准的确立及 5G 网络建设的开启，人们对 5G 产生了前所未有的期盼，无论是在应用场景，还是网络性能方面，都对 5G 网络提出了新的要求。如何高效地规划 5G 网络并实现良好的优化运维是运营商关注的重点。

网络规划运维包括无线接入网、业务承载网等前期规划设计和后期优化运维。在网络规划运维方面的重要企业，主要包括中通服、杰赛科技、日海通讯、三维通信、富春股份、华星创业、中富通等。

1．网络规划设计

网络规划设计是指对网络建设进行统一的筹备和规划，包括基于覆盖和容量规划的基站选址、无线参数规划等，并通过模拟仿真对规划设计的效果进行验证。

5G网络的具体规划过程主要分为需求分析、网络规模估算、站址规划、无线参数规划和网络仿真五个步骤（见图4-1）。

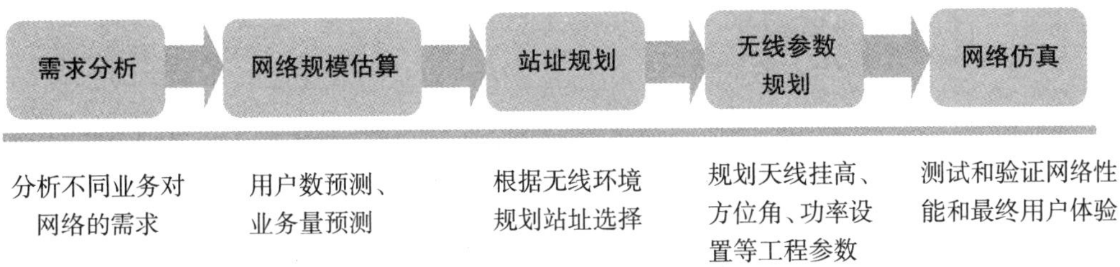

图4-1　5G网络的具体规划过程

不同业务对网络的要求是多样的。例如，车联网对低时延、高覆盖、高移动性有较高的要求，VR/AR对高速率有较高的要求；对网络规模（即用户数和业务量）的预测可以为后续规划打下基础；站址规划是通过对业务区进行实地勘查来具体布置站点，找出适合做基站的位置；除了选择合适的位置做基站外，还要规划天线挂高、方位角、功率设置等工程参数，最后测试和验证网络性能和最终的用户体验。

在5G时代，由于新的业务应用场景、频谱资源以及新技术的实现极具复杂性，因此网络建设面临着巨大的挑战，具体来说主要表现在以下几个方面。

（1）丰富的业务和典型的应用场景给网络部署带来了挑战。在5G时代，大量的新业务被引入，应用场景的范围十分广泛，各大企业围绕人们居住、工作、交通、休闲及垂直行业的需求展开布局，超高速率、超大容量、超强可靠性、超低时延、超高密度、海量连接和超高移动性的网络能力是这些业务和应用场景落地的基础。

（2）新的频谱划分需要新的5G规划方案。不同频段的使用规则和约束不尽相同，高频段信号在移动条件下极易受到环境因素的影响，并且高频网络的覆盖范围有限，这就对站址和工程参数的规划精度提出了更高的要求。

（3）新技术的实现极具复杂性。5G独立组网/非独立组网架构需要实现网络切片与其他技术的互操作性工作，大规模MIMO、丰富参考信号、灵活多波束等技术特征对5G新空口技术的架构和实现提出了新的挑战，技术人员需要在网络规划和优化中不断研究解决方案。

基于 5G 网络规划设计面临的以上挑战，相关机构需要在技术研究、精细化网络规划、智能化网络规划等方面做好准备，并不断优化算法分析和外场验证、配套支撑工具等，使 5G 网络在满足热点区域大宽带的同时，满足垂直行业的连接需求及不同场景的业务需求。具体来说，5G 网络规划设计的方向包括以下几个方面（见图 4-2）。

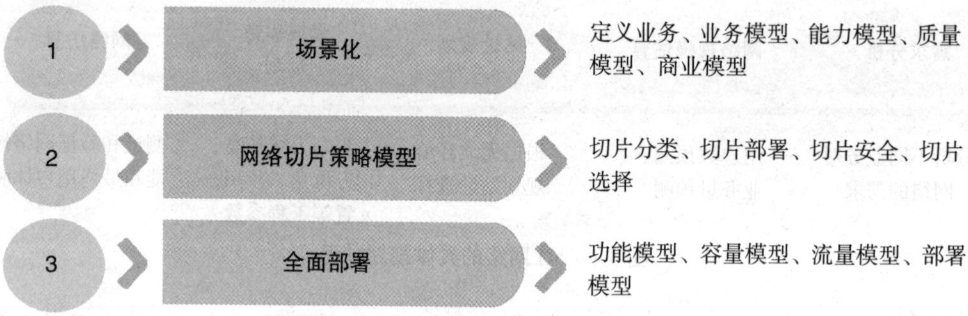

图 4-2　5G 网络规划设计的方向

5G 网络规划需要考虑丰富的应用场景，满足流量热点和多样化网络能力的需求，同时建立网络切片的分类、部署、安全、选择策略模型，以实现切片级的资源分配、隔离和质量保证，实现不同切片内流量的差异化处理，为不同场景定制不同的功能特性，实现切片选择和切片的协同管理。

在设计部署方面，网络规划将面向整个网络生命周期，建立功能、容量、流量、部署等模型，最终使网络规划设计拥有 3D 场景建模 / 高精度射线追踪模型、网络覆盖和速率仿真建模、网络容量和用户体验建模等关键能力。

2．网络优化运维

移动通信从 1G 发展到 5G，从最初的单一语音网络到移动通信网络和互联网融合发展，多设备连接和多种服务已经成为网络发展的趋势。随着用户规模的不断增加，服务方式越来越多样化，网络设备不断叠加，5G 网络越来越复杂，一旦出现故障，影响范围将越来越广。

在最早的 2G 时代，网络运维往往是被动的，指挥中心在收到用户投诉后，才会向维修点下达工作指令，人工维护效率非常低。而在 5G 时代，终端和服务朝着多元化的方向发展，往复式传输的数据和控制信令流量呈指数级增长，这给网络优化和运维带来了前所未有的压力。

在这种情况下，单凭用户反馈、人工运维已经远远不能满足 5G 网络的运维需要了，被动且低效率的运维将变得不可接受。运维人员必须在故障爆发之前发现隐患，同时还要通过多维关联分析来精准定位故障原因，将故障修复时间压缩到最短。在未来，自动化、智能化将是网络运维发展的重要方向。

依托人工智能、云、大数据等技术浪潮，打造高效集中化的智慧运维体系是 5G 网络成长的必然趋势，具体将从三个方面来展开工作（见图 4-3）。

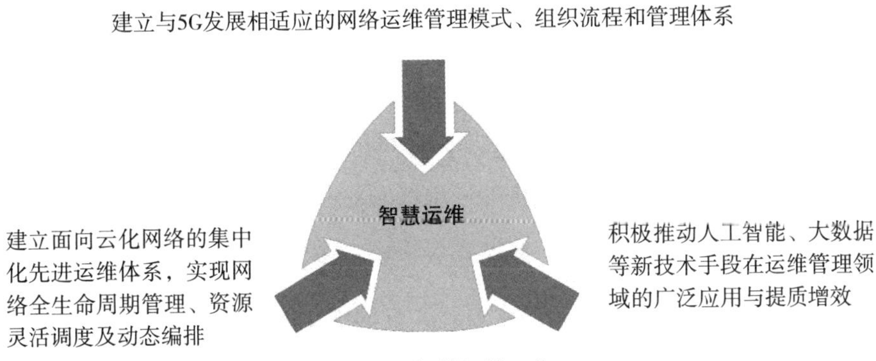

图 4-3　智慧运维工作

传统的运维方式往往更加关注系统的稳定性、运维的安全性与故障处理的高效性，而 5G 时代的智慧运维则是在保障系统的稳定、安全、高效、可靠的基础上，更关注 AI 技术在行业应用中的实际业务需求及终端用户体验。

（二）器件材料

5G 具有高速率、低时延和海量连接的特点，极大地改变了传统的通信方式。5G 不仅提高了人与人的通信速度，还能满足人与物以及物与物之间的通信需求。移动通信技术的变革必然涉及关键器件的升级换代，从核心芯片、模组到射频器件，再到光纤光缆，都会对关键基础材料提出更高的要求。5G 通信技术器件材料具体包括芯片、射频器件、光纤光缆等。

1. 芯片

在上游产业链中，芯片产业是中国信息通信产业的软肋。自 20 世纪 60 年代开始，中国就开始了芯片研发工作，但由于人力、财力投入有限，芯片产业的发展较为缓慢。全球高端芯片市场几乎被美国、欧洲等国家和地区的先进企业占据。

近年来，中国将研发国产自主芯片作为信息技术发展的重要任务，加大了资金与人才的投入力度，芯片研发已经取得明显成效，芯片的自给率不断提升，信息产业的“缺芯”局面正在逐步被打破。

一个指甲大小的芯片，何以成为世界各国通信行业关注的焦点呢？简单来说，芯片就是内含集成电路的硅片。虽然芯片的体积很小，但其可以将多达几亿个微小的晶体管连在一起，再翻印到硅片上，从而制造出功能强大的集成电路。无论多么先进、庞大的设备，其数据信息都保存在小小的芯片上，它是一切电子设备最核心的元器件，具有信息采集、处理、存储、控制、导航、通信、显示等诸多功能。

在5G时代，芯片作为物联网的“大脑”，其应用已经延伸到社会的每一个角落，是物联网必不可少的关键部件之一，计算机、手机、家电、汽车、高铁、电网、医疗仪器、机器人、工业控制等各种电子产品和系统都离不开集成电路。不过，芯片行业十分复杂，具有高投入、长期发展、回报周期长的特征，产业和技术壁垒较高。

目前手机终端是接入5G网络的主要设备，而芯片是智能手机终端的核心所在。手机内的芯片主要包括射频芯片、基带芯片和核心应用处理器（见表4-1）。在5G时代，要想实现高速率、大带宽的5G信号通信，不仅需要基带芯片完成信号处理和协议处理，也需要射频芯片做好射频收发、频率合成、功率放大的工作。因此，芯片的技术革新是推动无线连接向前发展的核心引擎之一。

表4-1　智能手机芯片

智能手机芯片	主要厂商	主要作用
射频芯片	Skyworks、Qorvo	负责无线通信，是将无线电信号通信转换成一定的无线电信号波形，并通过天线谐振发送出去的一个电子元器件
基带芯片	高通、联发科、三星、海思和展讯	负责对无线通信的收发信号进行数字信号处理，是5G技术的核心支撑
核心应用处理器	高通	包括CPU和GPU，CPU主要起到调度、协调与管理的作用，GPU主要用于图像处理及大型矩阵运算

中国芯片产业起步较晚，核心技术受制于人，集成电路产业在核心技术、设计、制造工艺、产业规模、龙头企业等方面与世界先进水平相比都有较大的差距。由于中国芯片需求量巨大，且芯片需要国产化才能实现应用上的安全、可靠，因此近些年中国加大了芯片自主研发的投入力度并取得了一定的成效。

华为作为通信行业的领头羊，在芯片自主研发方面贡献了巨大的力量。依托旗下的海思半导体公司，华为自主研发了华为手机自用的麒麟芯片、巴龙基带、IPC

（网络摄像机）视频编解码和图像信号处理芯片、电视芯片和 NB-IoT 芯片等，其质量获得了用户的高度评价。

例如，华为在 2019 年 1 月发布的巴龙 5000 基带芯片的性能就十分优越，其优势体现在三个方面：一是能够在单芯片内实现 2G、3G、4G 和 5G 多种网络制式，有效地降低了多模间数据交换产生的时延和功耗；二是率先实现业界标杆的 5G 峰值下载速率，是 4G LTE 可体验速率的 10 倍；三是在全球率先支持 NSA 和 SA 组网方式，支持 FDD 和 TDD，实现全频段使用。另外，像联发科、展锐的 5G 芯片也在迅速跟进。

2. 射频器件

射频器件（RF）是通信设备的基础零部件，被广泛应用于通信基站、手机等移动通信终端。天线和射频器件相互关联，其中天线负责无线电波的接收与发射，而射频器件负责无线电波信号的处理，主要是变频和切换，即在接收信号的过程中将收到的电磁波信号转换成二进制数字信号，在发射信号的过程中将二进制信号转换成高频率的无线电磁波信号。

射频器件主要包含射频前端模块、射频收发模块，以及基带信号处理器。射频前端模块主要由功率放大器（PA）、滤波器、双工器、射频开关、低噪放大器、接收机 / 发射机组成，各组成部件功能如表 4-2 所示。

表 4-2　射频前端模块各组成部件的功能

射频前端模块各组成部件	功能
功率放大器	放大射频信号
滤波器	发射 / 接收信号滤波
双工器	切换、收发信号滤波
射频开关	切换信道
低噪放大器	通道小信号放大
接收机 / 发射机	信号变频 / 信号选择

5G 网络高频和高密度通信将成为主流，5G 网络支持的无线频段数量呈上升趋势。在 2012 年全球 3G 标准协会 3GPP 提出的 LTE R11 版本中，蜂窝通信系统需要支持的频段数量增加到 41 个。据射频器件巨头 Skyworks 预测，到 2020 年，5G 应用支持的频段数量将实现翻番，新增 50 个以上通信频段，全球 2G、3G、4G 及 5G 网络合计支持的频段将达到 91 个以上。

从理论上来讲，单个频段的射频信号处理需要 2 个滤波器。由于多个滤波器会集成在滤波器器件中，而滤波器器件与频段数量之间的关系并非简单的线性比例关系。但频段增多之后，滤波器设计的难度及滤波器数量的大幅增加是必然的趋势，相应的价值量和销售数量都将倍增。

滤波器的类型有很多，包括多层陶瓷滤波器、单体式陶瓷滤波器、声学滤波器、空腔滤波器等。在智能手机射频前端领域，主要用声表面波（SAW）滤波器和体声波（BAW）滤波器。SAW 是在压电基片材料表面产生并传播，且振幅随着深入基片材料的深度增加而迅速减小的一种弹性波。相比 SAW 滤波器，BAW 滤波器更适合于高频率。BAW 滤波器有对温度变化不敏感、插入损耗小、带外衰减大等优点。与 SAW 滤波器不同，声波在 BAW 滤波器中是垂直传播的。

在具体工艺方面，掌握低温共烧陶瓷（LTCC）工艺的射频商将具有更好的投资回报率。LTCC 技术是自 1982 年发展起来的整合组件技术，已经成为无源集成的主流技术。由于体积小，LTCC 技术将满足 5G 时代智能终端设备商对器件小型化的要求。

5G 时代来临，射频器件单机数量和价值量增加，全球射频市场规模有望增长。据 Strategy Analytics 预测，5G 商用手机销量在 2025 年将超过 3 亿部。Mobile Expert LLC 研究指出，2016 年在智能手机市场基本饱和、增长乏力的情况下，射频前端模块的增长率仍达到了 17%，而在射频前端模块中，射频滤波器模块将是发展最快的模块。

随着 5G 网络的普及，全球移动终端射频器件市场将迎来稳健的增长。据高通公司预测，移动终端射频前端模块在 2015 年至 2020 年的复合增速在 13% 以上；到 2020 年，市场规模将超过 180 亿美元。其中，滤波器是射频前端模块增长最快的细分方向，到 2020 年滤波器市场规模将增长至 130 亿美元。

3．光纤光缆

光纤，全称光导纤维，是一种由玻璃或塑料制成的可以作为光传导工具的纤维。目前作为通信材料的光纤多为石英系光纤，光纤通信系统就是利用光纤来传输携带信息的光波，以达到通信的目的。

光缆是以一根或多根光纤或光纤束制成符合光学、机械和环境特性的结构。不管光缆的结构如何，其基本构造是缆芯、加强元件和护层三部分。

光纤产业链大体上分为光纤预制棒、光纤及光缆，光纤预制棒拉丝制成光纤，光纤加上保护套制成光缆。其中，光纤预制棒是一种高纯度的石英玻璃棒，其原料是锗矿石和多晶硅，再加入氢气、氦气等成分合成。这种产品是光纤制造的核心，在产业链中的利润占比高达 70%。有数据显示，2017 年全球光纤预制棒产量约为 1.6 万吨，中国、日本、美国占据全部市场的 85%，比重分别为 49.44%、19.81%、16.76%。

在光缆供求方面，据 CRU 数据显示，2018 年全球安装的光缆需求总量达到 5.42 亿芯千米，中国占比 58%，达 3.14 亿芯千米。

光纤光缆行业的下游客户主要是运营商、政府及部分互联网企业。其中，运营商的光纤光缆需求量占中国总需求的 80%，因此运营商的网络建设对光纤光缆行业有着重大的影响。此前，中国移动公布了 2019 年普通光缆产品集中采购的招标结果，烽火、通鼎、中天、亨通等 13 家厂商入围，分享中国移动 1.05 亿芯千米光缆订单。在产能扩大的背景下，集中采购的价格下降了大约 40%。

因为前几年中国移动的集中采购的数量大且价格合适，2019 年的集中采购情况直接反映出光纤光缆行业的供求状况。4G 网络建设进入尾声，5G 网络的建设规模还处在起步阶段，据 Forrester 估计，到 2025 年，5G 网络只能达到 50% 的全球覆盖率。专家也指出，由于 5G 的深度覆盖较困难，因此初期只能做重点覆盖，5G 的覆盖速度将远远慢于 3G、4G，可能需要 5 ~ 10 年。未来，5G 将会与 4G 网络长期共存，城市使用 5G 覆盖，农村依旧使用 4G 覆盖。

未来光纤需求量分为基础行业周期与 5G 时代预期两个部分。业界权威专家、中国工程院院士邬贺铨指出，5G 时代所需基站数量将是 4G 时代的 4 ~ 5 倍，带宽是 4G 时代的 10 倍，而 5G 基站的密集组网需要应用大量的光纤光缆，所以对光网络提出了更大的需求和更高的标准。

但是，在目前光纤光缆市场供大于求的状况下，短期 5G 建设对于光纤光缆的需求影响并不大，不管是中国还是全球，未来的光缆需求同比增长均为个位数，预计目前的市场供求情况将继续维持至少两年的时间。中国市场在光缆价格方面同样面临一定的挑战，虽然在海外市场拥有一定的发展机遇，但鉴于中国光纤光缆生产企业没有太大的价格优势，拓展海外市场仍然存在难度。总体而言，那些具有“棒纤一体化”能力的公司将在行业内长期立足并生存下去。

4．光器件

2019 年是 5G 商用元年，自从 5G 商用牌照在 6 月正式落地开始，运营商建设

5G 的热潮由局部试点扩散到全面铺开，运营商的资本性支出在未来 2 ~ 3 年将会迎来一波建设周期的投资高峰。

5G 对承载网需求激增，运营商需要全面升级光网络。5G 的三大典型业务场景对 5G 承载网络提出了全新的挑战。对大带宽和低时延的需求使接入网中的基带单元（BBU）分割为集中单元（CU）、分布式单元（DU）两级架构，新增了中传需求，同时原有前传 / 回传带宽较 4G 网络激增 10 倍以上。5G 使用中高频段组网，小微基站将大量应用，基站的密度要比 4G 至少大 1.5 倍，相应地，光模块和传输承载设备数量和速率也将随之大幅增长。根据业界经验，承载网建设一般提前进行无线侧建设，尤其从 2019 年第二季度正式发放 5G 牌照开始，运营商全面启动了 5G 承载网和初期商用无线网的建设。

光器件是光网络传输的关键元素，是构成光模块的重要组件，其分为有源光器件和无源光器件。无源光器件需要外加能源驱动工作，是光传输系统的关键。在现阶段的无源光器件市场上，连接器和分路器竞争激烈，波分复用器件门槛较高。有源光器件是光通信系统中将电信号转换成光信号或将光信号转换成电信号的关键器件，是光传输系统的心脏。有源光器件技术含量更高，中国企业在光放大器和光收发模块方面具有一定的优势。

光器件分类如表 4-3 所示。

表 4-3　光器件分类

类型	特征	主要器件种类
无源光器件	被动工作，无须能源	光纤连接器，光纤定向耦合器 / 分支器，光分插复用器（OADM），光波分 / 密集波分复用器（WDM/DWDM），光衰减器，光滤波器，光纤隔离器与环行器，光开关、光偏正态控制器，光纤光栅
有源光器件	主动工作，必须外加能源	光发射器、光接收器、光放大器、光探测器和光调制器等

尽管光器件产品的种类非常多，但它们的市场规模普遍不大，有源光器件市场远大于无源光器件市场，而在有源光器件中，光收发模块占据绝大部分的市场份额。据产业信息网统计，有源光收发模块的产值在光通信器件中占比超过六成。

光通信产业链主要由光芯片、光器件和系统设备三部分组成。中国是全球最大的光通信市场，但产业链竞争实力相差巨大。在下游光通信系统设备领域，华为、中兴、烽火等已经位居前列，占据大部分的全球市场份额；在中游光通信器件领域，中国约占全球三成份额；在上游光芯片领域，占全球份额不到10%。

虽然中国有大量的光通信器件厂商，但以中小企业为主，产品类型较为单一，收入规模都不太高，且缺乏足够的自主研发和投入实力，主要从事中低端产品的研发和制造。国内企业的主要优势在于人力成本较低，成本管控能力较强，主要承接一些特定光器件客户的代加工作业，所以进口替代效应逐渐显现。

由于上游的光芯片是产业链竞争力的制高点，具有最高的技术壁垒，所以大力发展芯片产业，实现芯片国产化替代，是未来产业发展的重中之重。工业和信息化部在《中国光电子器件产业技术发展路线图（2018—2022年）》中明确提出，确保2022年中低端光电子芯片的国产化率超过60%，高端光电子芯片的国产化率突破20%。

三、中游产业：设备网络

5G产业链的中游为设备网络，包括主设备商、基站/天线、网络，以及其他配套产品。

（一）基站

基站是公用移动通信无线电的台站。根据3GPP制定的规则，无线基站按照功能可以划分为四大类，分别为宏基站、微基站、皮基站和飞基站（见表4-4）。

表4-4　基站类型

类型	单载波发射功率（20MHz带宽）	覆盖半径	应用场景
宏基站	10W以上	200m以上	城市，空间足够大的热点人流地区
微基站	500mW ~ 10W（含10W）	50 ~ 200m	受限于占地，无法部署宏基站的市区或农村
皮基站	100mW ~ 500mW（含500mW）	20 ~ 50m	室内公共场所，如机场、火车站、购物中心等
飞基站	100mW以下（含100mW）	10 ~ 20m	家庭和企业

在5G时代，以宏基站为主、小基站（微基站、皮基站和飞基站）为辅的组网方式是提升网络覆盖率的主要途径。5G时期采用3.5GHz及以上的频段，在室外场景下覆盖范围减小，加上由于宏基站铺设成本较高，因此需要小基站配合组网。

小基站是一种从产品形态、发射功率、覆盖范围等方面都比传统宏基站小得多（一般是2～10kg）的基站设备，同时也可以看作是低功率的无线接入点，既可以使用许可频率，也可以融合Wi-Fi使用非许可频率接入技术。小基站的功率一般为50mW～5W，覆盖范围为10m～200m。相比之下，宏基站的覆盖范围可以达到数千米。

在5G建网的初期阶段，基站的建设主要以宏基站为主，再用小基站作为补充，以加大覆盖区域。在实现5G基础广泛覆盖后，随着5G网络的深入部署，小基站的需求将进一步扩大。5G的频率提高，而原本的单站覆盖范围小，为了满足需求，宏基站的数量也将增长。越来越多的运营商希望通过小基站加大网络密度，填补无线信号盲区，尤其是城市地区。

为了满足不断飙升的移动数据需求，5G网络的无缝覆盖和深度覆盖或将更加依赖小型化基站的部署。随着5G建设的开展，5G基站数量将迎来大幅增长，未来的基站数量将至少是4G的1.5倍。

（二）天线

在蜂窝移动通信系统中，天线是通信设备电路信号与空间辐射电磁波的转换器，向空间发射或接收电磁波，是移动通信系统末梢的关键组成部分，对无线网络的整体性能有直接影响。

在4G时代，一个标准的宏基站主要由基带处理单元（Base Band Unit，BBU）、射频处理单元（Remote Radio Unit，RRU）和天馈系统三个部分组成。4G后期，天线已经演变出4T4R、8T8R的MIMO天线。在5G时代，基站天线将面临以下两大演变趋势。

（1）5G技术对天线的形态和性能提出了新的要求。相对于4G技术，5G的频谱效率将提高5～10倍，天线技术的提升是其关键技术之一。基站天线属于传统天线业务，通过超密集组网将现有站点提升10倍以上，以实现5G通信密集、异构、分离（DHS）式的通信要求；MIMO技术以大规模MIMO为方向，通过增加天线数量来提升信道容量，使频谱利用率成倍提升，从而达到5G的应用要求。

（2）从无源天线到有源天线系统，天线的功能趋向于小型化、密集化和定制化。超密集组网技术需要增加基站数量，大规模天线技术需要增加基站携带的天线数量。

从天线的结构看，5G射频实现了从“RRU+天线”向一体化有源天线AAU

（Active Antenna Unit，AAU）的转变。在目前广泛应用的分布式基站中，RRU 与 BBU 分离并通过馈线与天线相连。Massive MIMO 技术将天线变成 AAU。

AAU 集成了 RRU 与传统天线的功能，数字接口独立控制每个天线振子，构成主动式天线阵列。由于射频单元不再需要馈线和 RRU 相连，而是直接用光纤连接 BBU，因此此前令人困扰的馈电损耗趋于零。同时，有源天线的部署变得更加容易，可以安装在诸如路灯、电线杆等场合，从而减少站点租赁和运营成本。

在 5G 时代，大规模天线技术（Massive MIMO）将重构天线价值链。在 4G 时代，天线的单体价值约为 2000 元。到了 5G 时代，Massive MIMO 和波束成形技术的应用要求单面天线里集成 64 个、128 个甚至更多的天线振子，而 5G 所用的高频率信号又需要更高性能的射频器件，所以承载天线振子的高频 PCB 及高频覆铜板材料成为 5G 天线价值链上最受益的环节。据业内专家预测，5G PCB 在高频材料和加工过程的附加值都会增大，射频前端 PCB 价格至少将超过 3000 元 / 平方米，是 4G 的 1.5 倍。在 5G 时代，仅仅在射频侧，PCB 板及覆铜板的市场规模都将是 4G 的数倍。

（三）通信传输网络

通信传输网络主要由三大部分组成：接入网、承载网和核心网（见图 4-4）。

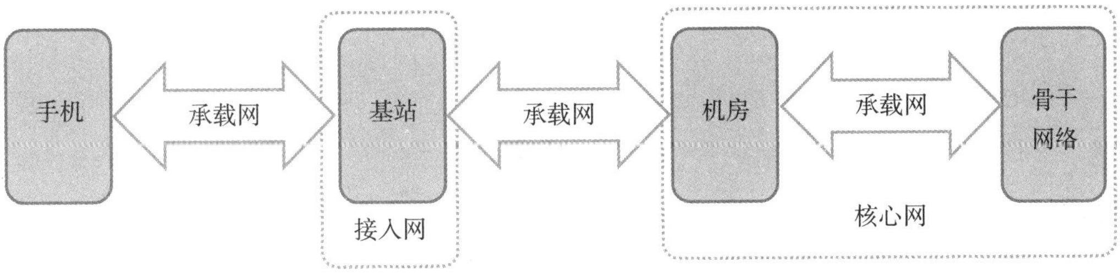

图 4-4　通信传输网络的组成

接入网属于手机数据的窗口，负责接收和输出数据；承载网负责传输数据；核心网是负责处理和管理数据的中枢网络。5G 核心网主要采用的是 SBA（Service Based Architecture）架构，是基于云的通信服务架构。将核心网模块化、软件化有利于更简便地应对 5G 的三大应用场景：eMBB（增强型移动宽带）、mMTC（海量物联网通信）和 uRLLC（低时延、高可靠通信）。

核心网最初是一个非常简单的架构，也就是将电线两头的电话或者计算机连接起来进行交换。但是，随着近 20 年科技的不断发展，通信用户数量不断扩大，数据传输和处理量不断增加，数据网变得更加复杂。核心网包含的硬件也开始变多，网络范围扩大，核心网开始分层。

首先，模块化的重要性在于其可以将核心网的各个层面切片，把功能分拆成不同的模块并灵活组队，以对接相应的场景，这在传统的网络架构中是做不到的。这种推倒传统网络定义，重新设计和使用集中式软件管理网络硬件的方式，就是5G的关键技术——软件定义网络（SDN）。其次，虚拟化就是采用网络功能虚拟化（NFV），将节点的功能进行软件化管理。因此，SDN是重构网络架构，NFV是改变网络中设备的表现形态。

SDN和NFV是解决传统网络问题的下一代核心技术，尤其是在5G网络投入商用之后，操作平台将从4G的V4平台逐步实现“虚拟化平台”。未来5G核心网无须使用昂贵的专属硬件设备，只要使用通用的X86服务器、IP路由器和以太网交换机，核心网成本就会大幅降低。

SDN和NFV之间具有协同效应。SDN主要是集中在OSI模型中的2~3层，NFV主要集中在应用层面的4~7层。SDN和NFV在运用上互不依赖，但在特定情境下需要同时间快速部署大量定制化服务时，则需要NFV的虚拟化技术（Virtual Router、Virtual CPE、Virtual Load Balancer）才能达成；NFV的虚拟化应用服务（Virtual Network Function，VNF）之间连接的建立与快速部署，需要SDN网络架构支持才能达到。

在应用层面，SDN/NFV产业用户包括电信运营商、互联网公司、政府和企业网、学校。这些用户的目标均是节约网络维护成本和投入成本，或者提高云端数据横向迁移效率、网络流量灵活调度等需求。例如，美国电信运营商AT&T通过SDN推出Domain 2.0计划，目标是到2020年将75%的网络设备软件化；百度利用SDN技术，将上万台线上运行的网络设备批量自动化监控和流量调度。当前，中国电信、中国联通和中国移动三大运营商均准备用SDN/NFV技术在IP骨干网、城域网、传输网络等场景开展一系列测试和小规模部署。目前，中国移动四大数据中心都采用了SDN+NFV的架构。中国电信计划2020—2025年实现网络云化，通过SDN/NFV实现网络可编程。

全球SDN市场包括物理网络基础设施、虚拟化/控制软件、SDN应用（包括网络和安全服务）及专业服务。Global Market Insights报告显示，到2025年，SDN的市场规模将从2018年的80多亿美元增加到1000亿美元，而NFV的市场规模到2024年将超过700亿美元。

四、下游产业：终端设备及行业应用

5G 产业链的下游是终端设备市场和各种行业应用。

（一）终端设备市场

2019 年 10 月 31 日，工业和信息化部宣布 5G 正式开启商用服务，三大运营商的多档 5G 套餐价格也正式出炉。知名市场分析公司 IDC 认为，在商用端，5G 将通过其差异化网络服务的特性成为推进新兴技术在行业应用落地的关键；而在消费端，5G 终端的竞争早在 5G 商用服务尚未正式开启时就已经开始了。

华为是全球领先的信息与通信（ICT）基础设施和智能终端提供商，目前已经完成多项 5G 技术的研发试验并加快商用部署。

作为 5G 创新的先锋，中兴通讯依托强大的研发实力，致力于为全球移动运营商提供最有竞争力的 5G 端到端解决方案，并且力争在第一批 5G 商用的浪潮中与战略合作伙伴紧密合作，共同推动 5G 产业链的发展，加速 5G 的商用进程。

5G 终端设备的竞争激烈程度可以从智能手机市场得到验证，大部分中国手机企业已经推出了自己的 5G 产品。《IDC 中国智能手机市场月度跟踪报告》显示，截至 2019 年 9 月，5G 手机整体出货量约 48.5 万部，其中有 vivo 这样定价激进的厂商，从线上到线下，中端到高端进行布局，试图在 5G 竞争中先发制人。

从定价上看，当前国内的 5G 市场主要分为“带量旗舰”和“高端旗舰”两部分，主要价位集中在 450 ~ 550 美元的中高端价位，以及 700 美元以上的高端价位。第三季度占据 5G 市场最大份额的 vivo 已经布局这两个价位，而华为、三星则倾向于布局高端市场，小米主要占据中高端“带量旗舰”价位，而中兴、中国移动则占据 600 ~ 650 美元价位的市场。

（二）行业应用

5G 标准中定义了三大应用场景，即 eMBB、uRLLC 和 mMTC，而目前商用的 5G 网络也仅仅提供 eMBB 一个场景，优先满足人与人之间的连接需求。随着未来网络的铺设以及物联网技术的迭代，5G 的所有应用场景将带来更多的可能性：eMBB 场景将带动 5G 手机、VR/AR、超清视频、超清直播等应用的落地；uRLLC 场景可能带来自动驾驶、远程工控、能源互联网等新技术的落地；mMTC 场景将带动低功耗广域物联网、智慧家居、智慧城市等应用的落地。

未来 5G 商用的落地可能取决于以下因素。

（1）上游产业链的成熟。当下5G终端的芯片技术尚未成熟，且成本较高，5G商用的大面积铺开需要成熟的产业链作为支撑。

（2）网络建设与终端普及的匹配。目前，随着国家的大力扶持，以及运营商间“共建共享”等政策的推进，5G网络铺设已经明显加速，但要在中国广大纵深市场实现全面覆盖与普及，还需要很长一段时间，而终端厂商的竞争性布局早已开始。因此，短期内5G终端的出货数量将与5G网络的用户数据存在差距，尽快地匹配两者的数量将是运营商努力的方向。

（3）“杀手级”5G应用的出现。如果没有应用支撑，5G网络也只是一个摆设，用户并非单纯地想要获得更快的连接速度，他们想要的是更好的用户体验。未来5G商用的落地必须建立在“杀手级”应用上，而一个真正的“杀手级”应用，应该利用好5G网络的高速率、低时延及物联网通信，满足4G网络完全不可能实现的用户需求。

（4）5G资费和套餐的普惠。区别于4G的“尽力而为”（Best-Effort）服务，5G将提供“差异化+确定性”网络服务。Best-Effort服务是一个单一的服务模型，网络尽最大的可能性来发送报文，但对时延、可靠性等性能不提供任何保证。因此，5G时代的一个显著特点是不同用户能够自主选择其所需要的网速及资费，而这也能平摊高额的基站建设成本及推广成本，进一步减少资费。

五、5G产业的未来发展趋势

5G产业的未来发展趋势主要体现在以下几个方面。

1. 5G带动产业链发展，提升中国经济

随着政策的大力扶持及5G技术不断发展成熟，中国5G产业的发展稳步推进，企业发展态势良好，从规划、建设、运营到应用的各个环节，不同产业链相关企业的营收均实现增长，智能制造、车联网、无线医疗到5G技术应用领域频获资本青睐。随着5G商用牌照的发放和商用步伐的加快，未来中国5G产业将对中国经济建设起到更加重要的作用，进而增加大量的就业机会。

2. 5G驱动传统产业变革

5G网络的突出特点是高性能、低时延、大容量，5G技术的日益成熟开启了互联网万物互联的新时代，与人工智能、大数据等多项技术相互融合是推动交通、医疗、

制造等传统行业向智能化、无线化等方向变革的重要推动力量。作为新一代移动通信技术，5G的发展切合了传统制造业向智能制造转型的无线网络应用需求，其高性能、低时延的特点也满足了无人驾驶等垂直领域的发展要求，智能制造、智慧出行将成为5G技术发展的最新战场。

3．5G网络部署将会带来更清晰的商业模式和营收机会

中国基础运营商和其他5G生态系统的参与者在5G建设初期的重点工作大多是增强宽带业务，支撑5G的个人应用场景，其中包括高清视频、AR、VR等，但5G个人应用场景的落地在产业营收上存在不确定性。例如，AR和VR缺乏足够丰富的内容和应用，在设备成本和可用性方面也存在一定的局限。随着5G生态系统的成熟，更广泛的网络部署将会带来更清晰的商业模式和营收机会。

4．5G技术的发展和创新能够推动相关领域的价值链进一步成熟

世界主要经济体正在加速推进5G商用落地，而5G标准和产业链还需完善，5G的长期多样化服务需求也要求5G技术不断发展和创新。艾媒咨询分析师认为，广泛的5G普及路径为终端到接入网，进而到内容提供商和垂直行业领域，无论是从网络连接、个人应用场景的内容提供，还是为大规模的行业应用场景提供技术支撑，5G技术的发展和创新都是推动相关领域价值链进一步成熟的关键。

第五章

5G+VR/AR：走向云端的高阶 VR/AR

随着信息技术的不断成熟，5G 将与大数据、云计算、人工智能等实现深度融合，产生更具创新的丰富应用。在 5G 助推下，VR/AR 产业也将迎来新一轮的发展。无论是超高的数据传输速率，还是广覆盖下的移动性保证，又或是能够实现低时延的用户体验，5G 将为 VR/AR 产业的发展带来无限可能。

一、5G 时代的云 VR/AR

VR/AR 技术对于不少人而言并不陌生。2014 年，Facebook 斥资 20 亿美元收购 VR 创业公司 Oculus，引发了全球众多企业和资本的关注。在之后的几年里，多家厂商开始投入 VR 产品的研发。到今天，随着技术的进步和市场需求的扩大，VR/AR 正在频频出现在人们的日常生活中，如 VR 视频直播、VR 游戏、淘宝新年 AR 扫福活动、VR/AR 旅游智能解说与导航等。但由于 VR/AR 在发展过程中存在的一些现实问题，影响了 VR/AR 行业的发展进程。在 5G 时代，技术进步、相关政策扶持等因素能够赋能 VR/AR 行业，VR/AR 行业有望迎来黄金发展期。

（一）以往 VR/AR 存在的现实问题

虚拟现实（Virtual Reality，VR）是一种可以创建和体验虚拟世界的计算机仿真系统技术。它利用计算机技术生成一种集视觉、听觉、触觉等一体的模拟环境，该环境将多源信息融合成交互式的三维动态视景，实现实体行为的系统仿真，从而使用户获得逼真的沉浸式体验。

增强现实（Augmented Reality，AR）是一种将虚拟信息与真实世界巧妙融合的技术。它利用计算机视觉技术和人工智能技术生成现实世界中不存在的虚拟对象，并将虚拟对象精确地叠加在真实场景中，通过自然的交互方式，为用户呈现一个更加丰富的体验场景。VR/AR 场景体验如图 5-1 所示。

图 5-1　VR/AR 场景体验

虽然近些年 VR/AR 行业有了一定的发展，但从整体来看，其发展的步调较为缓慢。目前市场上 VR/AR 产品的应用主要包括 3D 电影、VR 视频、沉浸感的游戏等，大多停留在娱乐消费方面，VR/AR 在更多实用性和专业性的领域还未广泛铺开。究其原因，是由于 VR/AR 仍然存在一些现实问题亟待解决。

1．技术挑战

技术方面的短板是制约 VR/AR 发展的关键因素。

在硬件方面，AR 借助的主要是计算机视觉和深度学习等技术，其对算法能力要求较高；而对于 VR 来说，低延迟、高清晰度和交互是其体验的重要指标，因此 VR 对硬件的要求比较高。然而，目前的 CPU、GPU 无法支持更无法保证在轻便的硬件上实现足够的计算速度、存储空间、传输速率和续航能力。

在图像技术方面，VR/AR 的图像识别技术尚不成熟，特别是在复杂图形、动态图像、特殊场景（如夜间）等方面，信息筛选、识别的正确率和精确率均较低。此外，缺乏实时三维建模技术的支持。实时三维建模技术需要以图像识别技术作为基础，目前仅处于实验室阶段，定位的精确性较低，不具备更广泛的实用性。

在网络方面，现有的网络传输速率不能满足 VR/AR 内容传输的需要。VR/AR 主机普遍采用 HDMI 有线连接的方式来传输数据，这样 VR/AR 设备的使用场景就受到了限制，无法自由移动。而移动 VR/AR 设备的使用场景更加灵活，但 Wi-Fi 网络覆盖面积有限且易受同频干扰，加上 4G 网络带宽不足，时延较高，时常会让 VR/AR 设备产生卡顿现象。

2. 终端成本

受技术及产出能力的制约，VR/AR 硬件设备往往价格昂贵。传统高配置 VR 终端造价高昂，它主要涉及一体式与主机式头显整机、追踪定位与多通道交互等感知交互外设、屏幕、芯片、传感器、镜片等关键器件，以 HTC VIVE、Oculus Rift、Sony PlayStation 等为代表的高品质 VR 设备，其配置套装价格高达数千元乃至万元。

3. 内容资源

尽管国内外科技公司推出了各种各样的 VR/AR 产品，但在内容方面，可供体验和观看的优质 VR/AR 资源较为匮乏，远远不能满足消费者的观看需求。此外，目前 VR/AR 内容资源的交互方式、体验场景相对单一，且现在大量的 VR 内容是离线体验，市场对于内容的管控难度大，无法保障 VR 内容提供者的版权。

4. 用户体验

使用 VR/AR 设备时的舒适度、愉悦性、安全性是 VR/AR 行业发展的重要因素。然而在以往 VR/AR 产品中，有限的硬件配置限制了用户体验，影响了用户对 VR/AR 设备的持续使用和真正接纳。VR 硬件所存在的（如容易形成眩晕感、设备沉重、画面延迟等）诸多问题制约着 VR 行业的发展。

从用户所获得的交互体验和沉浸感上来说，移动端 VR 的用户体验远低于 PC 端 VR 的用户体验。低端 VR/AR 设备所存在的强颗粒感、畸变的画面等问题导致用户无法完全沉浸到虚拟世界中。同时，由于网络带宽和延时等因素的影响，导致 VR/AR 设备还存在着移动性较差、互动性不强等问题。

（二）5G 云 VR 发展的动因

随着 5G 商用化的加速，5G 大带宽、低时延的网络能力，结合边缘计算、云端渲染等技术，将给 VR 行业带来巨大助力。在 5G 加持下，广阔的视野、逼真的体验让 VR 有可能成为智能手机、电视以外的第三块屏幕，在通信革命的背景下，VR 产业将迎来新一轮爆发。

据相关数据显示，2020 年，VR 市场进入相对成熟期，市场规模可达到 918.2 亿元，年复合增长率将达到 125.3%。到 2025 年，全球可穿戴设备数将达 80 亿，VR/AR/MR 个人用户数将达 4.4 亿。伴随着云能力提升、设备微型化，以及通用计算力的快速发展，云 VR 将释放更大的商业价值，到 2025 年云 VR 的市场规模或将达到 2920 亿美元。

5G 网络超大带宽、超低时延的特性是实现 VR 走向云端的基础，5G 云 VR 将成为 5G 元年最重要的 eMBB 业务之一。在高速稳定的网络覆盖下，通过运用智终端、宽管道、云应用的 5G 典型业务模式，将云计算、云渲染的理念与技术引入 VR 业务中，打造贯通采集、传输、播放全流程的云控平台解决方案，从而更好地解决 VR 行业发展中存在的问题。

现阶段，5G 标准化落地，商用大幕徐徐拉开，中国 VR 行业有了长足发展。具体来说，促进中国 VR 行业快速发展的因素主要有五个，如图 5-2 所示。

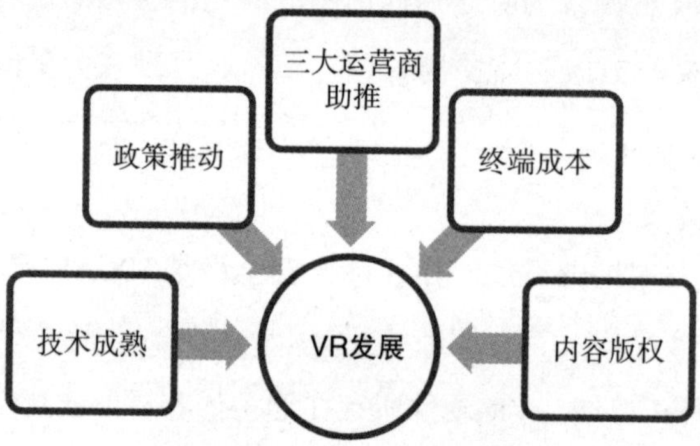

图 5-2　VR 产业发展的动因

1．技术成熟

在 5G 时代，技术的进步是 VR/AR 行业获得发展的关键动因。超高的数据传输速率，广覆盖下的移动性保证，以及能够实现流畅的用户体验都成为 5G 云 VR 落地的重要前提。在 VR/AR 具体的应用中，语音识别、视线跟踪、手势感应等都需要低时延处理。随着 5G 商用化的加速，芯片、显示和算法等技术不断进步，VR 行业将迎来新一轮爆发。

与现在的 4G 网络相比，5G 网络的数据吞吐量增加了 10 倍，通信容量增加了 100 倍，而时延是 4G 网络的十分之一，能更好地满足 VR 对数据传输和时延的要求。而 5G 中网络切片和边缘计算这两项关键技术能够满足 VR 在诸多场景中的模型应用，并能够让运营商以低成本为用户提供服务。

2．政策推动

5G 云 VR 的发展离不开政策的扶持。2018 年 12 月，工业和信息化部出台《关于加快推进虚拟现实产业发展的指导意见》，指出：“发展端云协同的虚拟现实网络分发和应用服务聚合平台（Cloud VR），推动建立高效、安全的虚拟现实内容与应用支付平台及分发渠道。”

《“十三五”国家科技创新规划》《“互联网+”人工智能三年行动实施方案》《智能硬件产业创新发展专项行动（2016—2018年）》等扶持政策先后出台，均明确提出鼓励和支持VR/AR产业的发展。

3. 三大运营商助推

在5G助力产业链升级的背景下，各大运营商也在积极寻找新的利益增长点，而云VR/AR则被运营商视为推动营收的新增长点。中国三大运营商正在积极开展5G云VR业务布局，如表5-1所示。

表5-1 中国三大运营商的5G云VR业务布局

运营商名称	5G云VR业务布局
中国移动	2018年7月18日，中国移动福建公司率先开启了全球首个运营商云VR业务试商用；2019年6月25日，在2019年世界移动通信大会——上海（MWCS2019）举行的“中国移动5G+发布会”上，HTC联合中国移动共同推出了端到端5G云VR解决方案
中国联通	2018年9月5日，中国联通发布“5G+视频”推进计划，云VR作为中国联通5G的重点创新业务被列入全面规划中
中国电信	2018年9月，中国电信发布云VR计划，将以中国电信1.5亿宽带用户为基础，依托网络、云计算和智慧家庭等方面的优势资源，联合合作伙伴制定云VR规范，加速推进云VR技术的产业化和商业模式创新

4. 终端成本

通过将VR/AR应用所需的内容处理与计算能力置于云端，降低了VR/AR终端设备的计算压力和复杂度，从而降低终端成本。用户侧设备只需要具备最基础的视频解码、呈现、控制信令接收和上传能力即可，可采用STB解码，Mobile VR播放，这样终端投入成本将不超过3000元，同时也能保证终端设备具备较强的移动性和为用户提供高质量VR/AR内容的能力。

5. 内容版权

VR/AR内容质量的提高，将成为推动VR/AR走进千家万户的重要因素。以往很多优质的VR/AR内容分散在多个厂家，难以实现共享和快速分发，而且本地VR/AR大量的内容是离线体验，对于内容的管控难度大，无法保障VR/AR内容的版权。随着5G的到来，5G云VR/AR支持VR/AR内容的在线共享和快速分发，且管控容易，有助于实施更严格的 VR/AR 内容版权保护措施，遏制内容盗版，同时还可以在云端对数据进行精准管理和发放。

（三）5G 云 VR 的核心

高质量的 VR 内容是促进 VR 市场壮大的重要因素之一，极致的 VR 视频体验需要网络带宽达到 1Gbit/s，网络时延小于 10ms。随着 5G 商用的落地，5G 云化 VR 技术有望快速成熟，而实现 VR 内容上云、渲染上云和制作上云是 5G 云 VR 的核心所在，如图 5-3 所示。

渲染上云

- 将计算复杂度高的渲染设置在云端处理，大幅降低终端CPU+GPU渲染计算压力，使终端容易以轻量的方式和较低的消费成本被用户所接受

内容上云

- 计算机图形渲染移到云上后，内容以视频流的方式通过网络推向用户，借助网络和5G技术，可把连接终端的HDMI线移除，实现终端无绳化、移动化

制作上云

- 改变传统媒体线下视频制作的繁琐流程，将VR视频制作的采、编、播、存接入云端进行制作

图 5-3　5G 云 VR 的核心

5G 先进的网络传输技术使得 VR 画质的分辨率、渲染处理速度得到全面提升，无论是游戏、直播还是 VR 业务都越来越依赖于 5G 网络所带来的革命性变化。随着用户体验需求的升级和 5G 网络、移动边缘计算技术的运用，VR 逐渐发展为走向云端的高阶 VR。

在内容渲染上，具备强大的计算能力和图形处理能力的高端硬件是高质量 VR 的必要组成部分。5G 云端渲染技术将高性能的 GPU 处理器放在云端，能有效减轻终端的压力和复杂性，降低终端成本，从而实现低成本和高移动性终端的大量普及和应用。同时，边缘云与中心云相互协同，还能利用大平台做大生态，加速 VR 落地。

而内容上云使 VR 内容以视频流的方式通过网络推向用户，使“瘦”终端和终端“无绳化”成为可能。VR 服务提供商能够在云上对内容进行实时管理，为不同消费等级的用户提供差异化服务体验，在一定程度上提升了用户对 VR 的好感度。

在 VR 内容的制作上，5G 云 VR 取代了传统的线下制作方式，将 VR 内容生产的全环节云端化，无论是在采集方式、编排内容，还是 VR 播放、数据存储方面，都可以实现在线操作。这一创新将彻底改变传统 VR 内容生产商线下视频制作的烦琐流程，使 VR 的内容制作效率得到大幅提升。

二、5G 如何推动 VR/AR 技术的发展

低时延、大带宽、高速率的特性，是 5G 助力 VR/AR 技术发展的重要驱动力，也是打破 VR/AR 产业发展壁垒的一剂良方。未来，5G 将和云技术一同改变 VR/AR 的发展趋势，打造智终端、宽管道、云应用的发展图景。作为业界普遍看好的 5G 首批典型应用，VR/AR 产业将得到规模化发展，释放更大的市场空间。

（一）5G 推动 VR/AR 技术架构不断演进

作为 VR/AR 技术发展的突破口，5G 为 VR/AR 带来了新一轮的设备技术升级，将有效推动 VR/AR 技术架构不断演进，加速 VR/AR 应用的商用进程。

在 5G 的推动下，业界对 VR/AR 的关注度不断提高，并以更多的资本投入支持 VR/AR 产业的发展。而渲染上云、内容上云与制作上云理念的融入为 VR/AR 带来了新的发展机遇。由于 VR/AR 行业融合了多个领域的技术，其整体技术轨迹仍呈现螺旋上升的发展趋势。现有技术成熟度不断提高，新兴技术不断涌现，5G 云化虚拟现实有望加速 VR/AR 技术架构的不断演进，将给人们的生活带来巨大改变。

VR/AR 是借助近眼显示、感知交互、渲染处理、网络传输和内容制作等新一代信息通信技术为用户构建身临其境与虚实融合沉浸体验的产品和服务。由于 VR/AR 涉及多个领域，由多种技术交织而成，因此由中国信息通信研究院发布的《虚拟（增强）现实白皮书（2018 年）》中将 5G 时代的 VR/AR 技术架构归纳为“五横两纵”，“五横”即近眼显示、渲染处理、感知交互、网络传输与内容制作，“两纵”则是指 VR 与 AR，如图 5-4 所示。

在“五横两纵”中，近眼显示技术能够适应人性光学系统，解决 VR/AR 设备因辐合调节冲突、画面质量过低等原因引发的眩晕感。在 5G 时代，近眼显示技术将会向高分辨率、低时延、低功耗、广视角、可变景深、轻薄小型化等方向发展。

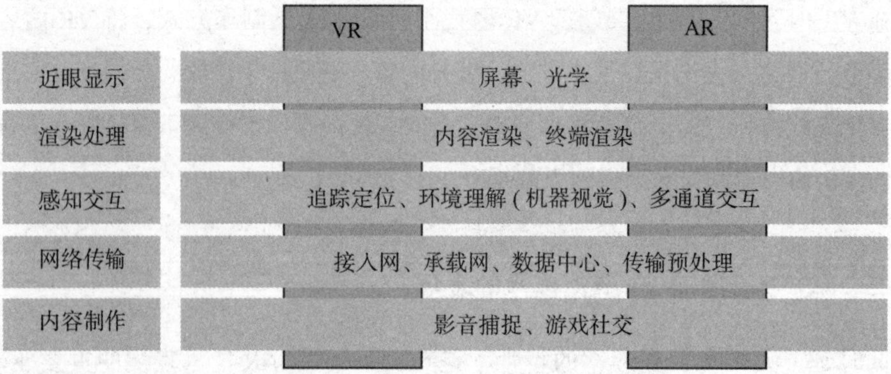

来源：中国信息通信研究院

图 5-4　VR/AR 技术架构

渲染处理技术主要是指通过发展基于视觉特性、头动交互的渲染优化算法，加快高性能 GPU 配套时延优化算法的研发与产业化。突破新一代图形接口、渲染专用硬加速芯片、云端渲染、光场渲染、视网膜渲染等关键技术，推动渲染处理技术向高画质、低时延、低功耗等方向发展。

感知交互技术主要包括浸入式声场、语音交互、眼球追踪、触觉反馈、表情识别、脑电交互等创新技术，未来感知交互技术将会向高精度、自然化、移动化、多通道、低功耗等方向发展。

网络传输技术主要是指接入网、承载网、数据中心与传输预处理的数据传输技术。

内容制作技术主要是全视角 12K 分辨率、60f/s 帧率、高动态范围（HDR）、多摄像机同步与单独曝光、无线实时预览等影像捕捉技术。运用内容制作技术能够实现 VR/AR 开发引擎、软件、外设与头显平台间的通用性和一致性。

在这五大技术体系中，VR 的核心是感知交互技术，而感知交互技术的核心是追踪定位技术。追踪定位技术呈现由外向内的空间位置跟踪向由内向外的空间位置跟踪，通俗地说，就是先确定现实位置和虚拟位置的映射关系，在此基础上再进行交互。在感知交互技术中，对于 VR 来说，多通道交互式是重点；对 AR 而言，感知交互则侧重于基于机器视觉的环境理解。

从技术实现角度来看，AR 技术的实现难度要大于 VR，主要体现在近眼显示与感知交互领域。对于 VR 而言，近眼显示聚焦高画质的视觉沉浸体验，而感知交互侧重于多通道交互。由于虚拟场景覆盖用户的整个视野，因此 VR 的技术重点在于交互信息的虚拟化。对于 AR 而言，用户大部分视野呈现的都是真实场景，如何识别和理解现实场景和物体并将虚拟物体更为逼真地叠加到现实场景中，成为 AR 感知交互的技术难点。

在“五横两纵”技术架构下，业界对虚拟现实的界定认知由特定终端设备向联通端管云产业链条的沉浸体验演变。参考国际上自动驾驶汽车智能化程度的分级，在中国信息通信研究院发布的《虚拟（增强）现实白皮书（2018 年）》中，将虚拟现实技术发展划分为五个阶段，如图 5-5 所示。不同发展阶段对应相应体验层次，目前处于部分沉浸阶段。

图 5-5　虚拟现实技术发展阶段

（二）5G 优化 VR/AR 的性能、功能与成本

VR/AR 是主要依赖带宽增强的应用场景，将最先受益于 5G 的普及。5G 在网络时延方面能够达到毫秒级，再加上超高速的带宽，为制造优质的 VR/AR 应用带来了可能。相比本地 VR/AR、4G 云化 VR/AR 技术路线，5G 云 VR/AR 在性能、功能、成本等方面得到了优化，主要表现在头动响应时延（MTP）、渲染能力、近眼显示能力、使用移动性、市场潜力和费效比五个方面，如图 5-6 所示。

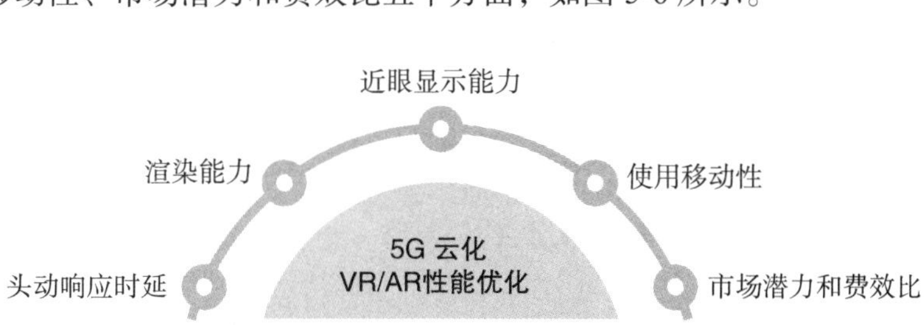

图 5-6　5G 云化 VR/AR 优化的表现方面

1. 头动响应时延

头动响应时延又称动显延迟，是指从用户发生运动动作到该运动动作触发的反

馈显示在屏幕上所需时间。一些 VR/AR 头显可能无法准确地识别用户的物理移动，由此可能会出现一定程度的延迟，从而导致显示器的画面显示落后于用户的实际物理运动。其中，业界普遍认为头动响应时延应控制在 20ms 以内，也就是说用户转动头部改变视角时，终端设备、网络传输、云端计算的整体用时应确保头动和视角（FOV）画面改变相一致，相应新视角所呈现画面的累计时延不超过 20ms，也不应出现全部或部分视野无画面的情况，否则动显延迟除了会影响用户的整体体验，甚至有可能导致用户产生晕动症。

在 4G 网络下，通过采用“4G 云 + 小型 GPU”的方式，能够将渲染和视觉计算放在云端进行，虽然降低了终端的处理压力，但增加了额外的网络时延，典型的 4G 空口时延为 10～28ms。在 5G 网络下，依托大带宽、低时延的特性，5G 网络能够把空口时延降低到 1ms，通过采用“5G+GPU”云端集群的方式，可将时延控制在 10ms 以内。针对高端设备和峰值网络状态，时延有可能达到 5～7ms，即 5G 为虚拟现实在端云协同与 MTP 时延控制之间带来了更大的平衡空间。

2．渲染能力

对于渲染分辨率、帧率所表征的渲染能力，云 VR/AR 可以充分利用云端大型服务器的数据存储和高速计算能力，通过高速率、低时延的网络提升渲染能力。在 4G 网络下，通过采用 4G 和云端渲染，渲染能力平均可以达到 4K 分辨率、90f/s 的效果。而在 5G 网络下，有望将渲染能力进一步提升至 8K 分辨率、120f/s 效果，整体画质达到本地处理能力的两倍以上。

3．近眼显示能力

近眼显示技术能够解决数字世界与物理世界无缝融合时所面临的一些颇具挑战性的问题。逼真的视觉体验取决于最大限度地提高光学对比度和增加被显示信息的视角，以及高刷新率显示、高分辨率显示等。

虽然该类性能指标与光学、屏幕等终端技术的实现密切相关，但在虚拟（增强）现实云端协同的发展趋势下，相比 4G 网络，5G 网络可进一步提升广视场角显示、高刷新率显示和高分辨率显示的技术水平。

4．使用移动性

随着 5G 的出现，当前 VR/AR 设备的许多固有限制可以被消除。5G 网络能够推动 VR 视频采集设备的无线化，使设备可以在大空间内自由移动。除此之外，5G 可以解决本地与 4G 云 VR/AR 所面临的场景受限问题，通过在高速移动场景中保证

100Mbit/s 以上的用户体验带宽，将 VR/AR 的应用场景从网络稳定的室内拓展至汽车、高铁这类高速移动的应用场景，保证了全场景的服务能力和必要的业务连续性。

5. 市场潜力和费效比

结合云计算和人工智能技术，通过云端预加载数据、云端渲染等，5G 技术将更好地满足 VR 使用者对沉浸感、交互性和视觉舒适度的要求。同时在 5G 广覆盖的特性下，VR 将由室内转向室外，从而能够适用于更多的应用场景。由此可见，5G 云 VR/AR 将会具备更大的市场潜力。

作为新一代人机交互平台，5G 时代的 VR/AR 市场拥有更大的提升空间。与 4G 云 VR/AR 相比，5G 云 VR/AR 强调用户的连接交互深度（沉浸体验），而非连接广度（联网数量）。据诺基亚贝尔测算，在 5G 网络阶段，通过 5G 传输与云端 GPU 集群运算处理，其对生产力贡献的能力约为 4G 网络阶段的 10 倍。表 5-2 所示为 4G 云 VR/AR 与 5G 云 VR/AR 方案对比。

表 5-2 4G/5G+VR/AR 方案对比

对比项目	4G 云 VR/AR	5G 云 VR/AR
头动响应时延	10 ~ 28ms	10ms 以内
渲染能力	分辨率 4K 帧率 90f/s	分辨率 8K 帧率 120f/s
近眼显示能力	FOV 100 60 ~ 90Hz 15 ~ 20PPD	FOV 140 及以上 120Hz 及以上 30PPD 及以上
使用移动性	350km/h	500km/h
市场潜力和费效比	对生产力贡献的能力约为本地 VR/AR 的 10 倍	对生产力贡献的能力约为 4G 网络阶段的 10 倍

（三）5G 标准化进程提升 VR/AR 体验需求

随着 5G 时代的到来，VR/AR 用户量呈爆发式的增长，用户对 VR/AR 内容的需求也会呈现爆发式的增长态势，并对画面质量、性能等方面提出更高的要求，如何在新的渲染模式下更快地响应用户的需求也是 VR/AR 面临的一个挑战。

随着 5G 网络对大带宽、低时延的支持，以及将部分渲染、视频处理的任务转移到云端服务器处理，使采用云端服务器和 VR/AR 终端的连接成为可能。同时，5G 云化虚拟现实的实现方式有助于降低对终端处理能力的要求，降低头显的体积与功耗，且佩戴设置更加便捷。在移动网络边缘提供信息服务环境和云计算能力，将网络业务“下沉”到离用户更近的无线接入网侧，从而给用户带来“响应速度快”和“无卡顿”的体验，这也契合了 VR/AR 用户的体验需求。

目前，针对业务需求的实际差异，5G 网络上与虚拟现实业务相关的服务器存在两类云化部署形态：一是将服务器部署在 5G 的核心网络侧的应用服务器上或中央数据中心；二是将其部署在边缘计算或接入侧数据中心上。

这两种方案有利于 VR/AR 的时延控制，第一种方案将服务器部署在中央数据中心，则适用于远程教育等全网范围的 VR/AR 应用；第二种部署在边缘计算或接入侧数据中心，可以有效降低时延，提高虚拟现实业务用户的使用体验。

随着 5G 标准化进程的不断演进，新一代移动通信和 VR/AR 相互促进，有望实现基于 5G 云化虚拟现实技术下的深度沉浸乃至完全沉浸的体验需求。从 5G 标准制定来看，5G 网络演进主要分为三个阶段，即 5G（R15）、5G 增强（包括 R16、R17）和 Beyond5G（B5G）。

R15 主要针对 eMBB 场景，于 2018 年 6 月协议冻结，支持 VR/AR 上云，提供低时延、高可靠性网络特性。5G 增强阶段由 R16 开始，其中，R16 已确定针对企业应用增强（如工业互联网），提出 5G 私网、达到 99.9999% 的高可靠性要求，并实现包括无线网络在内端到端的切片能力；R17 将支持 52.6GHz 以上频谱，加入人工智能 / 机器学习的能力，实现网络运维的自动化等功能。

预计从 2025 年开始，5G 将进入 B5G 时代。根据诺基亚贝尔实验室的预测，B5G/6G 将利用信息技术、计算技术、大数据和人工智能技术实现网络的完全智能和自动化，并实现下行峰值速率大于 100Gbit/s 的目标。届时，5G 云 VR/AR 将实现用户体验的深度沉浸甚至完全沉浸。

三、5G 云 VR 的应用场景

全球虚拟现实产业正从起步培育期向快速发展期迈进，中国面临着同步参与国际技术产业创新的新机遇。在5G的加持下，VR产业将实现“复兴”，迎来高光时刻。VR/AR 是与 5G 技术相关度最高、市场潜力最大的应用场景，将成为移动网络中最有潜力的大流量业务。在未来，5G 云 VR/AR 的应用场景如图 5-7 所示。

图 5-7　5G 云 VR 的应用场景

（一）“5G+MR”全息教室

随着 5G 云 VR/AR 技术的发展，其丰富的应用场景将会离人们的工作、生活、学习越来越近。同时，随着 5G 的不断成熟，教育将成为 5G 云 VR/AR 的重要应用场景。

未来，在高等教育、职业教育等领域，VR 将在物理、化学、生物、地理等极具实验性、演示性的课程中普及，通过打造虚拟教室、虚拟实验室等教学环境，以虚拟备课、虚拟授课、虚拟考试等教学新方法，让学生在更多元、生动的情景下高效学习。

VR 与教育相结合，有利于学生通过形象、生动、直观的形式来掌握知识。例如，在 VR 教学场景中可以将宇宙中的天体运动，生物中的微观世界等抽象、不易理解的知识，以形象、生动、直观的形式进行呈现，学生使用 VR 设备就可以进入虚拟的宇宙或生物世界中沉浸式地“体验”知识，而不再是面对生硬、死板的文字或图片死记硬背。

“5G+MR”全息教室是在教育场景中的创新突破。混合现实（Mix Reality，MR）是将现实世界和虚拟世界进行融合而产生的新的可视化环境，在 MR 打造的可视化世界中，虚拟物理和真实物体很难被区分。“5G+MR”全息教室是 5G 云化虚拟现实教学的典型应用场景，它通过将传统教育中的“教学练”与全息的“人物场”进行深度结合，打破时空的限制，营造虚实相融的教学环境，衍生出丰富多元的教学应用。

“5G+MR”全息教室可以实现三大功能，如图 5-8 所示。可以说，“5G+MR”全息教室开启了一种全新的教学模式，能够为教育行业创造极具科幻感的教学环境。

异地多人加入	· 异地师生可即时加入课堂，且课堂无人数上限
多人同时交互	· 针对教学环境中的所有内容（包括人、物、场）进行交互，并实现同步反馈，直观高效
多端无缝衔接	· 使用的终端无论是智能眼镜、手机还是计算机，皆可实现实时连接，且端与端之间的内容呈现和交互协作可实现无缝衔接

图 5-8 “5G+MR”全息教室三大功能

考虑到 MR 对网络带宽和时延的双敏感性，可将“5G+MR”全息教室接入高速率、低时延的 5G 网络，并引入边缘计算和切片网络技术，实现渲染上云，为教学提供优质的画面显示和更低的渲染时延。5G 的超大带宽、超低时延及超强移动性保证了整个全息教学系统的沉浸式体验效果。具体来说，“5G+MR”全息教室教育场景具备四大优势，如图 5-9 所示。

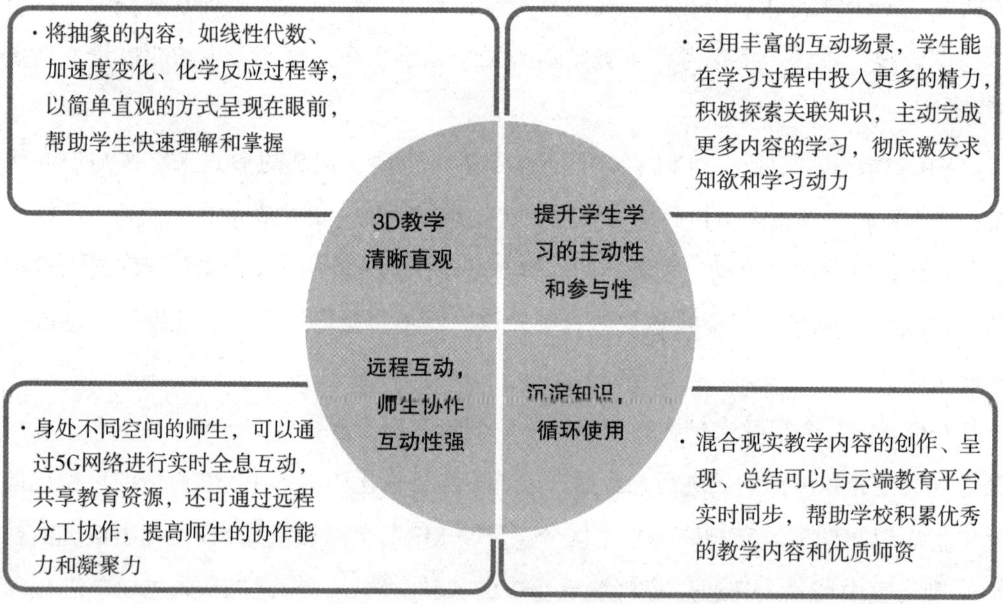

图 5-9 “5G+MR”全息教室教育四大优势

伴随 5G 技术的发展，“5G+MR”全息教室受到了大众的广泛认可。“5G+MR”全息教室用新一代信息技术打造了“教、学”新模式，为异地师生进行更好的交流、探索和学习创造了条件。2019 年 6 月，上海市徐汇中学设置了“5G+MR”全息教室，并通过 5G 和 MR 混合现实教学系统，顺利与远在云南的红河州云阳中学实现了异地双向同步教学。

（二）VR/MR 演唱会

在 5G 技术的支持下，现有数字内容开始向虚拟现实内容移植，人们的文化消费需求能够不断得到满足。越来越多的影视作品和直播内容开始与虚拟现实技术相结合，为人们提供虚拟现实视频点播、演唱会、体育赛事、新闻事件直播等服务，以多感官体验模式为用户打造全新的观看体验。

以演唱会为例，借助 VR 设备，人们足不出户就可以体验一场身临其境的演唱会；又或者是在演唱会现场，观众可以借助 5G 云化虚拟现实设备体验更加优质的演唱会画面，以及虚实结合的演唱会场景，获得更佳的视听体验。5G 云化虚拟现实技术在演唱会中的应用主要有 VR 演唱会全景直播和 MR 演唱会。

1．VR 演唱会全景直播

VR 演唱会全景直播采用多机位全景视角进行拍摄，不但可以为观众提供更多的观看角度，还能够针对单一观看点为观众提供 360 度 ×180 度全视角观看效果，为其创造身临其境的视觉体验。基于 5G 云化的 VR 全景直播技术，凭借 5G 超大带宽、内容分发网络和边缘云 MEC 技术，可更好地满足传输带宽和拼接算力的要求，从而为观众创造更具沉浸感的全景直播体验。

随着技术的不断成熟，5G 将可以实现 4K/8K 的 VR 直播效果，并将平均时延控制在 10 毫秒之内。对于终端用户来说，5G 网络能够支持观看点实现流畅平滑的无缝切换，并保证直播时音画同步。在演唱会现场，通过多机位全景视角拍摄，可从多个拍摄点进行实时全景影像取景，并通过 5G 网络将内容从导播台传输至边缘云，在边缘云上借助高性能拼接缝合技术对视频流进行处理，同时对拍摄画面进行拼接和优化，再借助 5G 网络将处理后的画面实时传输给场内的终端用户进行现场互动，或通过 5G 网络将画面传输给场外的远端用户并与其进行直播互动。这样一来，用户足不出户也能够亲身体验演唱会的震撼现场。

2．MR 演唱会

借助 5G 网络下端到端网络切片的 SLA/QoS 保障，以及实时虚实场景拟合和高性能拼接技术，MR/AR 全息演唱会可以为观众提供强交互、多场景的全息沉浸式观看体验。在 5G 网络环境下，通过网络切片和 MEC 技术完成云渲染和虚实场景拟合，现场观众可佩戴 MR/AR 眼镜观看并融入全息特效的演唱会。同时，在 MR 演唱会现场，歌手、观众和全息数字特效之间可以形成多维互动，营造丰富的演唱会现场效果。

随着虚拟现实技术的不断升级，通过运用虚拟人技术与 MR 技术混合成环绕式布景舞台，构建“虚拟人全息”演唱会场景，使观众在真实的舞台上观看到虚拟偶像的表演成为现实。例如，在 2019 年 7 月 19 日晚，BML-VR 场演唱会在上海梅赛德斯奔驰文化中心上演，演唱会由虚拟歌手进行表演，并与观众进行互动，在这场演唱会上，立体的虚拟人物、绝美的舞台，为观众带来了一场完美的视听盛宴。

（三）智慧工厂管理

5G 时代，VR 在工业领域的应用也在不断取得进展。目前，在工业领域中，VR 已贯穿设计研发、生产制造、员工培训、维修巡检、售后服务等智能制造的全生命周期。5G 云化虚拟现实技术与工业互联网的深度融合，有利于推动工业领域关键业务的降本增效。工业企业可以借助 5G 网络将云化虚拟现实技术、企业资源系统与物联网系统对接，围绕工业领域的重要场景，构建新型智慧工厂。

5G 云化虚拟现实技术在智慧工厂的运营与管理中的应用主要体现在五个方面，如图 5-10 所示。

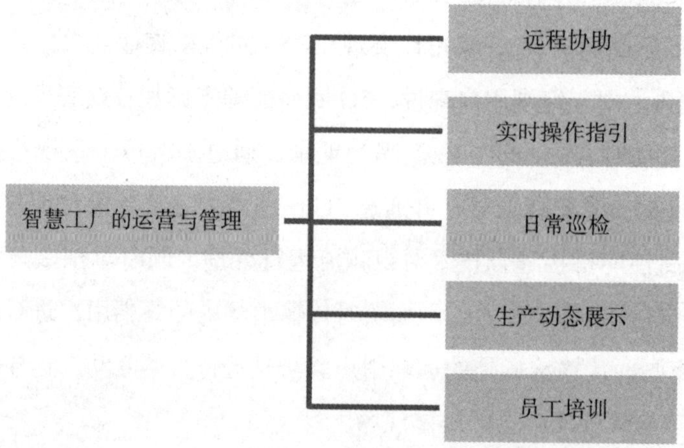

图 5-10 5G 云化虚拟现实技术在智慧工厂的运营与管理中的应用

1. 远程协助

通过双向全息呈像和混合现实技术，工厂技术人员可以与专家进行远程协作。专家可在模拟的全息环境中对设备进行操作，并将操作过程同步回传至工厂的操作现场，让工厂的技术人员观看、学习，真实还原专家“手把手”协助指导的场景，使身处异地的专家和工厂技术人员实现零距离交流。

2. 实时操作指引

实时操作指引是指借助 5G 云化虚拟现实技术中边缘云计算和中心云神经网络计算，对操作对象和环境进行实时扫描与智能标记，为操作人员提供操作流程 3D 指引，并通过物联网为操作人员提供实时的操作反馈，如图 5-11 所示。

图 5-11 实时操作指引

3. 日常巡检

借助 5G 网络边缘计算功能可对厂区进行三维重建，构建基于智能眼镜的全息 BIM 系统（BIM 即建筑信息模型，是指通过运用数字化手段，在计算机中构建一个虚拟建筑，该虚拟建筑能够为人们提供一个单一、完整且包含逻辑关系的建筑信息库），工厂管理人员佩戴上智能眼镜即可随时查看工厂内各个生产线的生产信息。

此外，智能眼镜还可以与定位设备数据相结合，实现物体定位的可视化查询，帮助工厂管理人员实时了解作业车辆所在区域、移动路线等相关信息。5G 云化技术提供的云端语义地图可以帮助工厂管理者直接获取生产设备的实时运转数据，并能让管理者通过全息信息交互对生产设备进行远程操控，动态调配产能。

4. 生产动态展示

运用 5G 云化虚拟现实技术构建虚拟工厂，工厂管理人员能够在虚拟仿真的工厂里面进行漫游，对工厂内部的设备进行规划布局，搭建工厂生产流水线，安排工人生产活动等。另外，管理人员在虚拟工厂中设置好生产线后，还可以模拟生产线的运行。这样一来，管理人员就能够提前获得生产线运行的相关数据，并对生产线的设计方案进行科学评测，及时发现和调整不合理之处，避免生产线在实际搭建中因出现设计错误而给工厂带来损失。

5．员工培训

工厂管理者可以运用5G云化虚拟技术构建虚拟工厂，通过模拟真实的厂区环境和生产设备，为员工构建“实地”无障碍的培训场景，员工可在虚拟环境中获得与实际生产线一样的作业培训。在虚拟工厂中，员工可以通过操作手柄来完成虚拟流水线上的各项操作。此外，工厂管理者还可以运用5G云化虚拟技术模拟复杂的生产流程，对机械进行3D可视化展示，这样操作人员可以一目了然地了解机械的运作原理。

（四）VR/AR游戏

2018年，风靡全球的AR游戏Pokemon GO年收入达7.95亿美元，同比增长35%，在上线两年后，依旧保持着快速增长趋势。这充分验证了优质的VR/AR游戏的投资价值。在5G时代，AR/VR游戏成为游戏产业发展的新风口，进一步推动游戏的趣味性和互动性。

2019年6月，中国移动率先公布了“5G计划”，其中包括“5G+VR”游戏的布局。未来在5G的支持下，VR/AR游戏将驶入快车道。目前，VR/AR游戏应用丰富，也是用户最愿意付费体验的应用场景之一。相关数据分析显示，2020年，全球VR游戏可达到149.5亿美元的市场规模，由此可见，VR/AR游戏的发展前景十分乐观。

众所周知，VR/AR游戏对网络环境的要求很高。3G/4G时代，因网络速度慢、延迟卡顿等原因不仅会影响玩家的游戏体验，而且受限于网络带宽，VR/AR游戏的画面最高仅能支持720P的清晰度，难以达到主机游戏的画质水准，同样VR/AR游戏在画面设计以及各类体感功能的开发方面也受到带宽的限制。

在5G等关键技术的加持下，VR/AR游戏的实时渲染和媒体处理所需的GPU庞大算力将由MEC边缘云完成，就近完成渲染处理和效果下发，能够大幅降低因传输大量图像数据而造成的时延。VR/AR游戏终端从边缘云接收渲染效果并对其进行基础解码、处理、呈现，间接减小了游戏对终端的体积和性能的要求，用户可使用更廉价、轻便的终端连接5G网络，享受互动感和沉浸感兼具的云端游戏。在云化模式下，用户在任何时间、任何地点，使用任何终端设备都可以轻松畅玩游戏。

5G连接的云端GPU集群将极大地提高游戏的渲染能力，提升多人互动游戏的沉浸体验。玩家在玩游戏的过程中可以邀请好友进入同一局游戏。在游戏中，一个屏幕可以显示多个玩家的游戏画面，实现多人同屏对战、好友在线实时对战等。

例如，玩家在体验 VR 游戏“节奏空间”时，由于 5G 的大带宽提升了全景视频的分辨率和解码能力，不仅降低了网络时延，同时也提高了游戏的画质。玩家只要戴上 VR 设备，就仿佛进入了真实的游戏世界，在游戏过程中，玩家操控的流畅度、交互感和现实感堪称完美。

时代在不断进步，5G 给游戏行业带来的改变远远不止这些。在 5G 时代，游戏行业会因 5G 的到来而更加精彩。

第六章

5G+新媒体：构建数字化、智慧化的新“视”界

新媒体是在计算机网络技术、数字技术和移动通信技术等新兴技术支持下出现的媒体形态，如数字杂志、移动电视、数字电视、网络视频等。近年来，随着新媒体行业的迅猛发展，其产生的大规模数据量对网络传输能力提出了新的挑战。5G将为新媒体行业相关业务的运作带来变革性的影响，大带宽和边缘云技术不仅能够满足海量超高清视频传输的需求，还能使对画质和时延有较高要求的VR/AR媒介获得更好的发展。

一、5G对媒体行业的影响

5G技术的不断成熟会对诸多行业的发展造成影响。随着媒体视频业务向超高清、多视角、强互动的方向发展，媒体行业对大带宽、低时延的需求不断增强。5G凭借强大的网络能力赋能媒体行业的发展，促使媒体行业先行受益。

（一）优化媒体播出业务流程

5G的发展提升了移动网络的数据处理能力和承载能力，5G能从各个方面赋能媒体行业，给媒体播出业务的采、编、播全环节带来革命性的变化，重塑采、编、播流程。

传统的媒体播出业务流程非常复杂，如图6-1所示。从采集环节来看，视频采集容易受摄像机、微波、微波车的活动范围的限制，且由于传输方式不同，容易出现视频源不同步的情况，进而给后续的素材编辑带来困难。而在编辑环节，为导播车接线、布线会占用工作人员的大量时间，这样自然会影响工作人员的工作效率。在视频播出之前还要将数据通过卫星车返回电视台，然后由电视台通过直播平台播放

出去。在传统的媒体播出业务流程中有较多的限制，需要进行多节点布局，同时利用导播车、卫星车等设备也会产生较大的开销，在一定程度上增加了媒体视频的制作成本。

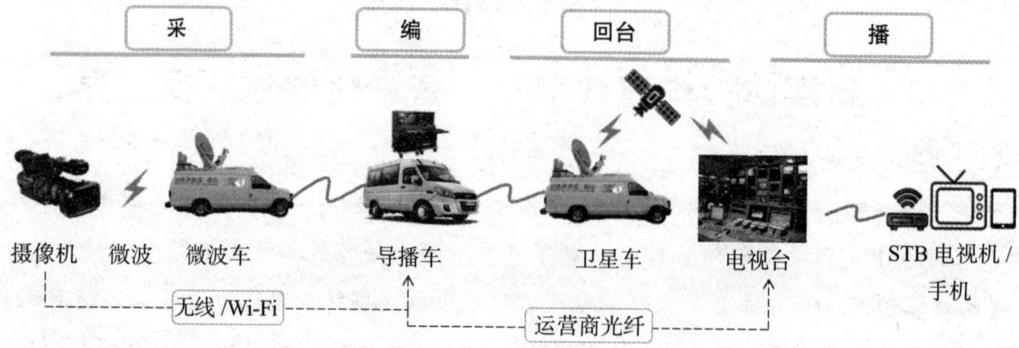

图 6-1　传统的媒体播出业务流程

在 5G 环境下，视频的采集终端更加方便、灵活，视频制审效率更高，所采即所看。媒体工作人员将 4K/8K 摄像机布置在现场，通过 5G CEP（CEP 是 Cool Edit Pro 这款软件的缩写，它是一款非常出色的数字音乐编辑器和 MP3 制作软件）或集成 5G 模组的编码推流设备，将原始视频流转换成 IP 数据流传输到 5G 基站，然后再通过 5G 基站输送至云端后，在云端部署相应的视频制审软件，并对视频素材进行云端的制作，最后再通过 5G 网络进行内容分发，这便是基于 5G 的媒体播出业务流程，如图 6-2 所示。

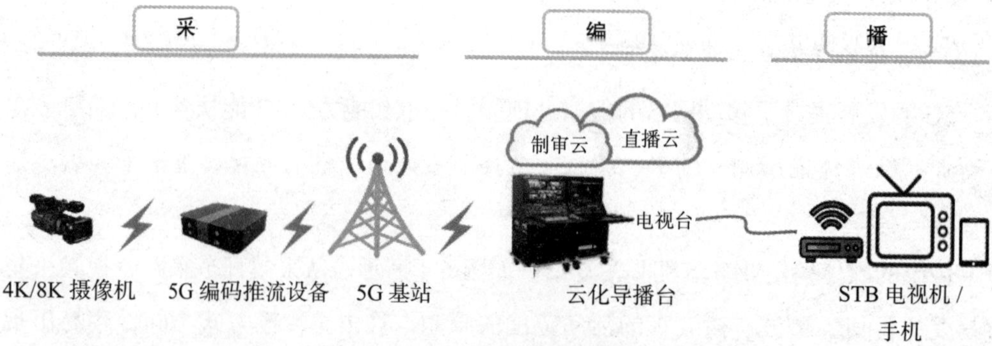

图 6-2　5G 媒体播出业务流程

在 5G 助力下，媒体播出业务流程得到了深层次的优化，成本大幅下降。从采编环节来看，5G 能够使视频数据的移动化存储、编辑变得更加便捷，使采编人员能够在移动端对视频进行云存储、编辑和审核，实现视频的即时采编，即时发布；从播放环节来看，5G 能够使用户在观看视频的时候享受身临其境与触手可及的体验。电视屏、手机屏、汽车屏、广告屏、智能家居屏之间的互动能为用户带来多屏合一的观看体验。交互视频内容，则可实现用户与电视节目的实时互动。

在大型活动举行期间，会产生大量的高清摄像头或终端录屏的视频传输需求和数以万计的连接需求，而具有超高网速、超低时延、超大连接三大特性的 5G 网络则可以较好地承载这些需求，更好地实现高清视频的直播和录播。

（二）信息传播链条上的各个环节发生改变

在 5G 时代，传统媒体与新媒体实现了深度融合发展。在 5G 网络覆盖下，大数据、云计算、人工智能等创新技术支撑新媒体行业向着智能化、全媒体化、移动化方向发展，形成了新的媒体传播系统。媒体行业中信息传播链条上的各个环节都面临着巨大变革，在网络、终端、信息形态各个环节重塑信息传播生态。

1. 网络

在网络方面，5G 以 eMBB、mMTC、URLLC 三大应用场景为核心，为媒体行业提供大带宽、大连接、低时延的网络服务，同时结合边缘计算（MEC）、网络切片等技术，改善媒体行业的发展环境。网络传输能力的大幅提升，使媒体行业中信息的传播不再受时间、空间的限制，真正实现了即采即传、无所不传。

边缘计算能缓解核心网络和主要传输网络的压力，拉近业务与终端的距离，有效降低时延。同时 5G 网络切片技术能够实现网络资源的灵活分配与网络能力的按需组合，为信息传播提供虚拟的专用传输通道，保障信息传输的低时延、高质量。

以 8K 视频直播为例，它对带宽的要求是 200Mbit/s，但 4G 网络的传输速率峰值仅能达到 100Mbit/s，远不能满足 8K 视频传输对带宽的需求。5G 网络可提供数十个 Gbit/s 的峰值速率，单用户体验速率可达 0.1～1Gbit/s。由此可见，5G 的增强移动带宽为超高清视频等大流量业务提供了技术基础。

2. 终端

从终端设备来看，传统的终端设备已经无法匹配全新的 5G 网络架构，无论是芯片、操作系统、传感器还是智能手机，都将面临更新换代。在 5G 时代，电视机、机顶盒、手机、VR/AR 眼镜等终端设备将会具备更高的技术含量，以更丰富的样式走进人们的视野。

（1）显示屏

在未来，超薄显示屏、8K 超大屏幕电视将进入普通家庭。未来的显示屏不仅更薄、更大，还具备更轻巧、使用寿命更长、功耗更低等优势，且柔韧性良好，可弯折搬运。

（2）机顶盒

在 2018 年，中国三大运营商的新增机顶盒全面支持 4K 60 帧 /HDR/BT2020/10bit 的视频解码能力。2019 年，各大芯片开发商陆续发布了支持 8K 机顶盒的芯片，预计在未来两年内，机顶盒将逐步向 VR、8K 方向发展。

（3）手机

目前，5G 手机的通信性能基本能满足商用要求，但仍需进一步优化。未来，5G 手机将拥有更出色的视频播放性能和游戏性能等。

（4）VR 终端

在未来云 VR 的场景下，VR 终端将主要表现为一体机形式，具备低成本、高舒适度等特性，能够为用户提供高效的音视频解码服务，并能支持更多的传感器。

3. 信息形式

在 4G 时代，移动互联网获得了迅猛发展，传统媒体和新兴媒体走向融合，逐步形成“平台 + 内容 + 渠道 + 终端”的新媒体生态系统。兴起了以微信、微博、客户端、短视频等为代表的新媒体形态，信息的传播渠道更加丰富和多样化。而在 5G 时代，媒体终端的更新替代必将会进一步引发信息组织形式和传播形态发生变革，符合 5G 终端特性和网络特征的信息组织形式将会兴起，如不间断的、实时在线播出的视频流。在未来，以视频形态为主的信息形式将会成为 5G 时代的主流。

（三）为用户带去更丰富的体验

在 4G 网络基础上，短视频和网络直播兴起，占据了移动互联网的发展风口，视频内容获得了前所未有的大规模增长。在 5G 时代，优越的网络性能将促使移动互联网业务进一步朝着视频流化的方向发展，为用户提供更丰富的视频观看体验。

在5G时代，网速、时延、网络连接数密度等将不再是制约媒体行业发展的因素，媒体行业将为用户带来形式更加多样化、更高清的视频播放服务。依托 5G 网络，无论是长视频、短视频还是网络直播，都将再次迎来巨大发展。此外，5G 网络还能够实现 VR/AR 视频和 8K 视频的在线播放，超高清的 4K/8K 视频、沉浸式的 VR/AR

视频、强交互的云游戏等视频播放形式都将走近普通用户的视野。

信息制作和传播技术的进步不仅满足了用户作为信息受众接收信息和观看信息的需求，也使用户在信息传播中所扮演的角色发生了改变，用户由信息的接收者变为信息传播的重要源头，5G 终端的更新换代，使信息的“即拍即传”变得更加智能和便捷。在未来，用户参与信息传播的深度和广度、频率和时长都将获得更大程度的提高。

现阶段，5G 在提升消费者业务的创新和体验方面已经初见成效。运营商已经实现运用 5G 网络技术和边缘计算能力的“自由视角 VR”进行赛事转播，如图 6-3 所示。无论是在电视端，还是在平板电脑、手机端，均能根据观众的个性化要求，从不同的视角向观众展示一场激烈的足球比赛。

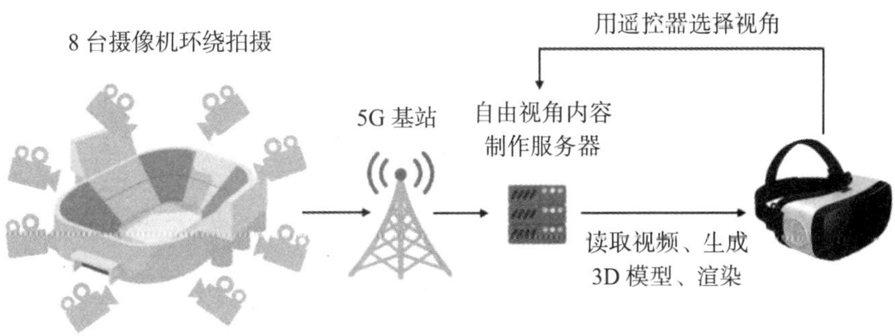

图 6-3　运用“自由视角 VR”进行赛事转播

（四）拓宽信息传播渠道

在传统媒体中，信息的传播依托于报刊、广播、电视等，传播渠道较为单一，4G 网络的到来，加之移动互联网的发展，拓展了新的信息传播渠道，如微信、微博、抖音等。在 5G 技术的推动下，物与物之间可以实现智能互联，物与人也可以实现多种方式的互联，万物都能够被数据化、被监测。从传播角度看，一个“万物皆媒”的时代即将到来。

在新一代移动通信技术的催化下，新媒体信息的生产、存储、传输、接收、使用等诸多环节将呈现出立体化、多通道的特点，媒介与受众之间的关系也将发生深刻变化，信息传播渠道呈现出多元化发展趋势。传统媒体的输出端口是有限的，而在物联网环境下，信息传播的渠道被拓宽，每一个物体都会成为信息的收集端和输出端，这意味着“万物皆媒体，一切皆平台”的 5G 传播新格局即将形成。

（五）重塑移动媒体

移动媒体是指利用各种信息传输技术以满足流动人群信息需求的新型媒体。移动媒体大致可以分为三类，如图 6-4 所示。

作为传统媒体延伸的移动媒体

- 例如基于无线电信号传输的车载广播、车载电视等

基于手机增值业务的手机媒体

- 短信打破了手机仅仅作为通信工具的单一功能，之后在手机端又陆续出现手机报、手机广播和手机电视等新型媒体

基于移动互联网的各种移动终端服务及设备

- 包括手机、笔记本电脑、平板电脑、电子阅读器、GPS设备和娱乐设备等

图 6-4　移动媒体的类型

目前，移动媒体是发展较快、深受业界关注的新媒体。随着 5G 时代的来临，移动媒体行业的生态将面临新一轮的变革，移动媒体将被重塑。新媒体时代，受众会向移动智能终端全面转移，这就对新媒体信息传播提出了新的要求，即新媒体信息的制作与传播要以用户为中心、以用户产生的数据为中心。

5G 时代的到来，为媒体在数据分析和用户体验上带来了巨大的变革，从智能算法分发到大数据分析，从 5G 视频通话到 8K 体验，5G 必将为用户带来更多维度的媒体内容。以手机为主的个人移动媒体将继续向纵深方向发展。

除了个人移动媒体，户外移动媒体，如地铁、列车上的移动媒体也将迎来重要的发展机遇。媒体行业应充分利用全新的信息传播生态和多种移动媒体形式，提升自身的话语权和影响力。

二、5G 与超高清视频技术的结合

在新媒体发展趋势下，高清视频技术的发展受到了业界的普遍关注，随着 5G“千兆时代”的到来，以 4K/8K 为代表的视频技术和应用将会迎来巨大发展。

随着中国 5G 的大规模商用与超高清视频产业的不断发展，中国超高清视频技术

将步入成果转化的战略机遇期，5G 与超高清视频技术的结合将全面推动 5G 应用模式的创新发展。

（一）超高清视频产业发展现状

随着 5G 标准的确立，5G 网络建设进入冲刺阶段。以超高清视频为主的 eMBB 业务成为全球主流电信运营商在 5G 网络商用后所开展的首批目标业务。当前超高清视频产业链各环节正在稳步推进，发展潜能进一步释放。

截至 2019 年 6 月，全球已有 31 个国家和地区的 54 家电信运营商宣布部署了 5G 商用网络，20 个国家和地区的 35 家运营商已开通了 5G 商用网络。5G 赋能下，超高清视频已经成为全球信息产业发展的大趋势。世界各个主要国家纷纷布局 5G 超高清视频，抢占发展先机，如图 6-5 所示。

美国	韩国	日本
· 美国运营商Verizon发布5G内容运营策略，将把YouTube TV和Apple TV 4K加入宽带套餐中 · Verizon还将与内容提供商合作，努力将自己打造为一个分销商和电视、视频内容的聚集者	· 2018年2月，韩国平昌冬季奥运会开展了“5G+VR”的直播应用 · 在2018年年底，韩国SKT、KT等运营商正式为用户提供5G超高清视频类服务，包括同步观看、交互时间片段、360度虚拟现实直播、全方位视觉和5G连接巴士等服务	· 2018年7月，日本NTT docomo宣布开发出世界上首个基于5G的8K虚拟现实直播系统 · 日本NHK电视台也曾表示，将在2020年东京奥运会举办期间实现8K电视节目的普及

图 6-5　世界各个主要国家纷纷布局超高清视频

近年来，适逢 5G 网络技术的进步，中国超高清视频产业迎来难得的发展机遇，国家积极倡导发挥市场优势，从政策上支持、引导我国超高清视频产业的发展，中央广播电视总台与三大运营商正在积极布局超高清视频。目前，中国已初步具备发展超高清视频的产业基础和市场条件。

1. 国家支持

2018 年 3 月 29 日，由工业和信息化部、国家广播电视总局、广东省人民政府主办的中国超高清视频（4K）产业发展大会在广州召开，会上由工业和信息化部倡导成立、中国电子信息产业发展研究院组建的中国超高清视频产业联盟正式启动。中国超高清视频产业联盟集合了网络服务提供商、硬件厂商、终端设备厂商、内容提供商（广电及互联网）、电信运营商等国内超高清视频全产业链条上的42家企业，它的成立意味着我国超高清视频产业将进入发展快车道，产业链上下游企业都将迎来新的发展机遇。

2019年2月，工业和信息化部、国家广播电视总局、中央广播电视总台联合印发《超高清视频产业发展行动计划（2019—2022年）》。计划中提出，到2022年，中国超高清视频产业总体规模将超过4万亿元，并提出将按“4K先行、兼顾8K”的总体技术路线，大力推进超高清视频产业在相关领域的应用。

2. 中央广播电视总台与三大运营商积极布局

为发展5G环境下的超清视频应用，实现产品创新，2018年年底，中央广播电视总台与中国电信、中国移动、中国联通、华为签署战略协议，将搭建5G新媒体平台，通过联合建设“5G媒体应用实验室”，打造电视、广播、网媒三位一体的全媒介、多终端传播渠道，加速实现超高清频道落地。

同时，中国三大电信运营商也对5G与下一代超高清视频商用起到了积极的推动作用。2018年，中国联通发布“5G + 视频”推进计划，在17个城市开展5G试点网络测试和创新应用示范化，在5G新媒体领域完成多个首发的行业应用实践，包括中央广播电视总台春节联欢晚会实现国内首次“5G+VR”实时制作传输应用、极寒天气下“5G+4K”传输应用等。2019年1月，中国联通与网宿科技股份有限公司共同成立云际智慧科技有限公司，通过推动内容分发网络（Content Delivery Network，CDN）、边缘计算、云安全等领域的技术创新，助推4K、8K、VR等高清视频产业的发展。2019年7月19日，中国联通携手云际智慧科技有限公司，双方宣布将联合推出智能超高清视频平台。

中国电信在2018年与华为联合发布云VR产品，于2019年年底在全国一、二线城市全面加载VR业务。同时，中国电信将继续聚焦网络建设、运营服务、生态合作、应用创新四个方面，把广东省作为超高清视频业务发展的先行地和试验区，不断加大投入，先行先试，积极推动广东“超高清视频产业发展试验区”建设，率先在广东省部署8K IPTV、云VR、云游戏、超高清直播等创新业务。

中国移动通过大连接战略助力超高清视频发展。中国移动联合华为、海信集团在中国移动5G联合创新中心中央（北京）实验室完成业界首个基于3GPP标准R15版本的5G端到端8K超高清视频业务演示，并在乌镇等地完成试验应用。中国移动旗下全场景沉浸平台咪咕文化科技有限公司于2018年世界杯期间正式进军体育内容产业，目前已实现全年 350 场真 4K 体育赛事和演艺直播，超高清内容储备居行业前列。

3. 市场需求端和供给端获得发展

消费者对超高清的认知和认可度逐步提升，企业在超高清领域布局的积极性也在逐步提高，推出多款 4K/8K 最新产品，软硬件自主能力大幅提升。例如，三星电子发布了 8K QLED 屏幕，海信集团发布了三色激光电视等。

（二）“5G+8K”的典型应用场景

5G 网络对于 8K 超清视频有着良好的承载能力。基于 5G 网络大带宽、低时延的特性，超高清视频产业形成了面向 5G 的更高格式和更新应用场景的视频业务新形态。

“5G+8K”的模式能够应用于许多关键场景，除了围绕个人需求（如直播、点播、游戏等）所建立的超高清视频场景，还能广泛应用于超清医疗、安防监控等领域。从技术角度看，“5G+8K”应用场景不仅局限于平面大屏，也涵盖 VR 等应用场景，如图 6-6 所示。

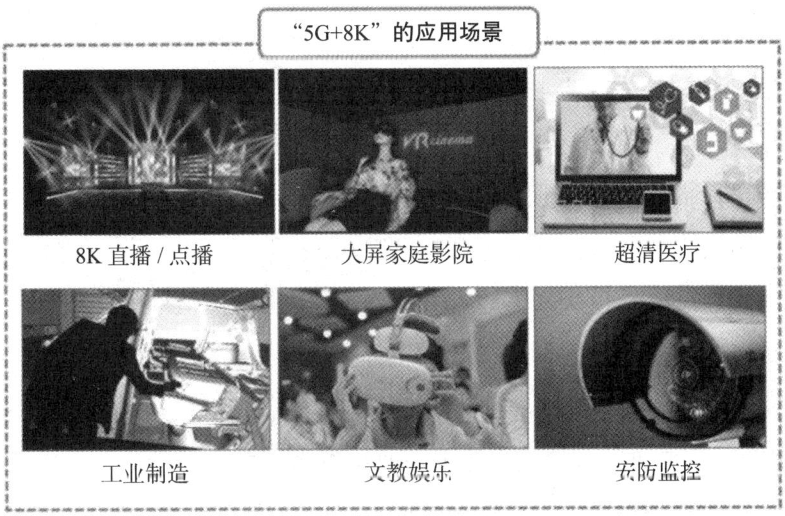

图 6-6 “5G+8K”的应用场景

1. 8K 直播 / 点播

8K 在超大屏幕、公共场合，包括演唱会、剧场娱乐和比赛等大型活动的直播中起到越来越重要的作用。在 5G 网络覆盖下，我们通过应用 8K 技术，对大型活动场景进行直播 / 点播，还可结合 VR/AR 技术，为用户带来身临其境的观看体验。8K 视频流拥有巨大的信息量，使拍摄现场的每个细节都能被保留，使数字化远程视频的应用能够达到和现场一样的效果，为用户带来沉浸式的临场感，因此 8K 直播 / 点播将为用户带来更好的视听体验。

2．大屏家庭影院

在 5G 时代，VR 巨幕能让人们足不出户就享受到电影院的巨幕观影体验。在 5G 网络和 8K 超高清视频技术的双重支持下，用户可以通过 VR 头显体验 8K 高清晰画质和逼真的 3D 影像，且屏幕大小可以自由调节，用户在家就能获得在电影院观看电影的体验。

3．超清医疗

采用 5G 网络传输超清视频在医疗领域也将造福大批患者。超高清视频技术可以提供医学影像的超高精细显示，其清晰性和精确性能够为医疗检查与诊断提供有力的技术支撑。通过“5G+8K”技术，医生还可以更快调取超高清图像信息，开展远程专家会诊，实现医疗资源的合理利用。例如，在救护车上安装 8K 摄像机拍摄车内患者的高清视频，有助于医疗专家远程掌握患者的情况，指导车内医护人员对患者进行急救，并根据患者实际情况提前在医院内准备手术方案和手术器材。

4．工业制造

“5G+8K”可以应用在工业制造领域，如超高清工业内窥镜、工业相机、生产线自动检测等设备，在工业可视化、缺陷检测、产品组装定位引导、机器人巡检、人机协作交互等场景下将发挥重要作用，尤其是电子、汽车、航空航天设备等规模大、精度高的工业生产场景，“5G+8K”更能起到关键作用。

5．文教娱乐

在游戏、动漫、电影等领域，“5G+8K”能够支持超高清游戏制作工具、电影拍摄和放映设备、超高清画屏等产品的研发和量产。技术的进步将带来面向家庭用户的院线准同步、个性化点播院线等创新业务模式。在教育领域，超高清教育平板、投影仪、会议平板、交互智能终端等教学产品的研发及应用，将对提高教学质量，变革教学模式起到越来越重要的作用。

6．安防监控

4K/8K 超清视频监控画面，能够支持人脸识别、行为识别、目标分类等人工智能算法，在低光照、大范围、恶劣天气等环境中真实还原各区域细节，并在城市安全、反恐防暴、交通监控、火灾识别等方面发挥重要作用。例如，在火车站、旅游景点等人员密集处部署 8K 超清视频安防监控车，将有利于预防和及时处置突发事故，为打造智慧城管提供便利。

三、5G 在新媒体行业中的应用

通信技术的发展对新媒体行业的发展有着直接影响，通信技术的每一次进步都会催生新的媒体形式。随着通信技术的发展，视频的分辨率由标清、高清向超高清发展，视频的观看方式由平面向 VR 全景式发展。

超高清视频、VR 全景视频等视频的数据量非常大。在 4G 通信时期，这些视频是以硬件存储本地播放的形式存在的，不便于传播，因此其用户量较少，未形成大规模产业。到了 5G 时期，速度快、低时延的 5G 网络能有效满足超高清视频、VR 全景视频等对宽带传播技术的要求，新媒体行业的各项业务将会得到快速发展。

（一）4K/8K 视频直播

随着消费水平和生活水平的提高，人们对 4K/8K 超高清视频的需求越来越明显。而随着 5G 网络的快速发展，未来大型赛事、演唱会将会更多地采用 4K/8K 超高清视频直播标准，人们对视听体验的需求将会得到更好的满足。

超高清视频直播不仅要求视频分辨率达到 4K 甚至 8K，而且要求视频帧率达到 50 以上，图像采样提升到 10 比特，同时图像增加 HDR 标准。因此，超高清视频的传输会产生巨大的数据，其对网络环境的要求就会非常高。与 4G 网络相比，5G 网络具有覆盖范围广、时延更低、速度更快等优势。5G 的连接数密度是 4G 的 10 倍，峰值速度比 4G 高出 20 倍。5G 速率是 4G 的 10 ~ 100 倍，但时延仅是 4G 的五分之一。因此，在高清视频传输上，5G 是最佳方案。

在 4K/8K 超高清视频制作与播出过程中，运营商通过在场馆内布置移动边缘计算服务器，然后通过本地分流、本地运营的方式向场馆内的观众提供资费比较低廉的套餐服务。通过运营商提供的场内套餐服务，场内观众可以对内容平台进行本地访问，享受高速率、低时延的多播分发、实时多屏共享等服务，并进行线上线下互动。同时，相较于 1080P 视频显示格式，4K 所包含的像素数量要比其多四倍。因此，4K 视频能够呈现更加精细的细节，舞台上的表演者、运动场上的运动员的面部表情，甚至毛孔都将一览无余，同时能够实时呈现于网络端。

（二）VR 全景直播

VR 全景直播是在新媒体环境下，虚拟现实技术与直播相融合所形成的产物。随着互联网技术和新媒体技术的不断发展，VR 全景直播也呈现出迅猛发展之势，演唱会、赛事直播、大型晚会中都有 VR 全景直播的应用。各个电视台也纷纷开展了 VR 全景直播，VR 全景直播已经成为一种新业态。

1. VR 全景直播的特点

与传统直播相比，VR 全景直播有三个特点，如图 6-7 所示。

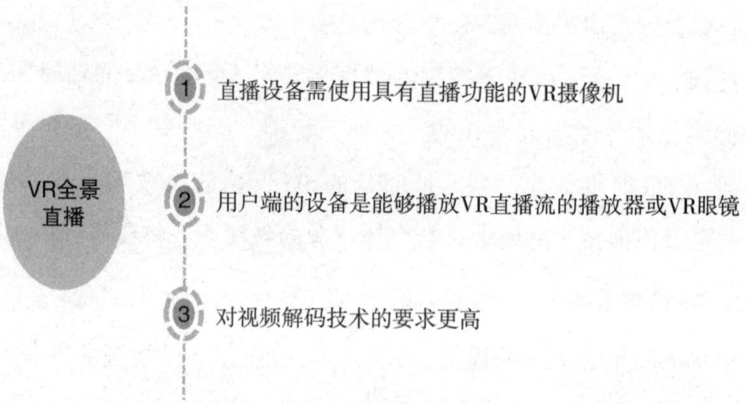

图 6-7 VR 全景直播的特点

通常来说，传统直播的视频最大分辨率为 1080P，码率小于 4Mbit/s，而 VR 直播视频的分辨率一般在 4K 以上，其码率一般在 20Mbit/s 以上，如果想要视频没有马赛克，就需要传输码率达到 45Mbit/s 以上。

2. VR 全景直播视频的制作原理

VR 全景视频的制作原理是运用 VR 摄像机在各个方位采集平面图像，再借助图像拼接服务器先将这些平面图像拼接缝合成无畸变的球形画面，真实还原自然画面效果，然后由 VR 监看切换系统从多机位采集的多路画面中选择出最佳画面，为其植入 VR 虚拟元素并进行特效制作，最终形成完整的、能够播出的 VR 全景视频。

以体育比赛 VR 全景视频制作为例，在场馆内或赛事沿线设置直播摄像头，通过这些多机位现场直播摄像头进行移动采集、定点采集，将采集到的 VR 图像实时传至业务平台，为观众提供 VR 全景视频。通过 VR 全景视频，观众可以享受 360 度视角、4K 以上分辨率的实况 VR 视频直播。在观看视频的时候，观众可以追随某一运动员的脚步，以运动员第一视角的方式身临其境地感受赛场盛况。未来，VR 全景视频将会成为人们观看视频的主要方式。

3．VR 全景视频直播的架构

VR 全景直播方案有两种搭建方式：一是自建直播服务器（见图 6-8）；二是租用直播云（见图 6-9）。两种方案各有优缺点：对于自建直播服务器来说，需要视频制作方购买实体的直播服务器硬件，前期需要一次性投入较高的成本，但后期花费较少，视频制作方可以选择搭建到内网做内网直播，这样能保证数据的安全性；而对于租用直播云来说，需要视频制作方租用虚拟服务器，前期投入成本较低，但到了后期，虚拟服务器按流量收费，花费的成本相对较高。直播云具有良好的伸缩性和扩展性，但其只能搭建在公网，数据将会通过公共直播云进行中转，数据的安全性较差。

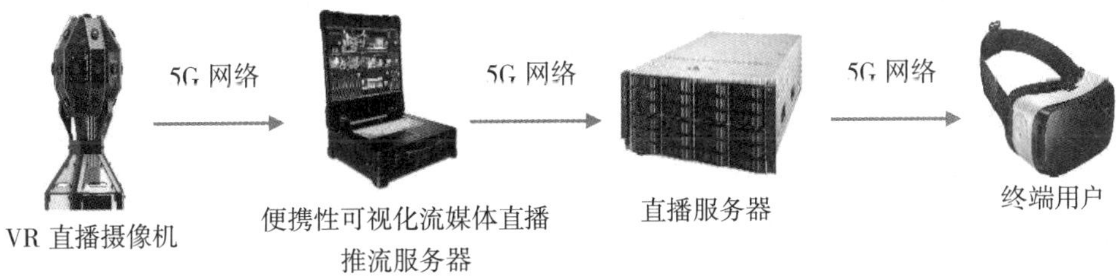

图 6-8　自建直播服务器架构

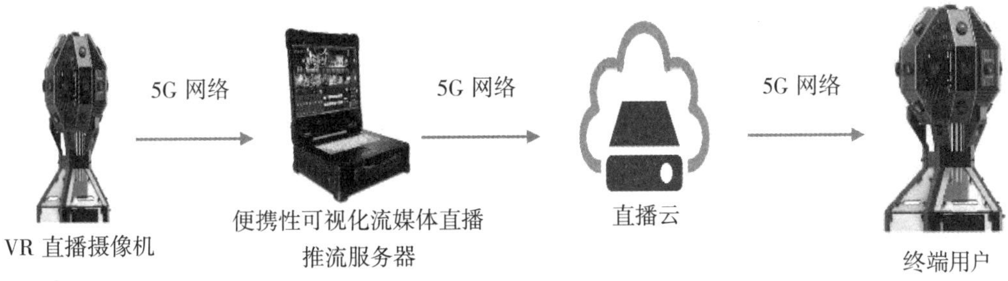

图 6-9　租用直播云架构

两种架构方案制作 VR 直播视频的流程相同，首先由具有直播功能的 VR 摄像机输出高清全景视频流，然后由直播推流服务器将视频流进行拼接、编码和推流，再由直播服务器进行中转和广播，最后将视频流传输到终端，用户使用相关设备进行观看。

（三）AR 影像通信

5G 所具有的大带宽数据传输的优势可以满足 AR 影像通信的需求。AR 影像通信系统由客户端、5G 核心网、边缘云服务和云服务等几个部分构成，其基本架构如图 6-10 所示。

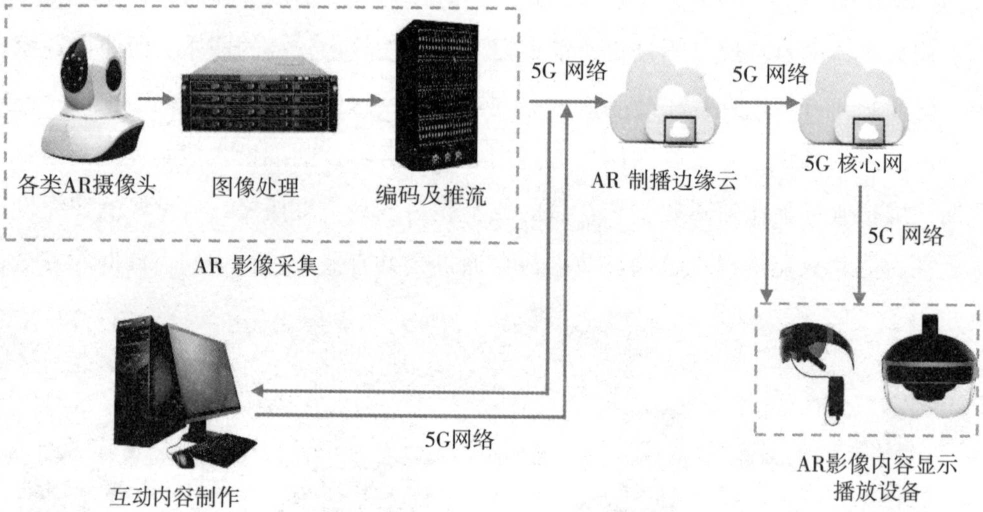

图 6-10　AR 影像通信系统基本架构

凭借 5G 网络低时延特性和强大的无线传输能力，5G 网络能够有效提升 AR 影像通信数据传输的流畅性和清晰度，同时通过 5G 网络可以借助云计算服务完成部分渲染工作，进而使 AR 影像在内容、渲染和运算上均实现云端运作。

5G 边缘云服务器可以被设置在单个 5G 基站之后，也可以被设置在多个 5G 基站的汇聚节点之后。边缘云服务器具有强大的边缘转码和计算能力，借助这个优势，即使是非常复杂的本地 AR 影像，也可以更好、更快地完成场景渲染。

AR 影像通信的应用场景具有多样化的特点，这就对 5G 网络的性能和功能提出了多样化的要求。5G 核心网运用网络切片技术能够满足按需组网的需求，即可以针对不同的业务场景为其提供合适的网络控制功能和性能保证，并基于 SDN/NFV（软件定义网络 / 网络功能虚拟化），为不同的切片提供与其相适应的 QoS 服务。

四、5G 应用于新媒体领域的典型案例

随着各大运营商 5G 试验频率的确定，5G 网络的建设正如火如荼地进行着。当前，在很多体育比赛、文艺演出中，5G 的超高清直播、VR/AR 直播已经陆陆续续成为一种常态。

（一）2019 年江西春晚“5G+VR”直播

2019 年 2 月 3 日，江西卫视推出“5G+360 度 8K”VR 看春晚，这也是电视史上首个基于 5G 网络的超清全景 VR 春晚。

导演组在春晚摄制场馆内外部署了多台 8K 超高清 VR 全景摄影机，包括舞台正前方固定拍摄机位、舞台侧面拍摄机位（见图 6-11）、摇臂机位、会场上方移动飞猫机位等，并使用 5G CPE 将每个 VR 机位与现场的 5G 基站及核心网进行连接，然后通过核心网专线回传至现场导播切换台。现场导播使用 VR 预览监看系统，对前台工机位、摇臂机位与飞猫机位所拍摄的画面进行实时切换，然后从获得的多个画面中选择最优画面，并为其添加虚拟植入与特效，最后通过媒体服务器将最终画面进行发布和推流，观众使用 VR 设备、手机或电脑即可身临其境般地观看表演。

图 6-11　春晚 VR 机位

本次江西春晚采取了多渠道分发的方式为观众提供观看服务，观众无需使用专业的 VR 眼镜即可享受裸眼 360 度全景式观看体验。

在春晚直播过程中及春晚重播期间，观众可以使用手机扫描电视上节目下方的二维码打开观看页面，也可以下载手机江西台 App 进行观看，还可以通过微信关注“江西卫视”或“江西联通”的官方微信公众号，点击“5G 看春晚”，进入春晚直播页面。

使用手机观看的观众，可以用手指滑动手机屏幕（见图 6-12），这样就可以上下左右、360 度全景观看各个画面。此外，由于大部分智能手机都自带陀螺仪，因此观众也可以将直播页面放大到全屏，转动手机也可以实现 360 度的全景观看体验。

在 PC 端，观众可以使用鼠标拖曳的方式来切换视角进行观看。如果观众恰好有头戴式 VR 眼镜，也可以戴上眼镜进行观看。

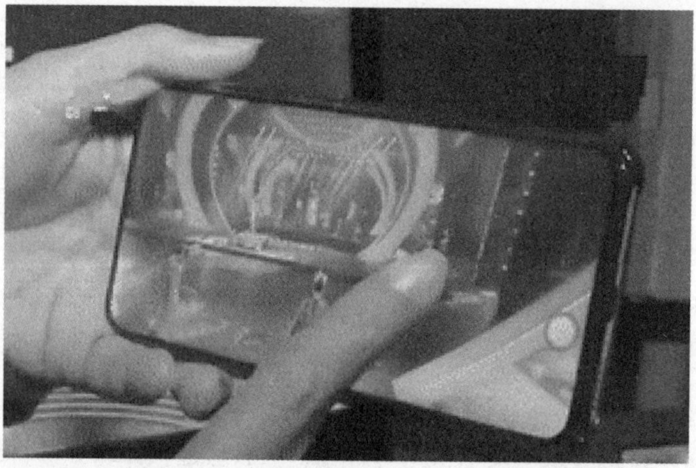

图 6-12　手指滑动手机屏幕 360 度全景观看

（二）2018 年云栖大会“5G+8K”直播

2018 年 9 月 19 日，中国联通联合阿里云在云栖大会上完成了国内首次专业级“5G+8K”直播应用。在此次“5G+8K”直播中，由中国联通提供端到端网络解决方案，阿里云负责提供全链路视频云解决方案，实现了传统视频直播体验的颠覆式升级，意味着 8K 超高清直播技术实现商用成为可能。

在这次“5G+8K”直播中，其技术方案有三大特点，如图 6-13 所示。

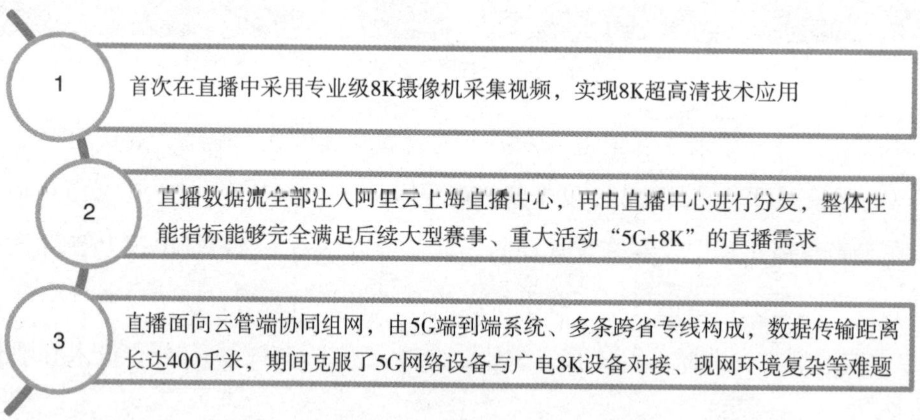

图 6-13　云栖大会“5G+8K”技术方案特点

此次应用的总体设计以实现“5G+8K”直播应用为核心，在产业链伙伴协同合作的基础上，打通产业链上的头端设备（8K 摄像机、8K 编码器）、网络传输设备（5G 终端及组成 5G 基站、专线的各种网络设备）、播放设备（8K 解码器、8K 电视）等多个环节，优化 5G 网络资源配置，从而实现 5G 与 8K 两项新技术的联合应用示范。

值得一提的是，在本次“5G+8K”的直播过程中还展示了远程会诊的应用场景。在现场演示环节，工作人员通过专业级 8K 摄像机拍摄现场患者眼部，采集患者眼部的细微表象症状的高清视频画面（见图 6-14），将实时编码的 8K 视频通过 5G 网络、跨省专线传输至上海直播中心，再将 8K 视频推送至浙江大学附属邵逸夫医院，由眼科专家通过 8K 超高清视频为患者进行远程会诊。

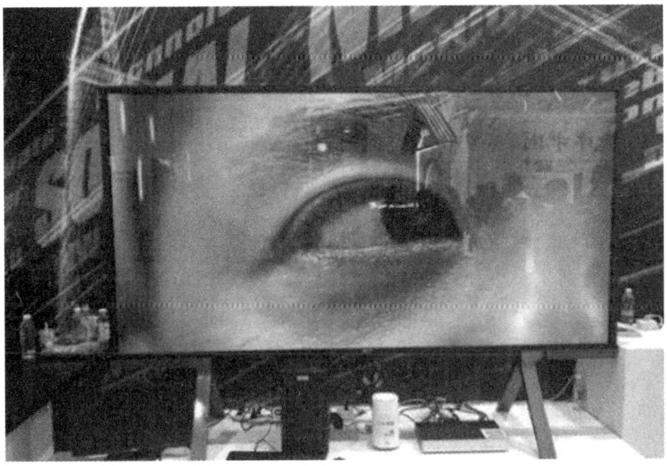
图 6-14　工作人员采集患者眼部的细微表象症状的高清视频画面

此次“5G+8K”直播应用演示率先探索了 5G 室内外一体化组网以及 8K 视频端到端业务，充分展示了 5G 有效支撑 8K 超高清视频的能力，为打造优质体验的 5G 超高清直播服务奠定了良好基础。

（三）2018 年乌镇世界互联网大会“5G+VR”直播

2018 年 11 月，第五届世界互联网大会在乌镇举行。中国移动联合华为实现了业界首个基于 5G 网络传输的“8K+VR”直播应用展示，还原 8K 镜头下的江南第一古镇。

本次“5G+VR”直播（见图 6-15），技术人员先利用 VR 全景相机实时拍摄南湖的湖心岛、红船、揽秀园等美景，并采集高清视频，然后通过 5G 网络将高清视屏上传到云端生成 3D 模型并渲染，最后通过 5G 网络传输到 VR 终端。参观者带上 VR 眼镜后，便能身临其境般体验南湖美景。“5G+VR”直播超高清的影像真实地还原了南湖的环境，景物的每个细节都能被精确地捕捉到，高清影像可以水平 360 度及垂直 360 度任意旋转，为参观者带来全新的体验。

图 6-15　2018 年乌镇世界互联网大会“5G+VR”直播

为支持本次“5G+VR”直播，中国移动联合华为在当地现网部署了数十个 5G 站点，通过对小区吞吐率、单用户峰值、用户体验速率等多项5G关键解决方案的验证，成功推出了“5G+8K+VR”直播、“5G+8K”直播和 5G 急救车远程移动医疗这三个超百兆带宽的业务。而乌镇 5G 实测下行峰值速率超过 2Gbit/s，足以承载多路 8K 高清视频业务而毫无压力。

从设备方面看，深圳看到科技有限公司研发的 Obsidian 专业 VR 相机以及 8K 3D 全景直播软件 Kandao Live 8K 在这次直播中大显身手，为实现“5G+VR”直播提供了设备保障。Obsidian（黑曜石）可支持 6 个镜头全方位同步录制高清视频，每个镜头可单独采集和输出 1140 万像素的 4K 画面，并能有效避免传输过程中的画质压缩或损失。Kandao Live 8K 直播软件能够实时处理高达 6840 万像素的 6 组视频，进行实时 3D 全景拼接和视频编解码。Kandao Live 8K 直播软件优化后的算法大大提高了计算机的信息处理速度，使 8K 直播在一台本地计算机上即可实现。

此次“5G+VR”直播展示了 5G 有效支持 VR 超高清视频的能力，也预示着更多 VR 超高清应用场景的实现成为可能。

（四）CBA 总决赛“5G+VR”直播

2019 年 4 月 28 日，CBA（中国男子篮球职业联赛）总决赛第二场广东队与新疆队的对决在东莞篮球中心开战，在这次比赛中，中国移动联手华为和银河威尔科技（北京）有限公司，率先推出“5G+VR”赛事直播服务，为观众打造沉浸式观赛“第二现场”。

本次“双城直播 CBA”活动在比赛现场共架设了 3 个 VR 摄影机，在东莞比赛场外的嘉年华体验区进行了CBA总决高清VR直播展示，现场提供了15台VR眼镜供场外球迷体验，能够使更多没能进入现场的观众实现沉浸式观赛。同时，中国移动在广州的全球通大厦也接入了CBA赛事的“第二现场”体验区。在广州的球迷也可以通过“5G+VR”直播轻松捕获赛场上的每一个精彩瞬间。

值得关注的是，广州的球迷还可通过VR聊天室与东莞“第二现场”的球迷实现双城互动，球迷不仅可以通过语音交流观赛心得，还可以共同为自己的主队呐喊助威。

本套直播方案通过VR摄像头全方位、多角度实时拍摄的比赛画面，经过5G网络为VR一体机用户实时传输比赛数据。VR一体机用户只需在应用市场下载GVR应用，进入界面后根据提示操作进入演播大厅，即可观看超清、宽屏的比赛盛况，感受经由5G实时传输的赛场画面和声音。不同于传统观赛平台观看者的俯视角度，在此次“5G+VR”直播中，用户能够以最清晰的第一视角观察每一个赛中细节，享受近距离、全方位的实时观赛体验。

VR高清直播虽然一直被认为是未来VR产业发展的重要方向，但由于VR直播内容有限、形式不好延展、成本高等问题，让VR直播发展一度处于尴尬期。此次CBA总决赛的“5G+VR”第二现场，让各界发现了与VR直播相匹配的应用场景——体育赛事。过去由于CBA总决赛一票难求，让很多球迷难免遗憾，“5G+VR”第二现场利用一整套专业级别的VR转播技术，让全国各地的球迷都可以享受亲临现场观赛的体验，而且每个用户都能享受到首排VIP视角的观赛体验，这就对“5G+VR”的应用场景进行了有效验证。

随着5G商用正式开启，5G正在逐渐赋能各个产业。VR技术与5G体育比赛直播的结合，就是一项很好的应用，为广大体育爱好者提供了一种更加新颖的观赛方式。在5G网络的加持下，加入超清全景、多机位视角、实时交流的直播观赛体验即将成为趋势。

五、新媒体行业的发展前景

5G与8K超高清视频技术的结合，将推进媒体行业网络能力、业务能力、用户体验的全面升级，为新媒体发展带来无限可能。未来随着行业相关规范的出台，以及5G等相关互联网技术的成熟与普及，中国新媒体行业将迎来黄金发展期，未来市场前景十分可观。

目前，中国5G发展进入全面落实阶段，在新媒体行业，5G将帮助新媒体行业内的公司吸引更多的用户，结合VR、AR、MR技术实现更加丰富的应用场景落地。随着新媒体业务的流量激增和使用场景的复杂化，中国的新媒体行业的发展可分为四个阶段，即探索期、发展期、成熟期和进阶期，如图6-16所示。

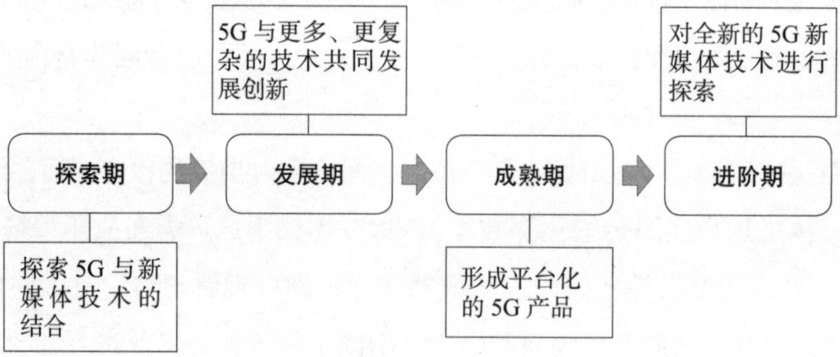

图6-16　新媒体行业的发展阶段

随着5G技术的普及，新媒体行业将不断受益于5G技术带来的红利，高清视频业务形态将逐渐渗透到各类业务当中，新媒体行业的发展将逐步进入成熟期、进阶期。新媒体行业将持续创新，基于5G网络的各类“视频直播+制播系统”将在娱乐、教育、医疗、安防等垂直领域开拓更广泛的应用，为智慧生活赋能。

未来，5G将与4K/8K、AR/VR、全息、裸眼3D等全新媒体业务相结合，孵化出更多的创新业务，孕育出新型信息产品和服务模式。而5G灵活、高效、融合、开放的特性将使垂直行业的新媒体应用更加多样化，如图6-17所示。

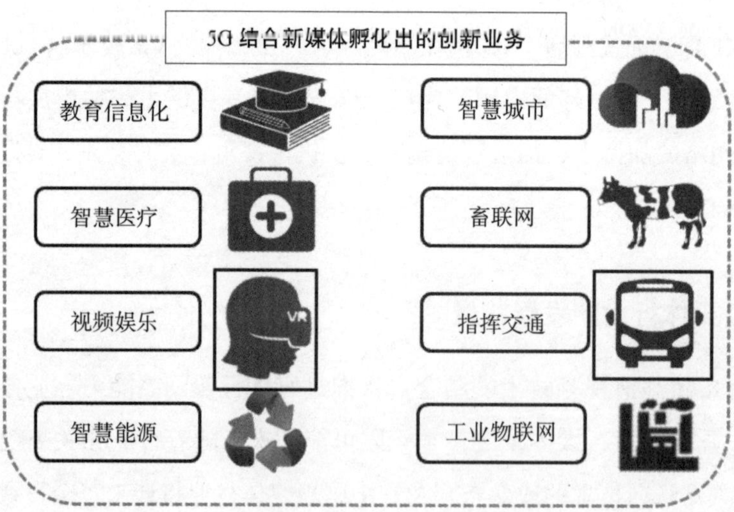

图6-17　5G结合新媒体孵化出的创新业务

第七章

5G+金融科技：万物互联下的智慧金融

金融科技主要是指由大数据、区块链、云计算、人工智能等新兴前沿技术带动，对金融市场以及金融服务业务供给产生重大影响的新兴业务模式、新技术应用、新产品服务等。金融科技强调的是金融和科技的结合，但落脚点在科技。金融科技的发展离不开技术的支持，5G的到来为金融科技的发展提供了强有力的技术支持。在未来，万物互联下的智慧金融将会在5G生态系统的搭建下变得愈加清晰。

一、信息通信技术影响下金融业的演变

金融业是与信息通信技术发展结合最为紧密的行业之一，历史上每一次信息通信技术的变革，都会给金融业的发展带来巨大变革，如图 7-1 所示。

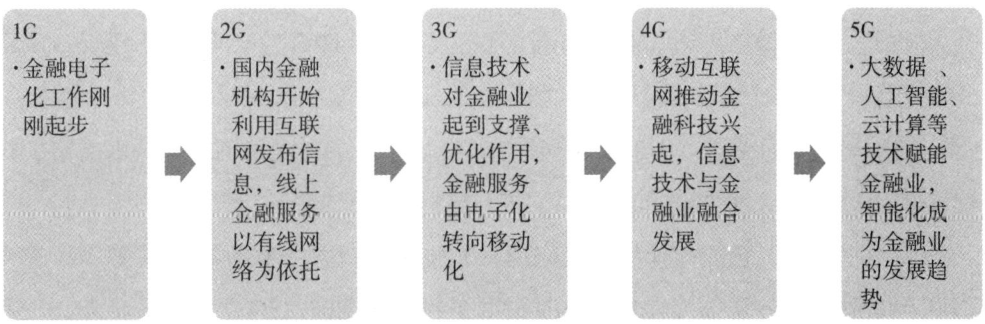

图 7-1　信息通信技术的变革对金融行业的影响

回顾历史，蒸汽时代和电气时代的技术发展造就了现代化的电子和通信技术，金融业的运行效率得到了显著提高，西方国家中的金融资本家和金融集团成为当时掌握金融命脉的主体。当时的金融业主要是通过营业网点来为用户提供金融服务等。

第三次工业革命促使信息时代来临，新型的金融业务模式取代了传统金融业务模式，在这一时期，金融业有了较大发展。20 世纪 80 年代，1G 兴起，金融电子化工作刚刚起步；20 世纪 90 年代，2G 兴起，此时中国线上金融服务以有线网络为载体，中国的金融机构开始利用互联网发布信息。在此阶段，欧美等主要国家成为信息技术变革的主导者，在金融领域也占据一定优势；从 3G 开始，中国信息通信技术的发展逐渐与国际接轨，并对金融业起到了支撑、优化作用，金融业的现代化进程随着信息技术的发展稳步推进，并呈现移动化趋势；进入 4G 时代，中国主导的 TD-LTE 成为国际主流标准，信息通信技术的迅猛发展孕育了举世瞩目的移动互联网经济。伴随着 2012 年中国 4G 商用的步伐，一些互联网公司开始利用支付宝、微信支付等第三方支付方式大力抢占移动支付市场，而银行也开始调整发展战略，利用金融科技推进业务转型。

2013 年，中国迎来互联网金融元年，这与移动通信技术的发展密不可分。中国移动互联网的蓬勃发展，推动了互联网金融和金融科技的兴起。传统金融机构与互联网企业利用互联网技术和信息通信技术逐渐实现了资金融通、支付、投资和信息中介服务，金融数字化浪潮席卷全球。

时至今日，手机支付已经成为人们日常生活中不可或缺的一部分。以百度、阿里巴巴、腾讯为代表的互联网巨头凭借强大的技术实力与高质量服务，迅速积累了海量用户，以蚂蚁金服、度小满金融为代表的互联网金融公司迅速崛起。一个数字化、智能化、开放性的金融时代正在到来。

从电子化到移动化再到智能化，金融业逐步步入智能金融阶段。伴随着 5G 商用大幕的开启，在大数据、云计算、物联网、人工智能等技术的赋能下，新一代智能终端、物联网、智能驾驶、VR/AR 等领域有望迎来一系列技术创新，技术的突破将带来新的市场需求与新的经济增长点，并带动各个领域的变革与发展。

与大数据、人工智能等能够直接应用在金融业的新兴技术不同，5G 并不会被直接应用到金融业，但是作为信息科技时代重要的基础设施，5G 将会在各种新兴技术的落地应用中发挥重要的辅助作用，通过影响各类新兴技术的应用来促进金融业的变革与发展，增强各类新兴技术在金融领域的应用效果，提升新兴技术在金融场景再造中的作用。

二、5G 为金融业带来的变革

2019 年 6 月，随着 5G 商用牌照的发放，中国正式进入 5G 商用元年，得益于增强的移动带宽、海量的数据连接和高可靠、低时延的优势，5G 将给金融业带来巨大变革。5G 技术与金融业的深度融合，能够创新银行、保险等行业的金融服务，从各个方面影响金融业的发展，为金融业的发展注入新的生机。

（一）提升金融服务的便利性和可得性

新技术的迭代和突破，使消费者获取金融产品及服务的方式发生了巨大改变，人们对便捷性、简单化的金融服务有了更高的需求。5G 时代的到来，为提升金融服务的便利性和可得性提供了强有力的技术支撑。

1. 提升金融服务的便利性

从物理网点到互联网银行再到以手机银行为代表的“指尖银行”，金融行业的服务模式不断升级，5G 时代将形成一个万物互联的智能互联网，新的金融服务模式也将应运而生。5G 网络实现全面覆盖后，无论是线上还是线下，金融服务的便利性都将会得到大幅提升。

线下的金融服务主要是指人们从物理网点所获得的金融服务。在 5G 影响下，金融机构在线下设置的物理网点将会朝着更加智慧的方向发展。除了人工智能，VR/AR、全息投影、生物识别等技术将广泛应用于线下金融服务，届时，客户办理金融业务的流程将得到简化，金融服务流程中的身份识别、业务营销、交易等环节将主要通过智能机器设备来完成。

在未来，线上金融服务将成为主流形态。在 5G 网络覆盖下，更多原本需要在物理网点办理的金融业务将会转移到线上。除了手机，还会有更多功能强大的智能穿戴设备得到普及，并支持金融业务的办理，金融行业所提供的远程服务的质量和效率也将得到大幅提升，客户办理金融业务的流程将会更加便利。

2. 提升金融服务的可得性

可得性是衡量金融服务质量的重要指标，5G 技术的落地应用将会使金融服务变得无处不在，金融服务覆盖范围的扩大将大幅提升服务的可得性。

现阶段，在一些偏远地区还有很多人难以享受到基础的金融服务。这是因为很多偏远地区的居民居住比较分散，且经济发展相对缓慢，如果金融机构在这些地区设立传统物理网点往往会面临运营成本高、服务人员短缺、业务不可持续等问题。

因此，从这个角度来说，金融机构难以在物理网点上实现全覆盖，一些偏远地区的人们难以享受到基础的金融服务。

5G 技术的发展与落地应用能够有效提高金融服务的覆盖面。通过将大数据、人工智能、云计算等技术与5G相结合，助力金融机构构建智慧人工网点、自助渠道等，实现金融服务的下沉，覆盖到更广泛的人群，让每个地区的每个用户都能享受到丰富多样的金融服务。

（二）赋能银行物理网点的革新和升级

目前，银行物理网点是银行业务的传统经营渠道，也是银行核心资产的重要组成部分。过去，银行物理网点多承载存、贷、汇等基础金融服务和交易功能。随着移动互联网的发展与手机银行的普及，银行原有主流标准化业务的"线上化"趋势明显加快。互联网银行、手机银行被越来越多的人所认可。在 5G 时代，网络技术的进步将为银行物理网点的革新和升级带来新的机遇。

5G 技术在一定程度上能缩小现有银行物理网点的服务盲区，缩小空间距离给银行服务带来的限制。银行可以通过运用各类新兴技术实现网点"无人化"与客户"自助化"，让优质的金融服务不再受空间限制。例如，在服务人员缺乏、金融服务较难触达的地区，银行可以利用 VR 或全息技术建设无人网点，通过立体影像向客户呈现金融服务，为客户提供沉浸式的服务体验。

5G 时代的万物互联能够推动银行对物理空间中技术、品牌、服务交付和人力投资等各项决策，促进银行物理网点的转型升级。近年来已经有多家银行推出了基于人工智能、物联网、5G 等技术的各具特色的智能银行网点，传统银行服务已经越来越紧密地与科技相结合。

在未来，人们能够在银行物理网点享受到更多新奇的体验。届时，银行物理网点将不再是单纯办理资金业务的场所，而是一个将金融服务深度融合到人们日常生活之中的全息体验场景。

（三）优化金融服务体验

在 4G 时代，由于基础网络速度比 3G 时代有了显著的提升，使互联网金融迎来了蓬勃发展。借助互联网建立手机银行，通过互联网提供保险、证券等业务，成为金融机构为客户提供服务的重要渠道；移动支付、众筹等创新性金融业务形态逐渐获得了人们的认可。互联网金融逐渐成为传统金融的有力补充。

然而，尽管各种金融业务服务形态的发展日渐成熟，网络延迟问题依然是影响客户金融服务体验的关键问题。在 4G 网络下，客户仍然会遇到因网络原因造成的查询、转账等交易不成功等问题，业务办理也会受到影响。

与 4G 相比，5G 网络的峰值速率可达 10Gbit/s，时延能够低至 1 毫秒，可连接终端的密度可多达 100 万台 / 千米，再加上边缘计算的应用，金融服务流程的网络延迟问题将得到很好的缓解，金融机构在移动端所提供的金融服务的速度和质量都将超乎客户想象，客户将感受不到金融服务的业务流程延迟，从而实现金融服务的零等待。

在 5G 网络覆盖下，数据传输速度和规模能够得到大幅提升，8K 视频传输与 VR/AR 等技术将会愈发成熟，从而掀起商务应用和新型设备发展的高潮。利用 VR/AR 技术和设备，银行物理网点将能够为客户办理远程开户业务，运用智能终端设备为客户提供远程开户指导、远程审核等服务，从而使银行等金融机构形成线上线下金融业务相互补充的格局。

此外，5G 技术将在现有金融范畴的基础上，不断丰富产品形态，扩大服务范围，提高响应效率，通过智慧网点和远程终端优化金融服务体验，全方位满足客户所需，如图 7-2 所示。

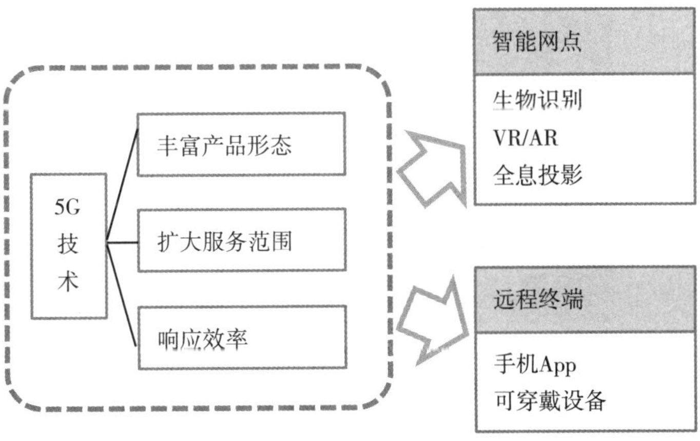

图 7-2　5G 技术对金融行业服务的影响

（四）创新移动支付的模式和体验

移动支付也称为手机支付，是指用户使用移动终端（通常是手机）对所消费的商品或服务进行账务支付的一种服务方式。对现代人来说，如今在便利店、超市或者餐厅、商场里用手机进行支付，已经变得司空见惯。

从 3G 时代到 4G 时代，移动支付从无到有，从模式单一发展到形式多样化。随着移动互联网技术的发展，二维码支付、云闪付等移动支付方式迅速普及，指纹支付、刷脸支付等方式让支付流程越来越便捷。根据相关统计数据显示，中国的移动支付用户规模呈逐年增长趋势。2019 年，中国的移动支付用户达到 7.33 亿人，如此庞大的移动支付用户规模下蕴藏着无限的商机。

在 5G 时代，技术的进步为移动支付的发展提供了更多的可能性，移动支付的支付方式和应用场景将会更加丰富。在大带宽和低时延网络下，VR/AR 将不再受带宽和时延的限制，数据的传输、存储和计算功能可从本地转移到云端，VR/AR 设备的使用体验也因时延减少而更加贴近现实，从而为移动支付提供更丰富的决策数据辅助和更真实的场景体验。

人工智能中的生物科技、生物识别技术将会与 5G 应用进行更为广泛和紧密的结合，如眼动识别、脑电波检测、人脸微表情识别、姿态识别、声纹识别、生物芯片识别等技术，都会对支付方式产生巨大影响，如图 7-3 所示。

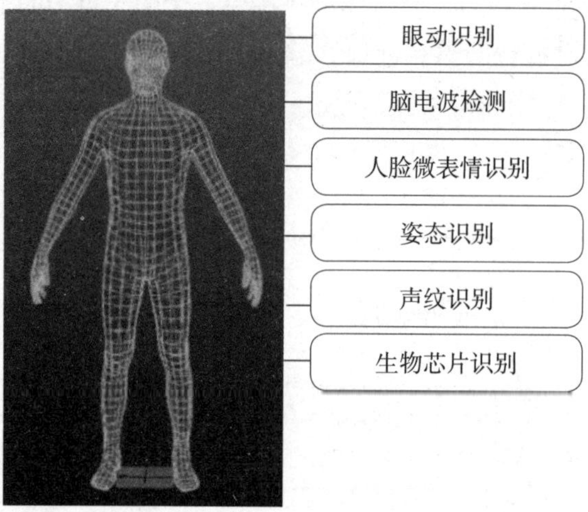

图 7-3　人工智能识别

在 5G 万物互联时代，物与物能够实现互相连接，未来将会出现更多的无人超市。超市经营者只需在商品上安装传感器，用户在选择商品的同时就可以完成商品的识别与结算，支付流程被简化，且大多都是在无感的场景下进行的。

（五）提高金融风险的可控性

虽然金融业在互联网技术的支持下得到了快速发展，但是在金融业务中依然存在一些现有技术无法解决的问题和痛点。

金融机构的传统风险可控性评估模式仍然以传统征信体系为主，无论是个人业务还是对公业务，都需要耗费一定的人力对个人或企业进行征信调查。但是基于工作人员的能力和经验等问题，银行往往难以深入地了解个人或企业的真实情况，这就给银行甄别个人和企业的信用风险和抵押资产风险带来困难。在办理业务时，银行需耗费一定的时间和精力去审核种类繁多的资料，最终还可能导致中小企业资金需求得不到满足，或由于银行对企业的实际情况缺乏足够的了解而造成企业贷款回收难的问题。

在4G时代，大数据技术在金融行业得到了广泛应用，互联网金融公司可以为银行提供丰富的线上大数据，但是在这个过程中仍存在信息不对称、数据来源不可靠等风险。从整个系统来看，数据收集、整合、分析尚缺乏统一的信息服务平台。在5G时代，银行可以通过技术和数据解决信息不对称问题，这极大地提高金融风险的控制能力和服务能力，同时也提高了银行的运营效率，降低运营成本。

5G应用能够为银行针对业务中的风控问题与成本控制问题提供新的解决方案。

在5G技术的推动下，万物互联成为可能，大量人员和智能设备被接入到互联网，从而产生丰富而真实的数据。企业的行为数据及每一条生产线、每一个物流仓库、每一种产品的状态情况，都可以通过大量的传感器实时传递到金融机构，从而使金融机构深入了解企业的经营情况并对其做出准确的风险评估。

5G技术加速了金融传统风控模式向数据风控模式的转变，强化了大数据技术和人工智能在欺诈风险和信用风险等方面的应用与创新，实现了资金流、信息流、实体流的“三流合一”。

5G将是未来智能风控的把手。以小额贷款为例，针对层出不穷的骗贷现象给金融机构带来的风险，5G技术能够增强金融服务的可控性，通过大数据技术手段，金融机构能够获取大量的数据，包括借贷者的金融行为与消费行为的数据，通过整合这些大数据并对其进行分析，金融机构能够对借贷者进行精准画像，以此来判断是否向该借贷者发放贷款以及授信额度等，这样金融风险的可控性就得到了大幅提升。

（六）为小微企业融资提供便利

小微企业是支撑我国经济发展的重要力量，在确保国民经济稳定增长、缓解社会就业压力、拉动民间投资、优化经济结构等方面发挥着不可替代的作用。但长期以来，金融机构对小微企业的融资支持力度远远不够。根据相关统计数据显示，中国小微企业最终产品和服务价值占GDP的比例为60%、纳税占国家税收总额的比例约为50%，而截至2018年年末，中国小微企业法人贷款余额为26万亿元，占全部企业贷款的32.1%。

小微企业融资难、融资贵问题在中国乃至世界范围内都由来已久，由于很多小微企业存在管理不善、报表不规范的问题，因此金融机构往往缺乏小微企业经营的有效数据，难以对其信用水平进行精准评估。由此可见，小微企业融资难的症结在于其风险可控性。

未来在5G技术的支撑之下，小微企业的风控模式将不再以企业财务数据和单一的现金流数据为主要参考对象，金融机构将更加关注小微企业的物流、要素流等数据，通过把小微企业的基本信息、交易数据、行为数据整合在一起，开发出具有针对性的风控模型，实时了解小微企业发生的每一个细微变化，从而进一步提升小微企业的风控精准度。

三、5G在金融业的典型应用案例

金融业以其数据的海量性、交互的实时性和业务的网络化等特性，成为5G场景应用落地的绝佳阵地。随着5G商用元年的到来，以及5G赋能人工智能、物联网、VR/AR等技术的深入发展，各大金融机构纷纷加快布局，将各类新兴技术与金融业的深度融合，开发新的服务模式，为金融业注入新的生机。

（一）中国银行“5G智能+”生活馆

2019年5月31日，中国银行打造的业内首家深度融合5G元素和生活场景的智能网点“5G智能+”生活馆在北京正式开业。它以“5G”“智能+”为主打概念，以科技为关键支撑，以“金融融入生活”为核心理念，展示了一种新的银行营业网点业态。

中国银行“5G智能+”生活馆被划分为七个区域，分别是“城市名片”“数字管家”“结缘奥运”“智能服务”“跨境金融”“尊贵服务”“邂逅生活”。这些区域充分运用了生物识别、影像识别、大数据、人工智能、语义分析、AR/VR、流程自动化等前沿科技，实现了智慧识别、智慧交易、智慧营销等业务的无人全自助智能服务。客户在这里办理业务无须工作人员的协助，凭借面部识别技术便可以无卡、无证、无感地办理业务。客户还可以依据个人需求和自身特点定制个性化服务。

“城市名片”即在“5G智能+”生活馆的玻璃幕墙上实时播放城市天气预报信

息，网点进门处设置智能迎宾系统，通过面部识别和街景车牌技术识别客户身份并向其发出语音问候。

“数字管家”在整个网点中起着统计、管理作用，在这个区域的数据中心大屏上会实时显示智能设备的使用频次、区域人员分布、进出人员统计等信息，并向客户展示各种理财、基金和保险产品。头顶的环形屏会实时播报最新利率、汇率信息，另一块智能玻璃墙上清晰显示着当前环境的温度、湿度等信息。在“数字管家”区域闪烁着各类业务图标，通过流媒体方式向客户展示特色产品。

“结缘奥运”区域设置了AR贵金属试戴设备。客户通过使用裸眼AR设备可以对贵金属进行虚拟试戴，从多个角度查看贵金属的试戴效果，让贵金属选购更加精准。如果客户想要购买贵金属产品，可以通过手机银行扫码购买。

“智能服务”区域包括现金智能柜台、外币智取通设备、智能机器人等设备（见图7-4），客户只需动动手指，就能够办理现金存取款、打印流水、外币领取、注销电子银行、跨境汇款等业务，这样大大缩短了业务的办理流程，提升了业务办理的效率。在业务办理过程中，用“刷脸＋扫码”的方式全面取代了刷卡刷证，以无卡、无证、无摩擦的“三无”服务方式为客户带来了全新体验。

图7-4 “智能服务”区域

在“跨境金融”区域，AR、VR等技术的优势被进一步放大。客户可以戴上VR眼镜全景看车、购车，并可一站式使用信用卡分期购车、查看贷款试算信息。

“尊贵服务”区域是“5G智能+”生活馆内的VIP客户的尊享服务专区（见图7-5），客户通过人脸识别进入这片区域，专区外设置的雾化玻璃能够有效保护客户隐私。在专区内，VIP客户可以享受到封闭式私密空间和机器人“小智”的一对一服务。客户可以通过智能茶几与中国银行分布在全球范围内的资产配置专家连线对话，进行全球资产配置。“尊贵服务”区内采用了5G网络，保障了视频连线的通畅，并设置了360度鱼眼监控，有效保障了客户的安全。

图 7-5　VIP 客户的尊享服务专区

“5G智能+”生活馆将智能、流动、互动等多种功能结合在一起，打造出无感体验的数字化智能空间。在网点中，科技与人性化体验、品牌与个性特色、线上与线下场景、金融与非金融生态都得到了完美结合，不仅能为客户提供智能、便捷、数字化的金融服务，还添加了贴心的生活元素，让网点的服务变得更有温度。

（二）浦发银行“5G+”智慧银行网点

2019年5月17日，浦发银行联合中国移动在上海张江推出了“5G+”智慧银行网点（见图7-6），该银行网点以5G网络、生物认证、混合现实等技术为支撑，展示了5G时代银行正在逐步实现的云服务架构、沉浸式体验、无介质交易服务等。

图 7-6　浦发银行“5G+”智慧银行网点

在“5G+”智慧银行网点中，银行的服务模式主要包括“5G+4K”“5G+云端服务”“5G+AI”和“5G+VR/AR”。

1．5G+4K

浦发银行“5G+”智慧银行网点可以为客户提供远程服务。客户通过4K高清视频可以与理财顾问进行远程沟通，从而获得更全面的服务，交互体验也更加直观。远程服务还能为客户办理电子银行签约、用户信息修改、卡激活、解挂失等业务。

2．5G+云端服务

中国移动率先为浦发银行“5G+”智慧银行网点提供了5G网络覆盖，浦发银行i-Counter智能柜台可以通过连接5G网络为客户提供金融服务，同时结合云计算、边缘计算等技术，柜台可以在云端为客户提供业务服务与数据支持。例如，网点中的人像抓取和比对就部署在边缘云上，整个过程在一秒内即可完成，真正实现金融服务的无感化。

3．5G+AI

浦发银行“5G+”智慧银行网点是一个“无感有情”的无介质网点。该网点将5G与生物认证、边缘计算等技术相结合，颠覆了传统银行基于银行卡、身份证的客户认证方式。当客户走进网点，网点就能在客户无感的情况下，捕捉到客户的人像特征，并将其与自有系统内的信息进行匹配，然后将客户到店信息推送到厅堂服务人员的手持平板电脑上，后台智能引擎同时会基于数据分析向厅堂服务人员推送该客户的潜在需求。厅堂服务人员即可根据推送信息，为客户提供量身定制的个性化服务。

4．5G+VR/AR

在“5G+”智慧银行网点中，浦发银行创新推出了由空气虚拟成像技术和AR眼镜组成的沉浸式体验空间，为客户打造未来银行网点沉浸式体验。在智慧银行网点中，客户可远程连接理财顾问，理财顾问将以全息投影的方式，栩栩如生地展现在客户面前，并为其提供“面对面”的服务。此外，对话过程中涉及的信息也会以混合现实的方式被真实地展现，为客户提供直观、高效、身临其境的服务体验。

（三）中国建设银行5G科技无人银行

2019年7月11日，中国建设银行5G科技无人银行的三大网点在北京正式启用，“5G科技无人银行”已经是中国建设银行“无人银行”的第三个版本，它以新一代系统和金融科技战略为基础，融合了 5G、物联网、生物识别等高新科技，是代表未来银行发展趋势的新概念银行。

5G 科技无人银行将人工智能、生物识别、物联网、全息投影、VR/AR、大数据等新科技应用于迎宾识别、互动体验、展示销售、业务办理等服务，融合 5G 网络为人们提供了“未来银行”的样板体验，实现了“连接无感、服务无界、协作无间、安防无忧”四大功能，如图 7-7 所示。

连接无感

- 利用物联网、人脸识别、语义分析等多种识别技术，将网点所有设备设施及系统无缝连接，将客户的所有信息应用到客户服务中，实现了人与网点、人与业务的无感连接

服务无界

- 无人银行在为客户提供快捷金融服务的基础上部署了社会保险缴费、生活便民缴费、公积金查询等服务，凸显银行网点的社会服务属性

协作无间

- 无人银行突破了传统银行的分区概念，建立了从网点外到网点内的一整套客户服务，通过协同、共享，打造智慧高效与娱乐互动兼备的客户服务场所，通过建立远程交互平台，为客户提供业务办理远程指导及远程审核等远程服务

安防无忧

- 建立无人银行物联总控平台，利用物联网、大数据和视频流分析等技术，实现无人银行的设备管理、运营管理、风险预警、环境监测、安全防控、行为分析等统一管控

图 7-7　5G 科技无人银行的功能

在无人银行的设计中，中国建设银行北京市分行还融入了“住房租赁、金融科技、普惠金融”三大战略，将传统银行网点打造成集金融、政务、教育、娱乐等功能于一体的新型银行。同时，中国建设银行还在无人银行内设计了多款共享社交场景，将无人银行融入周围环境，运用人脸识别、互动雷达、智能机器人等高科技手段，让金融服务更具备人性化和专属化。例如，在清华园无人银行的设计中，特意融入了阶梯教室的表现元素；而在其他地区无人银行的建设中，汽车金融体验区则为客户带来了非凡的互动乐趣。

（四）中国工商银行 5G 智慧网点

2019 年 6 月 11 日，中国工商银行基于 5G 应用的首家智慧网点在苏州开业（见

图 7-8)。该网点为客户打造了更具科技感、未来感、温度感的金融服务体验，是中国工商银行推进智慧银行建设、赋能渠道发展的一项重要举措。

图 7-8　中国工商银行 5G 智慧网点

中国工商银行 5G 智慧网点以 5G 技术为依托，秉承“金融与科技融合、金融与生态融合、金融与人文融合”的理念，通过深度融合大数据、人工智能、生物识别等技术，将客户与金融服务场景紧密相连，在网点中合理安排了服务引导、产品营销、业务办理、运营管理等环节，打造多元化金融服务中心。

该 5G 智慧网点包含了六大区域，即普惠金融中心、财富管理中心、智慧金融中心、国际业务中心、私人银行中心和生态金融中心，真正实现了针对“全量客户”提供“全功能”金融服务的设想。在 5G 技术的支持下，中国工商银行 5G 智慧网点构建了“技术应用 + 服务功能 + 场景链接 + 生态融合”四位一体的智慧服务体系，为客户打造更加安全、便捷、智慧的金融服务体验。

以“智”为脑，以“Hui”为干，以极致客户体验为灵魂，以 5G 通信技术为血液，这是工行对 5G 智慧网点的总结。在这个极具科技感、未来感、人文感的新一代智慧网点中，智“Hui”贯穿始终，如图 7-9 所示。

中国工商银行 5G 智慧网点充分体现了智慧银行应用技术广、服务功能全、场景链接多、生态融合深的优势。具体来说，中国工商银行 5G 智慧网点具有以下三个特点。

“智绘”板块

- 主要承担休闲趣味功能，包括图书漂流、魔镜、艺术画廊、心愿墙等交互式休闲娱乐方式

“智惠”板块

- 打造生活化区域，为客户提供沉浸式的体验，如设置咖啡机、自动贩售机等，让客户惠享生活

“智汇”板块

- 对外合作区域，设置共享金融服务，为企业客户提供会议、互动的空间

“智会”板块

- 主打理财，远程投资顾问可以为客户提供实时的理财咨询服务

“智慧”板块

- 科技的应用，包括 VR 虚拟银行、AR 导览、智慧迎宾、智慧停车等

图 7-9　新一代智慧网点的智“Hui”板块

1．金融与科技融合

中国工商银行 5G 智慧网点充分融合了 5G、大数据、人工智能等新技术，为客户提供高效便捷的金融服务。例如，运用生物识别技术，能够快速、精准地识别客户身份，结合多屏交互技术，能够让客户实现业务办理的自主化、无人化；通过 VR 虚拟人像和游戏交互技术为客户提供营销服务和个性化互动；远程高清视频技术的运用突破了时空限制，能够为客户提供远程一对一服务。

2．金融与生态融合

中国工商银行 5G 智慧网点以网点专业团队及网点群落合作为支撑，通过与合作伙伴协作，打造覆盖周边区域的泛金融服务生态圈。智慧网点周边的企业客户能够享受平台化的电子商务、普惠金融、交易金融、投资银行等服务，周边的个人客户则能够享受场景化、社交化的消费金融、财富金融等服务。

3．金融与文化融合

中国工商银行 5G 智慧网点非常注重为客户提供有温度的金融服务，在网点设计中融入了更多人文元素。例如，在网点内设置了“漂流图书馆”“书香咖啡区”“自助售卖机”“魔镜”等区域和设备，供客户在等候办理业务的间隙休闲放松。

四、5G 时代金融业的未来蓝图

在 5G 时代，先进的科技和高性能的网络共同勾画了金融业的未来蓝图，金融服务将朝着虚拟化、无感化的方向发展，客户将享受到“千人千面”的个性化、专业化服务，金融信用评价体系将会更加全面、可靠，实体资产管理将会更精准、全面金融场景的融合性将会更高。

（一）金融服务虚拟化、无感化

随着科技的进步，人们对金融服务的需求变得日益多样化，传统金融服务已经不能满足人们的需求。近年来，大数据、人工智能等新技术的发展推动了金融业的变革，一种新的支付模式——无感支付正在萌芽。

2018 年 4 月，中国建设银行联手中国银联正式推出了无感支付新模式，并首先在深圳市试行，客户只需下载中国建设银行的手机银行 App，将以“62”开头的银联信用卡与车牌号绑定，便可将车牌号作为出入停车场的快速通行证，享受“不停车、免排队、免找零、先停车后付费”的服务，如图 7-10 所示。

图 7-10　无感支付

2018 年 7 月，中国农业银行重庆分行在国内银行业首创无人超市应用场景，该超市利用人脸识别技术实现刷脸进门、无感化购物和刷脸支付。客户通过“刷脸”进入超市无感支付体验区，选购完成后在结算通道处由射频识别（RFID）读取设备自动识别商品和生成订单，超市系统会自动从客户绑定的账户中扣款。在这个无人超市中，客户无须排队扫描商品条码，也无须采用刷卡或扫码等传统支付方式即可完成购物，真正实现了无感便捷的消费体验。

无感支付突破了传统意义上的支付方式，将停车缴费、购物结账这类生活场景与金融服务绑定起来，让烦琐的支付过程变得便捷高效，其背后指向的是一种全新的金融服务趋势，即金融服务的虚拟化、无感化。

在5G时代万物互联的背景下，场景化将成为未来金融服务的主要发展方向。在未来，将会有更多丰富的金融服务场景在先进技术的支持下，以虚拟化、无感化的方式走进人们的日常生活中。

在未来，现金、扫二维码、信用卡等支付方式将被淘汰，5G技术将与生物识别技术相结合，人们的一句话甚至一个眼神都将成为获取金融服务的通行证，通过生物识别技术，金融机构能够在云端调取个人相关数据，进而为其提供相应的金融服务。

在未来，将会有更多智能终端设备被研发出来，如可穿戴设备、智能音箱设备等，通过5G连接进行授权，成为继智能手机之后新一代的人机智能交互设备。在人和设备的交互过程中，必将伴随有大量的金融服务活动，金融产品的形态和服务也将发生根本性变化。

在5G时代，场景化金融将迎来新的发展，大量的生活场景将被赋予金融属性，金融服务将无处不在，人们所需的金融服务将穿插在衣、食、住、行等各个场景中。在未来，人们对金融服务的感知将愈发习以为常，虚拟、无感化的金融时代即将到来。

（二）金融服务个性化、专业化

随着大数据技术和人工智能技术的发展，人们的个性化需求被逐渐感知。4G时代，大数据技术在一些领域已经有了广泛的应用，如各类App、社交媒体等能够通过大数据技术对用户在社交媒体上产生的海量数据进行搜集和抓取，并运用算法对数据进行分析，生成用户画像，最终通过人工智能技术为用户推送“千人千面”的个性化信息。

在金融领域，数据的价值有待被更深层次挖掘和利用。虽然“以客户为中心”的服务理念已经被渗入到金融机构的服务中，但是用人力来采集和录入客户各项信息的传统信息化方式无法帮助金融机构形成全面、完整的用户画像。由于信息无法被及时采集而导致数据缺失，以及由于技术、成本等限制而导致数据没有得到有效的分析、处理等问题，限制了金融业务的个性化、专业化发展。

在 5G 时代，由于互联网技术的快速发展，网络带宽和传输速率得到大幅提升，加上物联网的迅速崛起，大规模的设备接入网络，必将产生海量的数据。移动互联网业务范围的进一步拓宽，将使得物联网、人工智能、VR/AR 等领域的创新应用呈现井喷式增长。大数据所承载的业务形式将更加复杂与多样化。

如此海量的数据，如果能被金融机构有效利用，将产生巨大价值。在 5G 时代，海量数据的分析、挖掘使得数据分析结果更具普遍性，分布式的计算架构为人工智能算法提供了广阔的发展空间。通过人工智能技术，金融机构将能为客户提供更具针对性、专业化的贴心服务。

对于金融业而言，开放共享的大数据和人工智能应用生态环境将成为其发展的重要基础。金融机构通过对客户相关数据进行采集、分析、处理，就能为客户提供个性化、专业化的金融服务。而 5G 的大带宽、高速率、海量连接等特性，能够为金融服务的个性化、专业化发展提供良好契机。

在 5G 时代，金融机构接触客户的手段和渠道将更加开放，人工智能技术将赋能人脸识别、图像识别、语音识别、语义理解等技术的发展，金融机构可以利用人工智能技术记录客户的各种信息，如客户以往的投资理财行为、金融消费行为、业务办理行为等，通过大数据分析，为客户提出符合其风险偏好和承受能力的投资建议。在未来，每个人都会拥有完整的数字身份，金融机构将围绕客户需求为其提供差异化的金融产品和服务。

在未来，金融机构不仅能够实现“千人千面”，更能通过算法为客户提供具有预测性的投资建议。5G 时代关系到人类生产、生活过程中的每一个场景，人们在这些场景所产生的信息都将作为大数据被积累、储存，人们在生产、生活中的所有场景都将被打通，数据采集呈现全场景化特点，金融机构能够通过人工智能技术对客户数据进行收集、分析和判断，预测客户的金融需求，并快速为其推荐个性化、专业化的金融服务。

（三）金融信用评价体系更加全面、可靠

众所周知，任何金融活动都有风险，金融活动的核心就是在承担风险中得到相应的经济回报。对于金融机构而言，对风险的管控十分关键，而建立全面、可靠的信用评价体系是金融机构风险管控中的重要一环。

信用评价的根本目的在于揭示受评对象违约风险的大小，了解受评对象按合同

约定如期履行债务或其他义务的能力和意愿。传统的信用评价体系较为单一，信用评价过程也十分复杂，其主要依赖人力对受评对象进行调查评估，成本较高，且容易出现对客户的实时状态了解不足等问题。在互联网金融环境下，丰富的线上数据成为金融机构开展信用评价的关键因素，但这些数据仍然容易受主观因素的影响，存在信息不对称的问题。

风险的衡量依赖于数据，在实际的金融活动中，数据是信用评价体系的基础，数据在金融风险管理体系中起到了举足轻重的作用，全面、可靠、及时的数据可以帮助金融机构有效、准确地衡量风险。近几十年来，金融活动在社会活动中的日益渗透使信用评价体系对数据的依赖和要求日益提高。尤其是近年来，随着大数据技术的发展，产生的海量信息数据使得金融评价体系亟待完善。

在5G万物互联的环境下，海量、多态、相互关联的事物将被接入物联网络，未来金融业的数据采集将呈现爆发式增长，除了能够从政府机构的在档数据和用户的智能设备中获取有效数据，金融机构还可以通过海量、多态、相互关联的物品数据识别企业或个人的自然属性，追踪他们的行为特征。

5G带来的新业务模式将改变金融机构的风险管理理念、模式和流程，数据高效互联互通，有效规避了平台的数据造假，金融机构所获得的数据也将更为客观。此外，金融机构可以通过物联设备传感器来收集信息，更加深入、全面地了解企业或个人的实时资产状态，使金融信用评估更加真实可靠。例如，针对汽车险的恶意骗保问题，保险公司可以在投保车辆上安装物联网终端传感器，对驾驶员的驾驶行为数据进行收集和综合评判，并根据驾驶员的驾驶习惯的好坏决定保费水平；当投保车辆出现事故时，物联网终端可以实时告知保险公司事故车辆的行为，保险公司的工作人员不用到事故现场即可知道该起事故的原因与所有过程的细节，从而更好地控制风险，降低金融服务的成本。

未来，个人和企业的相关信用数据也将被打通，实现共享和统一监管。个人和企业相关数据的采集将通过统一的平台来完成。金融机构将通过建立信息档案管理制度、信息保密制度、信息查询内部分级管理制度、信息数据库访问监控制度等相关信息监管制度，与高质量的金融评价体系相配合，确保客户信息的安全运行。

全面的5G应用将为金融机构开展企业信用评估和反欺诈提供更多维度的风险控制数据和信息，在风险控制、授信模型的建立及判断企业交易背景的真实性等方面提供更多判断依据。届时，智能化嵌入式风险控制模式和高质量的信用评价体系将在金融活动中发挥重要作用，同时风险控制和信用评价流程的简化与成本的降低也扩展了金融机构的服务空间。

（四）实体资产管理更精准、全面

在 5G 时代，结合云计算、大数据、物联网，实体资产的管理将更加自动化、智能化。业内人士曾表示，到 2021 年，全球互联设备的数量将达到 280 亿，其中物联网设备的数量将达到 160 亿。这意味着，在未来，大量物品特征将实现数字化，用户可以借助互联设备管理自己所拥有的各类实体资产。

在此基础上，以物联模式来设计保险产品的保险公司也将能够获取更准确、实时的数据基础。例如，UBI 模式的汽车保险可以从各类互联网设备中获取丰富、全面的数据信息，从而帮助保险公司为保险产品设置更精准的定价，提高保险公司对风险的预测和预防。

随着可连接设备的增加，基于物品传感器的财产保险、基于可穿戴设备的人身保险等险种将可能得到普及。此外，物联网的普及还将赋予动产部分不动产的属性，进而提高动产融资的可靠性。

（五）金融场景融合性更高

从传统金融到互联网金融再到即将到来的物联网金融，金融领域的不断变革源于技术的创新和应用场景的丰富和发展。

金融服务与场景的关系相辅相成，场景的丰富和发展会促进金融业的变革，而金融业的变革也会使用户在场景中的消费体验更加便捷、舒适。在 5G 时代，金融服务将无处不在，金融场景的融合性也会更高。

在 4G 时代，移动互联网的发展已经让金融服务拓展了丰富的应用场景。例如，无论是在餐馆、便利店、医院，还是在公交车、停车场等场景，用户都可以使用移动支付，让用户体验到十分便捷的金融服务。

在物联网时代，更快的应用程序响应和更广泛的设备连接为智慧城市与智慧金融的落地打下了良好基础。对金融机构而言，智慧金融与智慧城市的相互融合将会产生更加全面的数据、更精准的金融需求和无处不在的金融场景。

在未来的智慧城市中，金融服务和公共服务将全面自动化、智能化。物与物之间互联将会产生海量的数据，金融机构能够在多场景下感知用户生活的方方面面，预测用户的金融需求，并为其提供及时、合理的金融服务。

例如，银行账户将与家庭的水、电、气和热力表等连接，就能实现远程查询和自动缴费；金融租赁行业通过在被租赁物品上连接传感器，就能及时获取被租赁物品的数据，追踪被租赁物品的状态，对被租赁物品进行有效管理和监测；在智慧医疗领域，金融机构将与医疗机构及用户实现互联，用户的可穿戴设备能够将用户的身体状态数据回传给医疗机构和金融机构，金融机构结合用户数据和医疗数据为用户提供支付、保险、贷款等服务。

万物互联为金融服务带来了融合性更高的金融场景。未来，金融服务将渗透进人们的日常生活场景中，实现真正的无处不在。

第八章

5G+ 智慧教育："互联网 + 教育"突破性发展的新机遇

现阶段，互联网技术处于高速发展时期，4G 的兴起让互联网应用发展迅猛。在教育方面，催生了新的教育形态，"互联网 + 教育"的模式得到广泛普及。而 5G 的到来，将开启智慧教育新时代，在高速率和高可靠性、低时延的网络支持下，超高清视频、VR/AR 等应用场景下的远程互动将变得更加顺畅，为智慧教育的发展提供了有力的技术和载体支持。未来，"5G+ 智慧教育"将成为"互联网 + 教育"突破性发展的新机遇。

一、教育信息化建设

随着互联网的发展和智能终端的普及，教育环境正在发生巨大改变。教育逐渐向网络化、智能化、个性化的方向发展，尤其是 5G 时代的到来，教育信息化建设又被注入了新的动力。同时，5G 结合大数据、人工智能、云计算、VR/AR 等技术，使教育信息化建设发生了巨大变革。

（一）教育信息化建设面临的挑战

以教育信息化促进教育现代化，用信息技术改变传统教育模式是我国教育信息化建设的主要任务。教育信息化是指在教育领域（教育管理、教育教学和教育科研）全面深入地运用现代信息技术来促进教育改革与发展的过程。

教育信息化是国家信息化的重要组成部分，是促进教育公平、提高教育质量的有效手段，对转变教育思想和观念，深化教育改革，培养创新人才具有深远意义。教育信息化也是实现教育跨越式发展的必然选择，其具有能突破时空限制、能快速复制传播、呈现手段丰富的独特优势。2018 年 4 月，中华人民共和国教育部发布《教育信息化 2.0 行动计划》，2019 年 2 月，中华人民共和国国务院印发了《中国教育现代化 2035》，均强调了教育信息化在推进教育现代化进程中的重要意义。

1. 移动通信技术对教育的影响

在教育信息化的建设过程中，一次又一次的移动通信技术变革为教育的发展增添羽翼。

在 1G、2G 时代，中国的教育处于起步阶段，国家重视教育的发展，逐步加大对教育的投入，电子显示屏和投影仪等教学设备开始走进课堂。在 3G 时代，互联网技术兴起，智能手机出现，各种数据包括音频、视频、多媒体文件等都能通过网络进行传输，为移动学习的出现打下了良好的基础，加快了远程教育的发展进程。在 4G 时代，移动互联网迅猛发展，智能终端普及，新的教育类公司与教育直播平台兴起，百度、阿里巴巴、腾讯纷纷加码线上教育，涌现出一大批在线教育的创业者。

到了 5G 时代，大数据、云计算、人工智能等技术日趋成熟，并在教育领域不断应用、渗透，催生出新的教育模式，教育服务的组织方式发生了根本改变，各类教育公共服务系统正向着智能化、互动化方向发展。

2. 教育信息化建设的特点

教育信息化是促进教育公平、提高教育质量的有效手段。从技术上来看，数字化、网络化、智能化和多媒体化是教育信息化的主要特点。而从实现教育信息化的流程来看，在新一代通信技术的影响下，教育信息化建设呈现出以下六个特征。

（1）教育环境虚拟化、智慧化

在 5G 时代，教学活动可以在很大程度上脱离时空的限制，能够利用高速通信网络和传感设备实现对学习者所处场景和学习特征的智能感知，虚拟教室、虚拟实验室、虚拟校园等场所能够主动为学习者营造良好的学习环境，帮助学习者规划个性化的学习路径，并向学习者推送符合其学习特点的学习资源等。

（2）技术与教育双向融合，形成新型教育信息生态

在 5G 时代，各项创新技术不断成熟，将与教育实现双向融合。教学活动产生的大数据将被充分利用，人们通过对数据的采集和分析建立标准化模型，充分挖掘信息技术在教育领域中应用的可能性，最终打造一个技术协同、技术沉浸、信息无缝流转的新型教育信息生态。

（3）教育活动协同性更强

依托 5G 大带宽、高速率、低时延的网络特性，教育活动能够在任何地方、任何

时间、任何方式下实现快捷、高效、智能的连通与协同，教育管理部门、科研机构、学校、企业、教师及学生等参与主体在各种教育管理活动、培训活动、教学活动中都能够享受协同环境下的智能服务。

（4）教学个性化增强，优质资源合理供给

利用人工智能技术构建的教学系统能够根据学生的不同个性特点和需求对其进行教学或提供帮助。在此背景下，通过人工智能对学生个性进行检测，特别是对学生认知方式的检测，能够实现对学生个体的精准分析，进而让学校和教师按照学生个体的特定需求为其提供优质的资源和服务。

（5）开放共享格局将实现教育平等化

5G 时代将实现全域教育资源的开放共享，各系统平台的标准、架构和接口将统一开放，教育信息流的各个环节都会被打通，教育资源和服务能够实现自由接入和流出。在这种情况下，人们的学习机会均等，教育将实现平等化。

（6）教育管理智能化

智能技术在教育管理中的应用，能够使教育实现可视化教学管理和智能教学管理，让教育管理朝着高效、便捷的智能化方向发展。

3．教育信息化面临的挑战

教育信息化的特征展示了未来教育的美好前景，但是教育信息化的建设并不是一蹴而就的，它需要一个长期的发展过程。在这个过程中，教育信息化依然会出现各种问题，面临多方面的挑战。

（1）需要加强学习者的认知构建

打造虚拟、智能的教学环境需要通过信息技术的创新与应用来实现，以往的教育信息化建设更为注重的是业务、行为和流程，但在智能教学环境下，学习者的认知构建将成为教学模式变革的重点，如何通过信息技术实现这一目的是人们需要关注的问题。

（2）教育的“数据化”进程有待加强

虽然近年来信息技术与教育教学活动的融合让教育生态有了很大改观，但信息技术对教育教学、科学研究的支持仍然是比较粗浅的，还称不上实现了教育改革。因此，无论是信息化建设部门，还是教育技术研究人员，都需进一步研究技术与教育教学的融合。

在5G时代，教育信息化是以“数据”为基础的，而将一切参与主体、教育元素、教育行为数据化将是教育信息化的核心任务。因此，如何利用5G通信技术和数据分析技术打通课内外的数据连接渠道，实现线上线下信息的无缝流转，是教育信息化建设面临的挑战之一。

（3）技术与教学场景的融合有待进一步加强

教育信息化建设面临的挑战还在于技术与教学场景的融合。例如，在教育信息化中可以通过运用VR/AR技术和设备为学习者营造沉浸式的学习环境，用以提高学习者的学习主动性；使用人工智能技术与教学场景深度融合，实现对学习者的学习状态进行识别等。这些都是能够引导学习者从被动接受转为主动参与的有效方式，对此我们需要进一步研究、探讨及实践。

（4）教育决策仍以教学经验为主

现阶段的教育决策仍是以教学经验为基础。在5G时代，则要实现数据驱动教育决策，这对技术的应用又是一大挑战。同时，人工智能将重构教育框架，未来的学校形态将向个性化发展。

（二）5G为教育信息化带来的变革

移动通信技术的变革给教育信息化带来了深刻影响，5G网络的高速率、低时延性，以及在移动设备上的更精准、更多样化使用，将助力教育信息化的发展。在线直播、智慧课堂等应用场景都将随着技术的发展得到升级。

1. 5G为教育信息化带来不同层面的变革

5G为教育信息化带来了巨大变革，具体表现在三个层面，如图8-1所示。

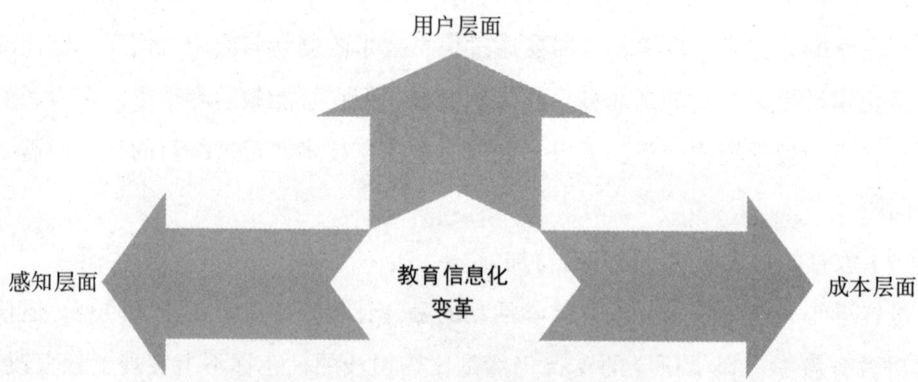

图8-1　教育信息化变革的三个层面

（1）感知层面：视觉体验的革新

视觉是人类获取外界信息、认知世界的主要手段。相关研究表明，在人类所有的感觉器官中，以视觉方式获得的信息量最多，大约占80%以上。在5G时代，高速率、低时延的网络特性推动了高清视频、VR/AR等应用方式与教育的融合，人们的视觉边界被不断拓展，认知的范围也随之越来越广。5G带来的丰富视觉体验能够为学习者打造直观的学习情境，有助于提高学习者的学习效率。

（2）用户层面：带来万物互联新体验

在5G环境下，人与物、物与物相互连接为人们带来了新的体验，5G超高的传输速率提升了多方联通的性能，人们能够以更低的通信资费与更高效的沟通方式进行线上教学，人们将更多目光放在个性化教育需求方面，为用户提供个性化、差异化的教学内容。

（3）成本层面：优质教育资源共享

以往的教育存在资源稀缺性问题，优质的教学资源往往不能得到广泛利用。5G网络的高速传输优化了教育资源的分配模式，扩大了优质教育资源可到达的范围，分散在各个地方的人们都可以平等地享受更多的教育资源。数字化、信息化的普及使教育成本不断下降。在5G技术的推动下，优质的教育资源能够在更大的范围内实现实时共享。

2. 5G为教育信息化带来的具体变革

在4G时代，网络技术的进步使智慧教育有了一定的发展，但仍存在一些问题制约了教育信息化的步伐，如4G网络承载能力不足，4K/8K直播课堂、VR/AR课堂、全息教育、4K高清监控等新型应用场景无法达到最佳状态；网络终端无法有效管控，信息存在泄露风险；网络连接能力不足，需要提升网络访问质量控制与边缘缓冲服务的水平。在5G时代，5G凭借高速率、低时延、广覆盖等优势为大数据、云计算、人工智能、VR/AR等技术为教育信息化的发展提供了有效支持。

（1）5G网络下的高清视频能够提升教学质量

5G意味着大带宽、高速率、低时延时代的到来，这对以视频直播为主的在线教育会是一个极大利好。

在以往，在线教育平台往往会通过采取降低连接数量或降低视频分辨率的方法来保证教育视频的流畅性。而随着5G的普及，更高的视频分辨率（720P甚至1080P）将有效提升教育视频的清晰度，视频直播将不再卡顿，视频质量将得到大幅提升，同时在远程授课时，远端会场可以毫无延迟地感知、体验到“名师优课”高达4K甚至更清晰的课堂画面。学习者能够享受更快、更好、更流畅的学习体验。

（2）高速率网络下，VR/AR 教育的应用场景被激活

在 5G 网络支持下，教育领域许多新的应用场景将被激活，以往由于网络速率、时延限制而无法“施展身手”的 VR/AR 技术有了更大的发展空间，如表 8-1 所示。

表 8-1　VR/AR 应用场景

VR/AR 教学类型	具体应用场景
自然灾害模拟演习	地震、消防等模拟演习
高成本、高风险教学培训	车辆拆装、飞行驾驶、手术模拟等
还原 3D 场景	历史场景、博物馆展览、深海探测、太空探测等教学
真人陪练	英语培训中的模拟真人对话

VR/AR 技术能够将抽象的知识概念以具象化的方式传达给学生，让学生在沉浸式的场景中更直观、更高效地掌握教学内容，教学效率将大幅提高。在 5G 支持下，AR/VR 教育有望迎来新的发展，更多的应用场景将应运而生，涵盖教学活动的方方面面。

（3）5G 推动智慧教育发展

在 5G 技术下，人工智能将与物联网、大数据等技术互相融合发展，人工智能应用场景也将再次深化。例如，人工智能的自然语言处理、自适应等技术可以为学生提供满足其个人需求的个性化课程；而视觉识别、语音识别等技术能够渗透到学生在线学习的各个环节，提高教学质量。此外，更多与教学场景相适应的设备将会被开发出来，用于追踪学生的学习行为，挖掘学生的学习需求等。未来教育将向着更加智慧的方向发展。

（4）5G 通过万物互联提升教学管理的信息化能力

在 5G 时代，人与人、人与物、物与物都实现了沟通互联。在物联网环境下，校园环境、设施、终端、平台将实现有机结合，形成具备全面感知、可靠传送、智能处理特征的校园网络。学校和教育机构可以通过更加精细和动态的方式对教学活动和学生的学习进行管理，从而提高整个教学管理的信息化能力。

二、5G 在教育领域的应用场景

随着 5G 时代的到来，教育形态和教育模式也将会发生巨大变化，而智慧教育作为 5G 的一个重要应用，将催生出丰富的应用场景，为教育信息化的建设提供更大的

发展空间。

（一）VR/AR 教学

VR/AR 教学作为 5G 智慧教育的主要应用场景，能够使学习者在虚实结合的教学情境中实现高效的自主探索。这种全新的教学体验，可以极大地提升学生的学习兴趣，加速学生对知识的理解和吸收。基于 VR/AR 的交互手段为课堂提供了新的教学方式，教学过程的交互性、流动性和情境性大大增强。

1. VR/AR＋课堂教学

在 5G 网络环境下，教育机构能够以 3D 建模为基础，运用 VR/AR 技术与课堂教学内容深度融合，将课本上的知识（大至宇宙环境、小至微观世界）以直观化、形象化的形式展示给学习者。这样的应用场景能够为学习者提供高仿真、沉浸式、交互式的学习体验，从而有利于充分调动学习者的主动性，也有助于培养学习者的空间思维能力、感知运动思维能力和转化思维能力，激发学习者在学习中充分发挥自己的创造性。

VR/AR 技术在课堂中的主要应用方式是以立体化的形式对物体进行展示，或者是以营造立体空间、虚拟场景等形式让知识变得更加直观、形象。例如，利用 VR/AR 技术不仅可以虚拟太阳系中八大行星的运转、海洋奇观等宏观场景，而且可以模拟细胞分裂、电解质与离子反应等微观场景。除此之外，一些难以在课堂中体验到的场景也能通过 VR/AR 技术得以实现，如虚拟旅行、模拟危险物质的爆炸等。

与传统以图片、文字、视频为主的教学方式不同，这种身临其境的教学方式可以让学习者产生更加深刻的体验，对知识形成更加清晰的认识，真正改变了“一块黑板一支笔，一人从头讲到底”的教学方式。

2. VR/AR 实验室

VR/AR 实验室是指通过 VR/AR 技术构建的开放式、网络化的虚拟实验室教学系统。在传统实验室教学中，由于某些实验过程带有一定的危险性，或者是实验成本较高，一些昂贵的实验仪器无法普及，导致许多实验无法实现实地操作。VR/AR 实验室打破了传统实验室高风险、高成本的壁垒，能够通过虚拟仿真实验平台、虚拟仪器等真实地呈现实验过程，使学习者在安全、逼真的情境下操作虚拟仪器进行实验，操作结果也能通过仪表显示反馈给学习者，以此来判断实验操作是否正确。

这样的实验方式既不消耗器材，又不受场地等客观因素的影响。在教师讲解的过程中，学习者可以一边听一边看，还能动手跟着操作，既能增强课堂学习的互动性，同时也有利于提高学习者的学习兴趣。

2019 年，上海米影信息科技有限公司为华东理工大学的学生制作了一堂“可燃气体爆炸现象与爆炸极限研究”的 VR 实验课程，让学生“亲临”爆炸事故现场，以事故调查员的身份，从现场残液中探寻事故发生的根源。多元化的虚拟设计和真实的场景体验能够让学生在感受真实震撼场面的同时，逐步掌握实验操作的知识和技能。

3．VR/AR+ 远程教学

VR/AR 可以将不同地区的教师、学生聚集在同一个虚拟课堂中，并让他们进行实时互动。在传统教学中，一些偏远地区的教育资源较为缺乏，由于教学经费、师资力量等问题，这些地区的学生无法享受到更优质的教育资源。利用 VR/AR 技术，可以弥补这些方面的不足，很多名校的优质教育资源能够以非常低的成本连接到教育欠发达地区，让这些地区的学生也能享受到名师的“亲自”指点。

2019 年 4 月 9 日，中国领先的 VR 一体机生产商 Pico 携旗下最新产品 Pico G2 4K 亮相中国慕课大会，为现场观众呈现了一场精彩的异地协调虚拟仿真实验秀。本次体验活动意在协同西安和贵阳两地学生体验（位于北京的）飞机拆装虚拟训练系统，即通过 VR 的形式为身在西安和贵阳的学生提供远程沉浸式实时教学体验。

4．VR/AR+ 科技研究

在科技研究场景中，使用 VR/AR 技术能够为高校学生创造生动、逼真的学习情境，如建造人体模型、电脑太空旅行、化合物分子结构显示等，在广泛的科学领域提供无限的虚拟体验，让学生更好地理解所学习到的知识。

当前许多高校都在积极研究虚拟现实技术及其应用，并建立了虚拟现实与系统仿真的研究室，将科研成果迅速转化成实用技术。例如，北京航空航天大学在分布式飞行模拟方面的应用；浙江大学在建筑方面进行虚拟规划、虚拟设计的应用；哈尔滨工业大学在人机交互方面的应用等，都颇具特色。

5．VR/AR+ 仿真校园

利用 VR/AR 技术，教育机构可建立三维虚拟仿真校园系统。虚拟仿真校园系统以真实校园为整体蓝本，整个系统内包括校园布局设计、交通、景观、教学场景及生活环境等。在虚拟仿真校园内，访问者使用 VR 设备可以自动漫游整个校园。此外访问者还可以做出一系列动态行为。

虚拟校园是虚拟现实技术在现代教育中的典型应用，根据教育机构建设虚拟校园的不同目标，虚拟校园由浅入深有三个应用层面，具体如图 8-2 所示。

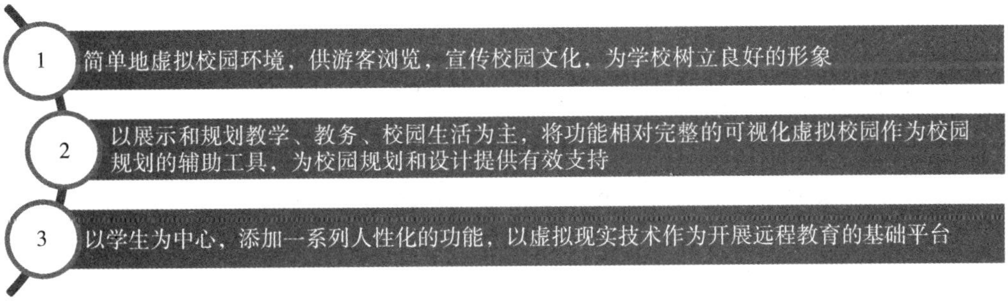

图 8-2 “VR/AR+ 仿真校园”的应用层面

（二）远程互动教学

随着信息化技术在教育领域的不断深化，教育资源正在迎来平台开放、内容开放、校园开放的时代。在 5G 时代，远程互动教学将成为主流的教学模式之一，高清视频将成为教学内容的重要载体，教育资源稀缺化问题将得到很好的解决。

1. 远程同步互动课堂

传统的远程同步互动课堂往往是通过电视直播，由教师单方面向学生传递课程的方式，在授课过程中教师和学生不能形成课堂互动。在 5G 时代，5G 网络的高传输速率和低时延特性能够为互动课堂实现远程双向互动提供技术支持。

在 5G 网络支持下，教育机构可以构建互动录播系统，通过利用音视频互动技术，协同智能录播系统，组合最新的音视频双向交流的智能硬件，打造出多班级的远程互动教学环境，如图 8-3 所示。

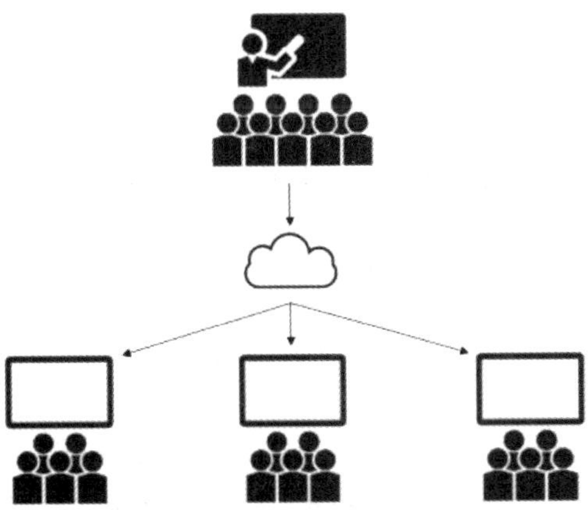

图 8-3 远程互动教学环境

互动录播系统将录播、跟踪、互动、音频四大功能集合在录播主机内，就是这样一台录播主机，即可让主讲教室实现在 3 ~ 5 个分课堂上同一节课，主讲教室的教师还可以与分课堂的学生进行实时互动。

2．双师课堂

双师课堂是教育和科技相结合的一种教育模式。它是指由一位名师进行线上远程教学，而另一位普通助教老师负责线下互动辅导教学，即两位老师线上线下协作混合式的教学模式。这种模式有利于充分发挥优质师资力量的作用，优化教育资源配置。

双师课堂在 5G 网络技术的支持下，有利于降低远程在线授课网络的时延，提升课堂视频的清晰度，让学生享受到更顺畅、更清晰的在线课程体验。

3．在线学习

在线学习是指学生在由通信技术、微电脑技术、计算机技术、人工智能、网络技术和多媒体技术等所构成的电子环境中进行的学习，包括微课、慕课等多种创新学习模式。在线学习主要具有三个优势，如图 8-4 所示。

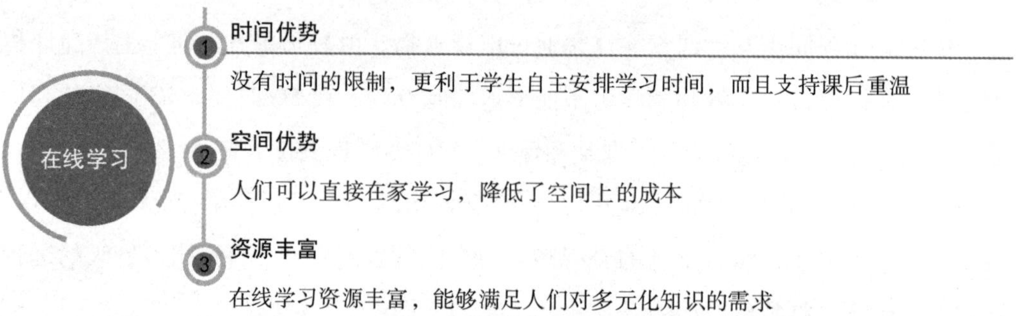

图 8-4　在线学习的优势

在 5G 时代，在线学习将模拟“教师—场景—学生”的教学模式，以最大限度地提升教学内容的影响力，提高教学质量。在直播过程中，师生可进行有效的互动，教师可以随时为学生进行答疑，教学场景与线下学习场景高度相似。在这种教学场景下，教师还可以对学生的学习情况进行观察和督促，以及时了解和掌握学生的学习状态。

4．全景课堂

全景课堂就是在互动教学中引入全景视频。全景视频的录播首先需要将全景摄像头架设在主讲教室内，通过采取多视角拍摄和全景特写的方式全方位抓取主讲教室内上课的全景状况，然后通过 5G 网络将主讲教室全景上课视频传输到子教室中，子教室的学生可以通过大屏、VR 一体机等设备观看主讲教室内的课程。

在 5G 网络超高性能的支持下，全景课堂内的教学场景能够实现自动跟踪、识别和切换，在子教室内的学生所观看的画面能够自动在教师全景、教师特写、板书特写、学生特写、学生全景之间进行切换。这种教学方式能为在子教室内的学生呈现完整的课堂情境，让子教室内的学生享受到与主讲教室内相同的课堂内容。

5. 远程教师测评

教育机构可以采取"5G+ 远程互动"的方式来开展教师教学水平测评工作。在 5G 网络覆盖下，评委可以通过高清视频远程观看教师的授课情况。教师的授课方式能否带动学生的学习热情，教师授课过程中的一举一动，甚至是微表情都可以在高清视频中呈现出来，供身在异地的评委作为打分参考。

此外，学校或其他教育机构可以采取"5G+ 远程互动"的方式来组织线上观课、评课和线上线下研讨活动，通过多方互动的方式提升教学水平。

（三）可视化教学管理

可视化教学管理系统是教育信息化建设中必不可少的一个模块。5G 时代，大数据、人工智能、云计算等技术的发展为可视化教学管理系统的建设提供了有力的支撑。可视化教学管理系统采用先进的视频显示技术、多媒体信息发布技术及网络技术，配合高清的显示系统，实现了对课堂、学习、运动和教学等行为的智能分析和可视化管理，从而提高教育教学管理的水平和效率，更好地指导和促进智慧教学。

1. 可视化课堂管理

在传统课堂教育模式中，通常是由教师来维护课堂秩序，监督和评价学生的学习情况以及教学质量。面对那么多学生，教师很难做到兼顾每个学生的学习状态，了解每个学生对所学知识的接受情况。而 5G 技术的发展，结合以大数据、云计算、人工智能为主的创新技术，使构建可视化课堂管理模式有了无限可能。

在可视化课堂中，学校通过在教室内安装话筒、高清摄像头和人脸抓拍设备，对课堂中学生的学习状态（包括表情、行为、动作）、课堂整体活跃度等数据进行采集和分析，然后将数据分析结果反馈给教师和教学管理者，再由教师和教学管理者对这些分析结果进行研究和探讨，从中发现教学及管理方式中存在的问题，并及时采取措施进行调整。可视化课堂管理系统架构如图 8-5 所示。

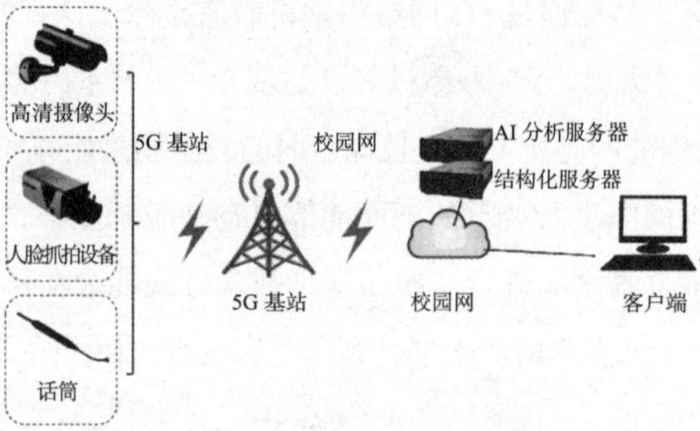

图 8-5　可视化课堂管理系统架构

（1）通过面部表情特征、声音特征进行课堂情感识别与分析

人的面部表情与声音能在一定程度上反映一个人的情感、心理状态。可视化课堂管理系统通过高清摄像头采集课堂中学生上课的视频数据信息，对所有学生的面部表情和声音特征进行提取，通过人工智能技术对其进行识别和分析，生成可视化的学生情感变化分析结果。教师通过查看情感识别分析结果能够了解每个学生在课堂上的学习状态，以调整授课方式，改进教学方法，进而提高学生的课堂学习效率。

在这方面，浙江省杭州第十一中学已经做了大胆的尝试。杭州第十一中学在"未来智慧校园的探索与实践"研讨活动中，向人们展示了智慧课堂行为管理系统，该系统能够对课堂上学生的行为进行统计分析，在表情数据一栏会记录中性、高兴、难过、反感、惊讶等七种表情出现的数量（见图 8-6）。教师通过查看显示屏上实时展现的统计数据分析结果来了解学生在课堂上的学习状态，如果学生的不专注行为达到一定阈值，系统就会向显示屏上推送提醒，任课老师可根据这个提醒对学生进行管理。借助这套管理系统，可以有效改变在大班授课制下课堂管理凭感觉、不精准的问题。

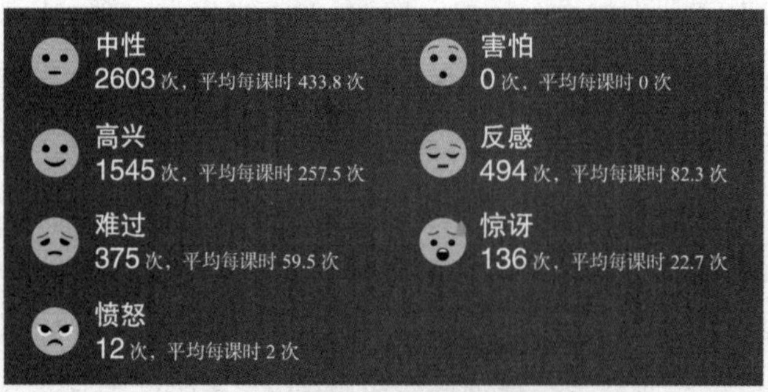

图 8-6　课堂学生面部表情统计

（2）通过学生运动特征进行课堂行为识别与分析

教师和教育管理者可以运用可视化课堂管理系统，通过高清摄像头采集课堂视频数据，利用人工智能技术对学生运动特征进行提取，识别学生的课堂行为。可视化课堂管理系统不但能够根据人体骨骼关键点的组合和移动识别学生阅读、举手、书写、起立等行为，还能够识别学生侧身、趴桌、不看黑板等行为，并对学生做出的异常行为进行实时反馈。结合课堂情感识别数据，教师可以判断出学生的学习态度，知晓哪些同学是在专注听课，哪些同学是在开小差，从而帮助教师及时掌握和调节学生的学习状态，提高学生的学习效率和教学效果。

（3）课堂互动识别与分析

课堂互动体现了课堂教学活动的活跃度，其是判断学生听课效果的重要依据之一。良好的课堂互动有利于加深学生对知识的理解和掌握。基于人工智能中的图像识别和语义识别技术，可视化课堂管理系统可以对课堂中师生互动的数据信息进行采集，然后对这些数据信息进行分析，形成可视化的分析结果，并从分析结果中将能够激发学生互动行为的关键节点、关键词汇提取出来，帮助教师了解课堂互动的状况、学生在学习中存在的需求和问题，从而帮助教师更好地把握与学生互动的时间，使用更好的关键词汇带动课堂气氛，提高课堂互动效果。

2. 无感刷脸考勤

在高校课堂上，教师通常是通过点名的方式来检查学生的出勤率。这种考勤方式不但会耗费宝贵的上课时间，而且考勤结果也并不准确，一些学生让别人代替答“到”的现象屡屡发生。

在5G时代，高校课堂运用人工智能中的人脸识别技术能够实现无感刷脸考勤。在教室内安装上人脸识别设备后，上课铃声一响，学生陆续进入教室坐定，就会被教室内的人脸识别设备抓拍，如图8-7所示。通过将抓拍到的人脸与系统中储存的学生照片进行比对匹配，在很短的时间内就能形成准确的考勤结果，既能节省上课时间，又能对学生起到一定的约束作用，从而有效提高课堂出勤率。

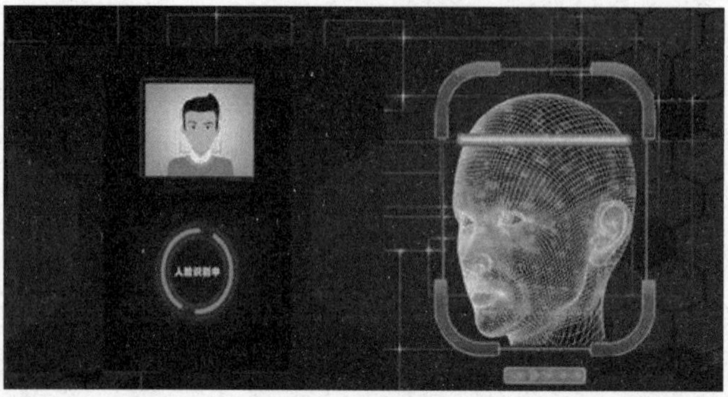

图 8-7　运用人脸识别技术检查考勤情况

3．学情与教情诊断

依托 5G 网络的支持，通过运用人工智能技术，对学生日常课堂学习状态，以及各种测验成绩等数据进行收集，然后利用大数据技术对这些数据进行分析和处理，形成学情和教情诊断。通过多元化评价体系，多维度分析诊断结果，针对学生的不同情况因材施教，为学生智能推送教学知识库，让学生实现个性化学习，如图 8-8 所示。

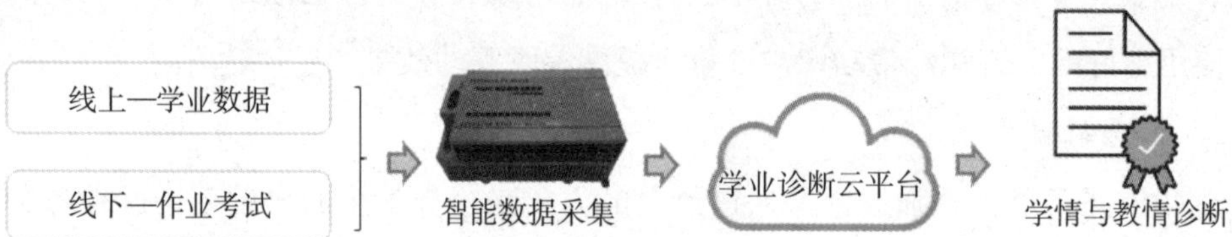

图 8-8　学情与教情诊断

4．智能排课

随着高考改革的推进，传统的教学模式不再适应新的高考制度，走班制教学成为未来的发展方向。走班制教学是指学科教室和教师固定，学生根据自己的学习能力、学习水平和学习兴趣选择符合自身发展的层次班级去上课，不同层次的班级，其教学内容和学习深度不同，作业和考试的难度也有所不同的教学方法。要实行走班制教学，排课是一个亟待解决的问题。如果采取人工排课的方法，则意味着每学期开学之前学校教务管理人员都要花费大量的时间来排课，人力成本和时间成本很高，且很难做到科学精准，容易影响正常教学秩序。

在 5G 时代，依托 5G 网络，利用人工智能算法来排课，有利于提高学校教务管理人员的工作效率。人工智能系统可以快速从教务管理人员事先输入的信息库中提取相关数据和信息，如教师因素、学生因素、班级因素等，在进行完相关数据的选择后通过运用混合型的算法进行相关数据的分析和筛选，再对各个因素进行综合匹配和搭配，最终得到最优的排课组合。

管理人员利用人工智能算法可以很好地解决学校课程安排中存在的各种特殊情况，让智能排课更加科学精准。除此之外，教师还可以运用智能化手段对学生的学习能力、性格、心理和职业倾向进行大数据分析，为学生提出学课建议。

（四）智能校园管理

在传统的教学管理模式中，由于网络处理能力的限制，与人、资产相关的安全方面的管理往往依赖人工，管理流程相对烦琐。而在5G网络支持下，校园管理将能更好地凭借高清视频、智能感知等技术优势变得更加高效、智能。

1. 智能校园安防系统

智能校园安防系统建设是构建智能校园管理体系的重要组成部分，是维持学校正常的教学活动和学习生活环境的有力保障。5G时代，学校可以依托5G网络，运用物联网、云计算、数据共享等技术，将智能视频监控系统、门禁管理系统、智能停车管理系统、安防报警管理系统进行联动和集成，从多维度进行校园管理，最终实现校园安防系统的智能化、动态化。

（1）智能视频监控

在5G时代，信息化、智能化、移动化的新兴科技将被广泛应用，在视频监控系统方面，衍生出许多高效、智能的监控方案，让校园安保工作变得更加全面、快捷。

运用智能视频监控能够对学生的学习、生活轨迹进行跟踪，包括校门口人脸识别考勤、校园内活动视频、食堂“明厨亮灶”监控等。通过对学生的学习行为、饮食安全等各环节进行跟踪，搭载人工智能视频分析，再利用5G网络低时延特性来提升应急事件反应速度，为学生提供24小时全方位、全流程的安全服务保障。此外，家长还可以通过访问学校的安全管理平台及时了解孩子的位置、在校表现。

（2）智能门禁管理

传统的校园门禁管理一般采用电子刷卡的方式，而在万物互联环境下，门禁系统可接入校园智慧管理系统，进行统一、精准化的管理。在智能门店管理模式下，可以运用人脸识别系统记录每一个进出校园或宿舍的人，精确记录其进入的时间、地点和其他有效信息。这样相关管理人员就能及时了解何人在何时进入过校园或宿舍。

智能门禁管理系统不仅能对学生、教师的出入情况数据进行采集和分析，还能有效监控到非法入侵等行为并及时开启报警系统，从而有效保障学校师生的安全。

（3）火灾报警系统

火灾报警系统由自动报警、自动灭火、安全疏散诱导、系统过程显示、消防档案管理等组成。在5G网络覆盖下，高清无死角的视频监测模式代替了传统的人工巡查模式，一旦有火情发生，就会被安插在学校各处的高清视频监控所发现，高清视频监控会将发现的情况传输到校园安防管理平台，由人工智能进行数据分析并做出决策，迅速开启自动报警系统和自动灭火系统，对现场火情进行及时处理。火灾报警系统的运作原理如图8-9所示。

图8-9　校园火灾报警系统运作原理

2．绿色校园建设和管理

在5G网络支持下，绿色校园建设和管理的内容主要体现在以下两个方面。

（1）监测周边环境

在智能校园管理体系中，可以运用物联网、大数据、人工智能等技术对周边的环境进行实时监测，以建立一个更有利于学生学习的环境和氛围。例如，利用相关环境监测传感器对学校周围空气中包括一氧化氮、二氧化氮、二氧化硫、一氧化碳、过敏性花粉等几十种空气污染物进行检测、分析，依托智慧校园管理平台，实现环境报警以及设备联动，保障师生的身体健康。

（2）减少校园能耗

物联网技术具有非常强大的数据分析和处理能力。通过对校园内各项数据的实时监控和对以往数据进行收集，可以快速获取校园能耗的动态信息，自动分析和统计各个区域的能源使用情况，同时通过大数据分析，不断优化节能策略，减少校园能耗。

例如，通过安装智能断路器、智能插座、智能电表、智能水表等设备，准确采集每个用电端口的数据信息，远程控制送电或断电，实现对用电的精准管控；通过加装智能水表，实时采集学校的用水情况，远程控制水闸开关。

3．便携校园

基于5G网络的强大性能，有利于有效提升校园内各项活动的便携性，助力建设便携校园。

（1）数字班牌

数字班牌是便携校园建设的重要组成部分之一。数字班牌通常是指在每个教室门口配置一块高清触摸一体机，显示该班级的课程信息、师生资料、班级风采、所获荣誉等内容。此外，数字班牌还能承担考勤打卡、考场信息展示、通知公告等功能。

（2）智能电子学生证系统

智能电子学生证系统由硬件终端、智能监控平台和智能校园管理三部分组成，其集中了射频识别技术和GPRS技术以及无线通信等技术。该系统可对学生这一特定群体进行海量信息采集，通过互联网及云计算对采集到的数据信息进行分析管理，然后通过终端及后台实现有效的互动交流，还可实现对学生的身份识别、学籍管理、亲情呼叫、公交车刷卡、食堂消费、实时定位、轨迹回放等多种智能化的应用功能。

（3）家校互动

5G支持的家校互动系统将打破传统教育沟通方式的局限性，通过在校园网络平台同步分享学情教情报告、学生安全报告，让家长全面了解学生的学习生活状况。此外，家长可以通过校园网络平台观看高清教学视频、访问教学资源平台，深入了解学校授课情况，提升辅导孩子学习的能力，进而提升家校协作的效果，全面促进学生成长。

（4）设备管理

教育信息化的持续发展使校园中各类信息化设备越来越多，如果学校对这些设备管理不到位，就可能会造成设备损坏、丢失等问题。学校可以采取统一管控、远程操作、可视化呈现的智能管理方式，从“控、管、看”三个层面，实现对学校内各类信息化设备的统一管控，有效克服传统信息化设备集成复杂、难以统一管理的缺点，让校园管理更高效、更节能。

（5）会议室 / 报告厅管理

以往会议室 / 报告厅的管理十分烦琐，需要安排专人完成使用预约登记、到会通知、人员签到、照明空调调节、投影仪准备等工作，耗费人力和时间。在 5G 时代，通过运用物联网和人工智能技术能够实现对会议室 / 报告厅的智能管理。通过智慧校园管理平台可以实时了解会议室 / 报告厅的使用情况，为各个部门提供会议室 / 报告厅的预约指导。

4. 综合管理

智能校园的综合管理主要体现在以下三个方面。

（1）智能机房管理

在传统的学校机房管理中，通常是采用值班制度，由管理者定期对机房进行检查，这种管理模式既耗费时间，又耗费人力。而在 5G 网络覆盖下，学校可以通过在机房内安插各种智能化设备，如能耗管理、环境监测等设备，以及安防系统和门禁管理系统等实现对机房的智能化管理。在智能机房管理中，各类智能化设备的作用如表 8-2 所示。

表 8-2　智能机房管理设备及其作用

智能化设备	作用
能耗管理设备	对机房进行用电监测、UPS（不间断电流）状况监测、智能延时上电、机房能耗分析等，实现对机房动力设备的实时监控、集中监控
环境监测管理设备	对机房进行烟雾监测、精密空调监测、新风机监测、温湿度监测、漏水监测、消防系统监测等
安防系统和门禁管理系统	实现门禁系统开关监测、视频监控联动抓怕、红外人体感应、智能照明系统的整体联动，打造安全智慧机房

（2）实验室管理

实现实验室管理的信息化、智能化是建设智慧校园的一个重点内容，而当前大部分学校在对实验室的管理上还存在很多不规范的地方，不但影响了实验设备的使用寿命，还增加了学校的运营成本。

通过运用物联网技术，能够将实验室的管理纳入智能校园管理系统，从而实现对实验室的智能管理，如图 8-10 所示。在实验室智能管理中，可以对贵重设备、有毒气体等进行实时监测，并对实验过程和实验环境进行实时监控和安全预警，同时对使用实验室的人员进行有效管理，从而有效地提高实验室的管理效率和设备的利用率，最终实现对实验室的智能化管理。

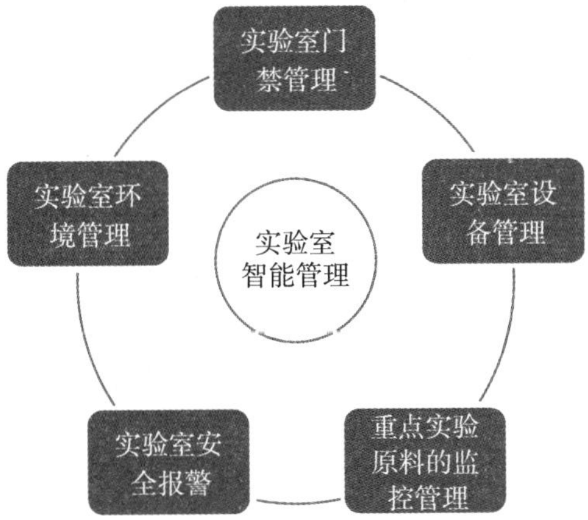

图 8-10　实验室智能管理

（3）室内 / 公共照明管理

在物联网环境下，学校管理者通过运用人工智能技术，能够根据室内光照情况自动调节光照色温，从而维持健康光照，使室内平均亮度恒定、均匀，为学生提供健康舒适的学习环境。针对不同的教学情况，管理者可设置多种不同的光照模式。

对于公共照明，管理者可利用智能设备对原有配电设备进行智能化改造，使校园公共照明系统具备一体化控制、远程单独控制、策略控制、智能联动控制等功能，有效延长公共设备使用寿命，并降低维护成本。

5. 明亮厨房

饮食安全是学校安全管理的重要组成部分，打造“明亮厨房”是智能校园管理的重要组成部分。

（1）厨房、食堂远程监管

学校厨房、食堂的食品安全问题一直是人们关注的焦点。在 5G 网络支持下，学校可以在厨房、食堂安插超高清摄像头，对厨房、食堂的整体操作流程进行直播和录播。政府监管部门能够通过对高清视频进行取证，结合物联网收集的相关数据，完成食品安全数据的收集。同时，通过对数据进行分析，对学校厨房、食堂做出总体评价。厨房、食堂远程监控系统的运作流程如图 8-11 所示。

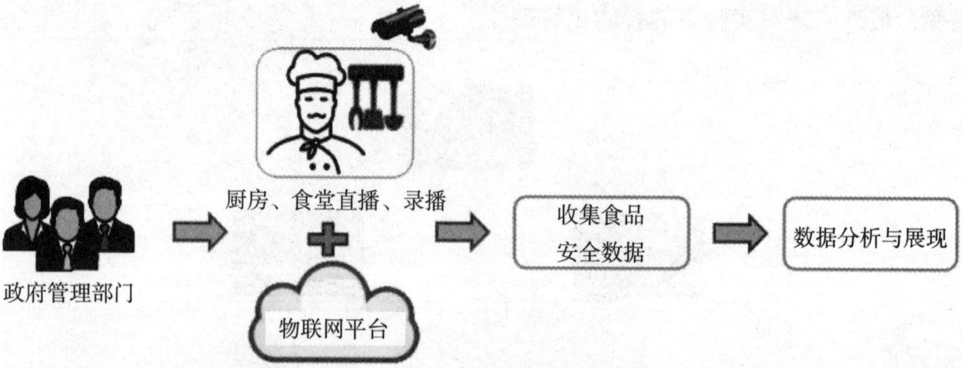

图 8-11　厨房、食堂远程监控系统的运作流程

（2）政府机构、民众互动

学校通过超高速率的网络将厨房、食堂直播及录播视频上传到智慧校园管理平台。无论是政府机构还是普通民众，都可以通过智慧校园管理平台上的高清视频了解学校的每日食谱、食材来源、饭菜成品制作的各个环节。这样一来，学校的餐饮情况就能更加透明，食品安全更有保障，学校还可以根据各方提出的合理建议调整食谱、改进卫生状况等。

三、5G 时代教育未来发展的趋势

5G 时代，技术的创新必将带来学习体验的不断提升，人工智能以及大数据技术的成熟发展，将渗透到教学活动中的各个环节。随着人们对个性化、智能化、沉浸式教学体验的需求越来越高，新型的教学生态应运而生。在 5G 赋能下，科技必将重新定义教育，未来教育将呈现以下几个发展趋势。

（一）在线教育迅猛发展

近几年，在技术、市场与政策的共同推进下，中国在线教育市场愈发活跃。据有关数据表明，2019 年中国在线教育的用户规模将突破 2.2 亿人。在线教育并不仅局限于义务教育阶段的学生，职业教育、兴趣培养、早教的用户规模也相当可观。因此，在线教育市场规模也在不断扩大。

在 5G 时代，在线教育将实现直播场景化改造，形成“教师—场景—学生”的服务模式，教师可以对学生的学习起到观察和监督的作用，从而有效提升学生的学习效率。此外，在直播过程中，教师和学生可以进行有效互动，教师可以随时为学生进行答疑，为学生提供浸入式学习感受，从而提高学生的专注度和学习效果。

（二）沉浸式教育迎来新发展

VR/AR 应用的发展曾经受到 4G 网络的速率与时延的影响而停滞不前。在 5G 时代，依托于高速率、低时延的网络特性，VR/AR 应用场景将再次迎来新的爆发。高速的移动互联网可以提升 VR/AR 设备的运行效率，超低时延可以有效减少 VR/AR 视频的卡顿，有效避免晕动症的发生。在未来，由 VR/AR 技术提供的沉浸式教学模式将成为课堂教学中的重要手段，学生可以完全沉浸在逼真的环境中进行学习，这不但能提升学生学习的兴趣，还可以与环境产生交互，锻炼学生的探索能力。这种全新的学习体验将有效激发学生的想象力和创造力，促进学生对知识的全面理解和掌握。

（三）教育行业人工智能化模式的开启

在未来的教育行业中，人工智能将占据重要地位。人工智能技术的出现为教育教学的发展带来一种全新的模式，即通过智能化、数字化、可视化的技术和设备来重新搭建学习的整个过程。在5G时代，课堂内传统的教学工具将会被智能设备取代，学校的管理系统会被更高效、更准确的人工智能平台取代，人工智能将会得到更多资本的青睐并更高程度的应用。届时，自适应学习、在线助手、信息化管理、智能机器人将成为教育行业的蓝海领域。

（四）教育系统正在向着不断融合的方向发展

在 5G 网络的支持下，万物互联成为可能。在此背景下，教育系统正在向着不断融合的方向发展，教育的构成要素包括教师、学生、教学设备、教学内容、家长等，这些要素将形成彼此联通、相互融合的整体。智能化、融合化的平台能够为学校、教师、家长、学生之间建立沟通的桥梁，未来的教学系统将借助最新技术实现真正的融合。

（五）教学资源的平等、共享

一直以来，教育资源的稀缺性问题不断影响着教育的平等性。地区差异带来的资源配置差异导致教育资源的不均等，由此带来的教育公平问题成为教育行业的一大难题。

从最初的 2G 文字传输，到 3G 的图片、语音传输，再到 4G 时代的视频传输，网络的速度、时延、资费成为限制优质资源传输的关键因素。5G 时代网络的低资费、大容量、快传输等优势，为传输高清视频提供了可能，优质的教育资源能够通过网络实现快速传播与共享，这将有助力教育公平的实现。

这意味着，在 5G 时代，三、四线城市及偏远地区的孩子，也能够享受一、二线城市的高质量教学资源，名师课堂等教学资源将会走进千家万户。

第九章

5G+ 医疗：物联网赋能智慧医疗

作为一项通用型技术，5G将全面构筑数字化社会的关键基础设施，进入万物互联的新时代。目前，5G正处于技术标准形成期和产业应用试验期，与各行业的融合应用探索在不断深入。5G网络因其高速率、大带宽、低时延的特性，在众多行业有着越来越广泛的应用。其中，医疗健康领域成为国内外5G应用的主要领域之一。5G物联网的发展将助力智慧医疗应用场景升级，促使智慧医疗驶入发展快车道。

一、5G 对医疗健康行业的影响

5G网络不仅能为用户带来更快速率、更低时延的上网体验，同时还能满足各类垂直行业多样化的业务需求。对于医疗健康行业来说，5G的广泛应用将深刻改变医疗健康行业的发展模式，为整个行业注入新的活力。

（一）缓解医疗资源供需不平衡的问题

从需求侧来说，近年来，人们在医疗健康方面的需求逐年攀升。随着社会逐步进入老龄化阶段，慢性病健康管理等问题的日益加剧，医疗机构迫切需要转变运营方式。

中国是世界人口第一大国，庞大的人口基数与快速增长的老龄人口数量为社会带来了持续增长的医疗服务需求。根据《国家应对人口老龄化战略研究》课题组的预测，2025年中国老龄人口将突破3亿，而65岁以上老年人口组的年均医疗费用远远高于其他组别的人群。

患有慢性病的人口数量逐年上升也对医疗服务提出了更高的需求。《中国卫生和计划生育统计年鉴》显示，从2003年到2013年，中国慢性病患病率增长近2倍。慢性病健康管理也是医疗健康行业中的突出问题。

从供给侧来说，虽然我国医疗服务资源的供给量逐年增长，但医疗资源总量仍不足，存在医疗资源分布失衡、医疗服务的社会公平性差等问题。执业医师和护士的数量远远无法满足人们对医疗健康的需求。加之中国城镇化的持续推进，医疗资源的地域分布不合理状况不断加剧，大规模的综合型医院一般分布在经济发达地区，而农村、偏远地区的医疗健康需求未能得到很好的满足。

从需求侧和供需侧的现状来看，我国医疗资源存在供需不平衡的问题，现阶段优质医疗服务资源的供给远不能满足人们对医疗健康的需求。因此，医疗机构也在不断探索，运用移动医疗等新技术手段将服务延伸，从治疗者向健康管理者转变。

在5G时代，物联网、大数据、人工智能等前沿技术不断创新突破，赋能医疗健康行业朝着数据化、标准化、智能化方向发展。在5G网络加持下，医疗机构能够充分利用有限的医疗人力和设备资源，在疾病诊断、监护和治疗等方面为大众提供信息化、移动化和远程化的医疗服务。

5G可通过专线传输进行区域医疗传输，加快医疗数据采集、视频与图像交互诊断和远程操控的应用。在5G技术的支持下，医疗资源下沉，医院的就诊效率和诊断水平将得到大幅提高，降低医院的运营成本，医疗资源能够被更多的民众共享，协助医疗资源稀缺地区的精准扶贫，在一定程度上缓解医疗资源供需不平衡的问题。

（二）5G助力智慧医疗健康应用场景升级

从传统的电视监护、电话远程诊断，到现在依托于高速网络进行医学信息、语音、视频的交互诊疗，智慧医疗健康信息技术随着移动通信技术的更迭以及物联网、人工智能等新技术的发展而不断进步。5G网络所具备的高速率、高可靠、低时延等特性，将使其成为推动医疗健康应用场景升级的重要抓手和技术手段。

5G网络技术在医疗行业中的应用将颠覆传统的医疗服务模式，催生出更多智慧医疗的应用场景，如图9-1所示。除了远程诊断、远程会诊，还有虚拟医学教育培训、远程急救、远程监测、移动查房等典型医疗场景都将出现在人们的生活中。

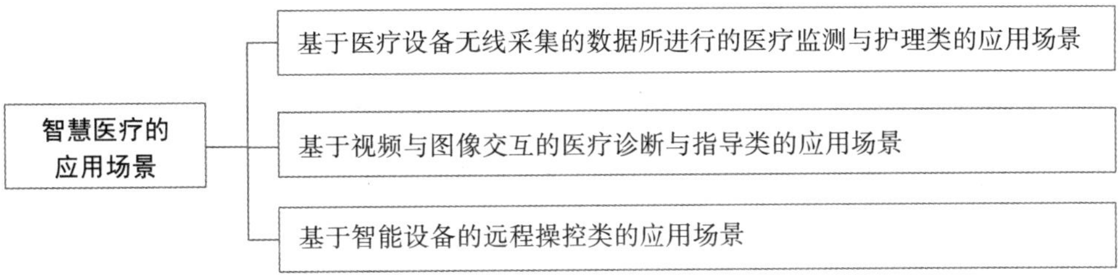

图 9-1 智慧医疗健康应用场景

1. 基于医疗设备无线采集的数据所进行的医疗监测与护理类的应用场景

这类应用场景以医疗设备无线采集的数据为基础，涉及血压、血糖、血氧饱和度、心率等生命体征数据的传输，对宽带传输速率、网络时延以及连接数量的要求不高，涉及的主要是生命体征监护仪、可穿戴智能设备、输液袋、护士等之间的数据传输。

2. 基于视频与图像交互的医疗诊断与指导类的应用场景

这类应用场景涉及生化分析结果、影像检查结果、电子病历等视频与图像的传输，对网络有较高的要求。5G 网络大带宽、低时延、多连接的特性恰好能够支持这类应用场景的落地，如远程诊断、远程会诊、虚拟医学教育培训等。

3. 基于智能设备的远程操控类的应用场景

超高清画面清晰、实时传输是保证医生远程精确操控智能设备的前提，因此这类应用场景对网络性能的要求较高。例如，在远程手术中，不但对视频传输速率的要求极高，而且要求网络时延控制在 1 毫秒以内，只有这样才能保证手术的顺利进行。同时远程手术需要连接多种智能设备，因此对网络连接数量的要求也比较高。

（三）5G 物联网促成智能医疗全连接

在 5G 时代，人与人、人与物、物与物相互连接，物联网的应用将给医疗健康行业带来巨大影响。在物联网环境下，5G 可通过专线传输网络为云化人工智能辅助医疗赋能，以超高传输速率、极低时延和超大连接支持云化人工智能在医疗健康行业中的应用，同时促进医疗诊断效果的提升，使随时随地的医疗服务成为可能。

通过医疗物联网、医疗云、医疗大数据应用等技术，传统医疗模式下医院各科室间信息孤立的局面将被打破，各部门之间将实现数据的有效协调和互补。

二、5G 智慧医疗的典型应用场景

许多医疗场景涉及大量的数据传输，需要高清视频作为基础，且对信息传输时延的要求较高，设备的连接数量也很多。5G 网络所具备的大带宽、低时延、多连接的特性，能够为更多智慧医疗典型应用场景的落地提供助力。

（一）远程诊断

在 5G 网络覆盖下，远程诊断将成为智慧医疗中被医疗机构普遍应用的诊断方法。远程诊断是指利用通信网络系统，一方医疗机构向另一方医疗机构提供患者的临床及 CR（计算机 X 射线）、DR（直接数字平板 X 线成像）影像资料，邀请其出具诊断报告的医疗诊断模式。诊断报告的内容包括远程影像诊断、远程心电诊断、远程超声诊断、远程病理诊断等信息。

在基层医院向上一级医院或专科医院的专家寻求最佳治疗方案的过程中，可采用远程诊断的方式，其网络架构如图 9-2 所示。在整个诊断过程中，由医疗机构邀请方将相关检查资料上传到远程医疗平台，医疗机构受邀方通过终端设备从远程医疗平台获取相关资料，并根据这些资料出具诊断报告，再将诊断报告回传到远程医疗平台供邀请方和患者使用。

图 9-2　远程诊断的网络架构

现阶段，4G 网络基本可以满足远程诊断中电子病历、诊断结果等的传输，但是 CR、DR、MRI（磁共振成像）等影像资料和 B 超资料的传输对网络速率的要求在 13Mbit/s，而现有网络的速率在 10Mbit/s，因而会大大延长影像资料传输的时间，影响医疗诊断工作的效率。在 5G 网络覆盖下，数据传输速率能够达到 1Gbit/s，影像资料能够快速上传和下载，远程医疗专家能够随时随地对患者心电图、影像（超声、X 光等）、病理、手术信息、电子病历信息、检查结果、医嘱等与患者相关的治疗信息进行实时传输和调阅。

专家在掌握了患者所有的相关信息后再进行远程诊断，能够大幅提升诊断的准确率。同时，患者在基层医院即可享受和三甲医院同样的诊疗服务，节省了诊疗时间和诊疗费用，免除了患者不断转院的烦恼。此外，5G 的高可靠性能有效保障医疗数据传输的安全性。

（二）远程会诊

人们患病后都希望得到最权威的诊断、最有效的治疗，而医疗资源分布不均的状况会导致一些偏远地区的居民难以获得及时、高质量的医疗服务。远程会诊作为一种新的会诊方式，很好地解决了这一难题。

远程会诊是指利用电子邮件、电话、传真等通信工具，为患者完成病历分析与病情诊断，并进一步确定治疗方案的医疗服务。

传统的远程会诊通常是以视频通信的方式进行，网络建设和维护成本高、移动性差。虽然在现有网络条件下，可以配置 1080P 的高清视频设备，但未来随着 4K、8K 超高清视频设备的应用，其对网络的数据传输速率的要求必须达到 20Mbit/s，而现有的网络无法满足。

5G 网络的数据传输速率能够达到 1Gbit/s，良好的网络性能为 4K/8K 的远程高清视频会诊和医学影像数据的高速传输与共享提供了强有力的技术支撑。在 5G 网络支持下，远程会诊方案架构如图 9-3 所示。

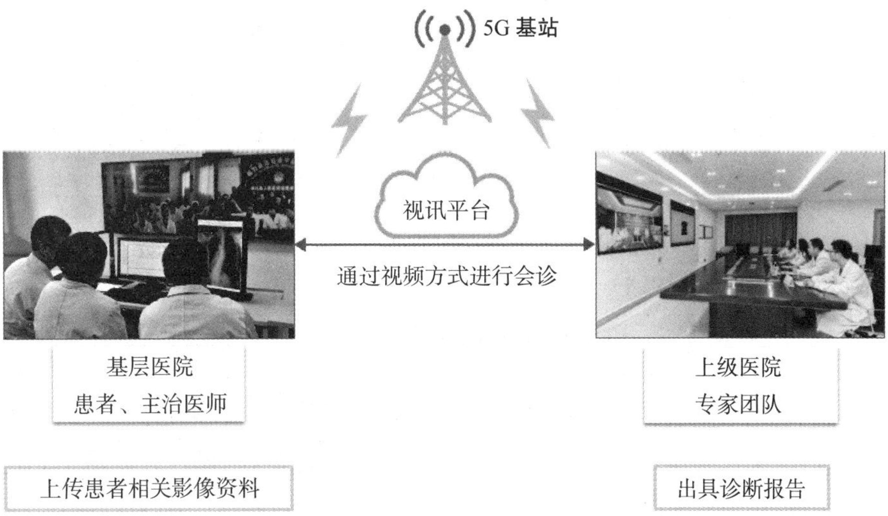

图 9-3　远程会诊方案架构

远程会诊突破了传统的医学会诊方式，利用现代化的高科技影像、声音采集设备和专用的远程会诊软件，并配备高清远程会诊设备能够实现多方医疗专家的远程会诊。

2019年4月，贵州医科大学附属医院远程医学中心在中国移动5G通信网络的支持下，联合长顺县人民医院及中日友好医院完成了首次5G远程MDT（多学科会诊）会诊。

此次会诊的病人是长顺县人民医院的一名脑卒中患者，该患者在住院期间的治疗效果欠佳。通过这次远程MDT会诊，各方专家对该患者进行了影像诊断，为下一步制订治疗计划提供了有效依据。5G网络的低时延、高速率的特性为本次远程会诊中电子病历、放射影像等近2GB的大宗医疗数据的实时传输和同步调阅提供了有力支撑。

（三）虚拟医学教育培训

在医疗教育中，基于VR/AR的虚拟医学教育培训是培养医疗技术人员的重要手段。虚拟医学教育培训是指青年医生借助VR/AR设备，在培训专家的远程或现场指导下，进行相关的医学治疗操作。虚拟医学教育培训方案架构如图9-4所示。与传统医学教育培训方式相比，虚拟医学教育培训的方式能够为受教者提供极具沉浸感的培训场景，交互内容更加丰富，成本也更低。

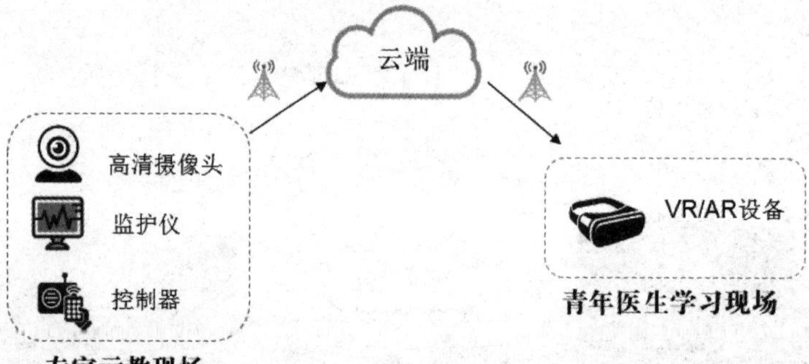

图9-4　虚拟医学教育培训方案架构

虚拟医学教育培训模式的交互性极强，因此其对网络的传输速率和时延的要求较高。随着VR/AR技术的发展，虚拟医学教育培训模式对数据的传输速率和传输时延的要求也在逐步提高，传输速率从25Mbit/s提高到1Gbit/s，传输时延从40ms缩短到10ms，如图9-5所示。5G网络的速率一般是1Gbit/s，最高峰值速率可以达到10Gbit/s，时延通常在10ms以内，能够有效支撑虚拟医学教育培训活动的顺畅进行，为学习者提供身临其境的体验环境。

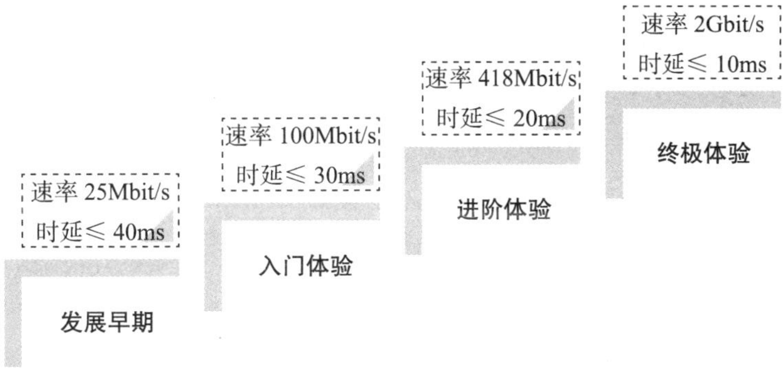

图 9-5　VR/AR 不同发展阶段下对通信网络的要求

在虚拟医学教育培训中，手术虚拟示教是提高医护人员实操水平的重要方式。手术虚拟示教是指采取医院手术直播、录播等形式对学员进行教学培训的方式。这种培训方式主要面向的是医院普外科、麻醉科、心外科、神经外科等外科相关科室的医护人员。通过高清视信设备，在手术现场的医生可以和云端医疗专家或学员进行实时交流，云端医疗专家或学员可以通过 VR/AR 设备同步看到手术现场的操作以及患者实时的医疗信息。

2019 年 9 月，河北省第一例基于 5G 网络的远程手术示教在河北省中医院成功实施。这次展示的手术示教是将手术室腔镜与多媒体转播设备连接，将转换的音视频信号通过 5G 基站传输到会诊中心。手术的过程、腔镜下通过激光治疗的结石病灶、邢台巨鹿的学习观摩现场，以及在远程医学会诊中心观摩的领导、媒体，都分屏展示在会议中心的一块大荧幕上。同时，手术直播现场示教还在 5G PC 端、5G 手机端、VR 眼镜里同时展现，不在手术室的相关人员也可通过远程医学平台、邢台市第九医院直播会诊系统进行同步学习、观摩，图 9-6 所示为这台手术的观摩现场。

图 9-6　河北省中医院远程手术示教观摩现场

（四）远程急救

挽救生命分秒必争，而5G带来的毫秒级网络时延速度无疑是远程急救领域的强心剂。远程急救是急救人员、救护车、应急指挥中心和医院之间通过5G网络相互沟通协作开展的医疗急救服务，急救人员需要在短时间内对威胁人类生命安全的意外灾伤和疾病采取紧急救护措施。远程急救方案架构如图9-7所示。现场抢救、运输、通信等都是影响远程急救的重要因素。

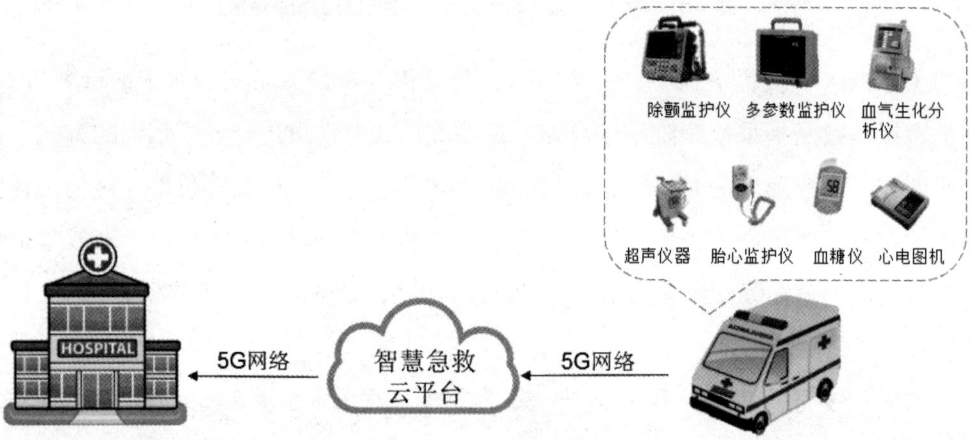

图9-7　远程急救方案架构

在急救现场没有专科医生或全科医生的情况下，救援人员需要对患者进行初步检查，通过通信网络将患者生命体征和危急报警信息传输至远端医生侧，继而在专家的远程指导下，对患者进行有效的急救。通过远程监护，能够让医院在第一时间掌握患者的病情，根据实际情况提前制定急救方案并进行相关资源准备，以实现院前急救与院内救治的无缝对接。

远程应急救援涉及患者生命体征监护、病情诊断检查和视频会议等场景，患者的生命体征数据、电子病历信息等都需要快速传输至医院，这对网络传输速率和时延提出了更高的要求。5G网络的大带宽、低时延的网络特性为患者生命体征的监测信息、救护车实时定位信息以及车内外视频画面的采集和传输提供了强有力的保障。

浙江大学医学院附属第二医院滨江院区已经建立了“5G远程急救指挥中心”。“5G远程急救指挥中心”融合了5G、人工智能等多种前沿科技，危重患者在转运过程中，救护车的位置、患者的心电图、超声图像、血压、心率、氧饱和度、体温等数据能够实时传输到目的医院，实现了医院与救护车的信息互联互通。因此，在救护车到达医院之前，医护人员在车中就能完成对病人的一系列检查，医生根据检查结果做出决策，从而以更快的速度抢救病人。

随着5G技术的不断成熟，在未来，医疗专家将能够通过视频设备对患者情况进行更加细微的观察，从而更好地指导一线救护人员进行精准施救，避免出现救治不当的情况发生。届时，大数据技术可充分挖掘和利用医疗信息数据的价值，并对其进行应用、评价，以服务于急救管理与决策；边缘云能够提供安全可靠的医疗数据传输，实现信息资源共享、系统互联互通，为院前急救、智慧医疗提供强大的技术支撑；人工智能在急救调度、后台运维管理、急救质控管理等方面将会发挥更大的作用。

（五）远程监测

远程监测是指利用无线通信技术，通过生命体征监测仪或可穿戴智能设备，实现对患者的血压、血糖、心率等进行实时、持续的监测，由此获取的生命体征数据和危急报警信息则以无线通信方式传送给远端医护人员，远端医护人员根据患者当前状态，做出及时的病情判断和处理。

远程监测的对象一般是术后患者和突发性疾病患者。术后患者在康复过程中容易出现术后并发症，且病情变化风险大，需要医护人员对其进行实时动态的监测；而对于突发性疾病患者，如冠心病和脑卒中患者来说，在患者能正常活动的状态下，也需要医护人员对其生命体征进行监测，以便在发生异常情况时能及时对其进行急救。

针对这两类患者的情况，医院可采用无线可穿戴监护设备，对其实现实时、持续的监测。依托5G大带宽、低时延的特性和精准定位能力，可穿戴监护设备在使用过程中能够实时定位患者的位置，同时对患者的生命体征数据进行实时采集、处理和计算，并将数据传输到远程监控中心，由其最终做出决策。远程监测方案架构如图9-8所示。

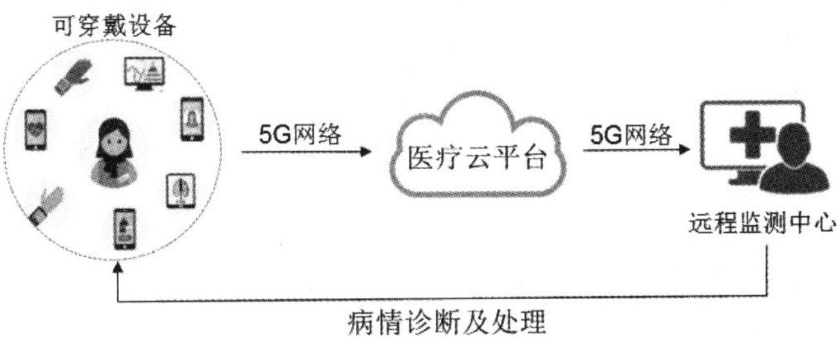

图9-8 远程监测方案架构

在未来，用于远程监测的体征监测设备、可穿戴设备、传感设备、接收设备等的连接数量将会越来越多，它们对移动网络的连接能力也提出了更高的要求。5G 的多天线技术具有更高的频谱使用效率，能够提高空间复用率，实现超大容量连接，每平方千米的连接数量可以达到 100 万个，为实现远程监测提供良好的网络基础。

（六）移动查房

移动查房是指在日常查房护理的基础上，医护人员使用手持移动终端，通过无线网络连接医疗信息系统，进行电子病历的实时输入、查询或修改，以及快速调阅医疗检查报告的一种查房形式。移动查房的方案架构如图 9-9 所示。

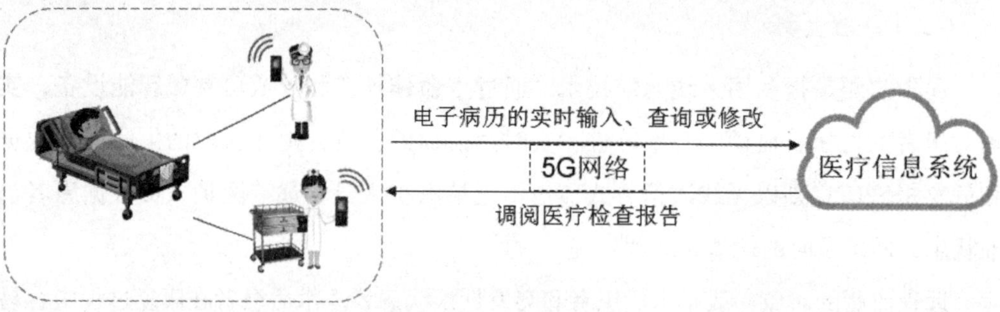

图 9-9　移动查房的方案架构

移动医护是将医生和护士的诊疗护理服务延伸至患者床边。传统的移动医护一般是在 Wi-Fi 网络模式下进行操作，往往存在网络性能差等问题，同时也存在数据传输不稳定、数据易泄露等风险，难以实现相关资料的实时采集和实时传输，查房和护理服务的质量和效率有待提高。而在 5G 网络覆盖下，移动查房能够真正实现将医生和护士的诊疗护理服务延伸至患者床边。

依托大带宽、高可靠、低时延的 5G 网络，不仅有利于实现医护人员在线查询患者的生命体征数据、心电图等需求，还可以有效解决医疗数据传输量大、传输不稳定的问题。医护人员可以在日常查房护理的基础上实现影像数据和体征数据的移动化采集、高速传输和移动高清视频会诊。

此外，在医院的特殊病房，如放射科病房、传染病房等，医护人员的安全无法得到有效保障，而随着 5G 技术的成熟，医护人员可以通过控制安装有高清摄像机和显示屏幕的智能医疗辅助机器人实现对病人的远程查房，智能医疗辅助机器人可以移动到指定病床，实现医生与患者之间的高清视频交互，在保证医务人员安全的前提下，对患者完成远程护理服务。图 9-10 所示为智能医疗辅助机器人。

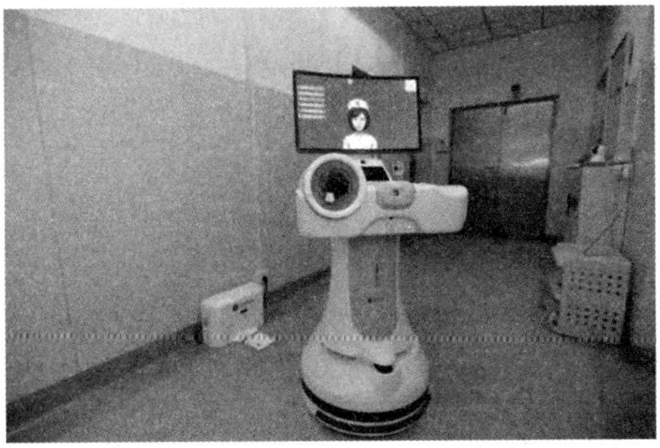

图 9-10　智能医疗辅助机器人

（七）远程超声检查

远程超声检查是指在通信网络的支持下，由远端医疗专家根据患者端的音视频和力反馈信号，远程操控机械臂对患者开展超声检查。远程超声检查方案架构如图 9-11 所示。远程超声检查无须指派专业医生到达现场，只需相关医院提供设备仪器并设置好各设备仪器即可，由医疗专家远程操控设备，从而完成整个检查过程。

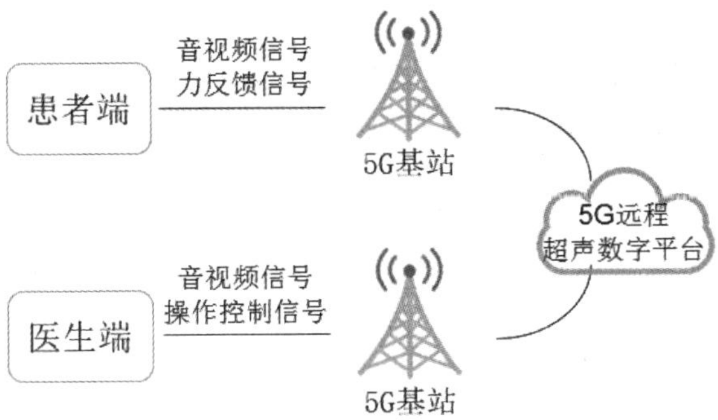

图 9-11　远程超声检查方案架构

与 CT、磁共振的静态影像检查不同，超声检查得到的是基于时间序列的动态影像，即便是对一位患者的简单的腹部脏器超声筛查，都会产生最高达 2GB 的超声影像数据，而且这些影像还具有动态变化性，在远程传输中任何一帧画面的丢失，都有可能造成误诊、漏诊的严重后果。因此，远程超声检查对远距离图像传输的连贯性和时延控制有着极高的要求。

远程超声检查涉及操作摇杆控制信号、力反馈触觉信号以及两路视频信号等技术问题。两路视频信号分别为医生 / 患者摄像头视频和超声影像视频。4K 的医生 / 患者摄像头视频及超声影像视频要求网络传输速率要达到 20Mbit/s，时延在 40ms 以内。除此之外，超声资料传输需要速率达到 13Mbit/s。在现有网络环境下，视频分辨率只能达到 1080P，超声影像的清晰度仍需要进一步提高，同时由于网络速率、时延等限制，视频传输仍存在卡顿问题。

5G 为人们带来了更加稳定、安全、快速的网络技术。5G 的高速率以及毫秒级的时延特性，将有助于信息的实时传输，支持远端医生操控机械臂实时开展远程超声检查，保障远程超声检查的准确性和稳定性。

2019 年 9 月，中国人民解放军新疆军区总医院与重庆大坪医院，通过中国移动 5G 技术的支持进行共同协作，为一名新疆患者进行了远程超声检查。在位于新疆军区总医院医技外科楼超声科室现场，患者平躺在远程超声诊断台上。借助 5G 技术，重庆大坪医院的医生在千里之外操控操作柄，新疆军区总医院远程超声仪机器臂上的无线 B 超探头便灵活地上下、左右、旋转移动，对患者进行远程超声检查并进行诊断，医生端与病人端的设备时延不超过 15ms。

（八）远程手术

远程手术是指以移动通信技术为基础，利用医工机器人和高清音视频交互系统，远端医疗专家根据手术室的视频成像和反馈信息，由远程操控机器人开展的手术治疗服务。远程手术方案架构如图 9-12 所示。

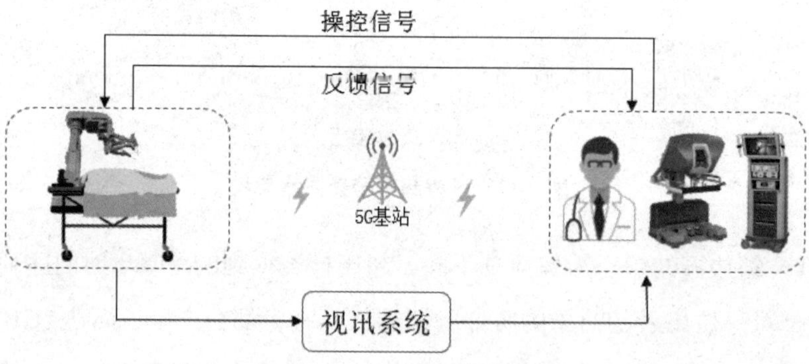

图 9-12　远程手术方案架构

早在 20 世纪 80 年代，美国就研发出一款名为“达芬奇”的外科手术系统。近年来，随着中国经济的发展和科技的进步，部分医院已经引进了手术机器人，也自主研发出了先进的手术机器人，如“妙手 S”。将手术机器人应用于远程手术，外科医生就可以打破地域限制为病人实施手术，这是机器人手术系统的潜在优势，但也是远程医疗应用场景中最为复杂的部分。

远程手术面临的主要难题是医生的操作和机器人手臂做出的反应之间的时间延迟，以及如何实现高清语音视频的快速传输。在远程机器人实施手术过程中，医生需要通过三维立体成像实时观察手术实施的细微画面，要求相应设备数据的传输速率达到 25Mbit/s，只有这样才能保证将手术现场情况全方位展现在医生眼前。同时，在手术过程中，医生通过操作机械臂进行手术操作，机械臂影像的传输速率要达到 20Mbit/s，传输时延低于 10ms。除此之外，手术过程中还涉及患者生命体征、各种监护仪数据的传输等，这些都对网络传输速率和时延提出了较高要求。

5G 技术的兴起为这些难题的解决找到了突破口，5G 高速率、低时延的网络特性能够确保手术现场的机械臂运行与医生端的操控高度同步，不会因网络延迟而导致医疗专家出现误判情况，从而保障远程手术的顺利实施，提高手术的成功率。

利用 5G 网络切片技术，可快速建立上下级医院间的医疗专线，有效保障远程手术实施的稳定性、实时性和安全性，让专家实时掌控手术进程和患者生命体征，实现了对跨地域远程精准手术的操控和指导。5G 技术的应用降低了患者就医成本，有效促进了优质医疗资源下沉。

2019 年 3 月，中国移动携手华为助力中国人民解放军总医院，成功完成了全国首例基于 5G 的远程人体手术——帕金森病“脑起搏器”植入手术，如图 9-13 所示。此次远程手术是在远程会诊、远程 B 超等 5G 特色应用基础上，从医学观察、指导到手术操作的一次突破，开启了新型信息通信技术与医疗技术相结合的新篇章，推动了 5G 网络支持远程医疗的长足发展。

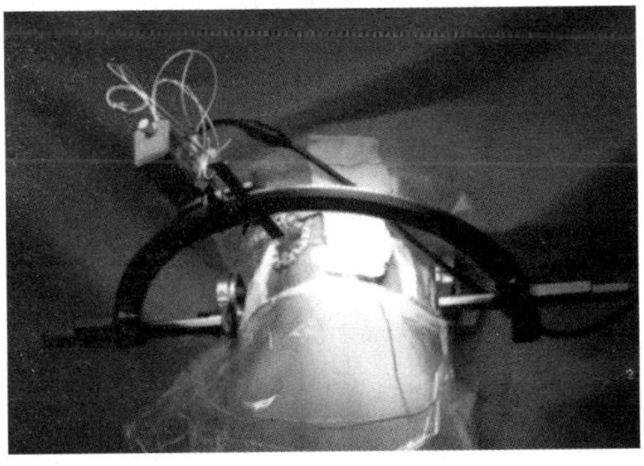

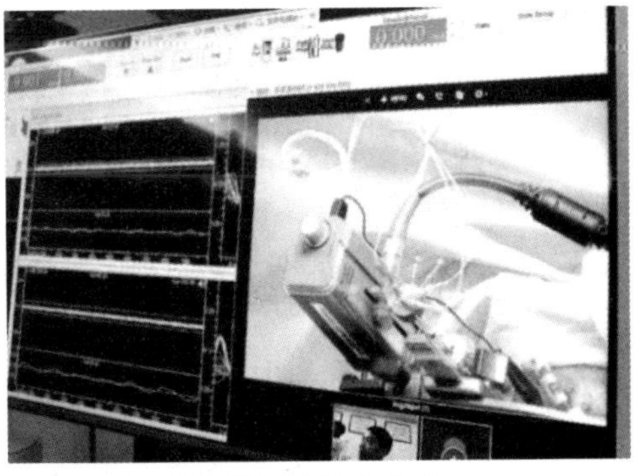

图 9-13　基于 5G 的远程人体手术——帕金森病“脑起搏器”植入手术

（九）导航定位服务

随着我国现代医疗信息化进程的加快，以及医疗体制改革的不断深入，全社会的医疗技术与就医服务水平都上升到了一个新的台阶，实现有序、轻松的就医流程成为医院提高服务水平的迫切需求。越来越多的大型现代化医院开始利用先进的5G网络和物联网技术来优化就医流程、提高管理效率。

在5G时代，物联网技术将风靡各行各业，在信息化、数字化医疗改革的推动下，创新技术将赋能医疗导航定位服务的发展。医疗机构为用户提供的导航定位服务，主要包括医院内导航和城市导航。

1. 医院内导航

医院内导航即就诊指引，是指医院根据患者的需要实时显示挂号处、就诊室、检查检验室、缴费处等信息，并为其制定到达路线的智能导航服务。医院内导航服务有利于节省患者的就诊时间，提高患者就诊体验。

一些大型综合性医院具有面积大、结构复杂、楼层多、科室多的特点，虽然大多数医院都已设置了楼层分布图以及科室引导标志，但是依然避免不了患者寻找科室费时费力的问题。目前，医院内导航主要依靠GPS定位，但这种定位方式的精度不高，无法实现室内定位。因此，建立智能化导航指引系统成为医疗机构提升服务水平的关键。

要实现精准的室内导航，需要几米甚至1米以下的定位精度，还要能够分辨楼层。在5G网络覆盖下，通过将先进的物联网定位技术融入医院信息管理平台，能够实现院内导航的智慧化、精确化。

在未来，5G高精度定位将朝着“融合定位”的方向发展，即室内环境采取Wi-Fi融合带内信号、步行者航位推算（PDR）的方式，存在超带宽（Ultra Wide Band）的环境优先采用UWB方式。覆盖整个医院的精准导航系统不仅能够为前来就诊的患者提供更加人性化的科室导航服务，实现医院高精度智能导航，还能为患者提供点对点信息推送、位置共享、快速找人、智慧停车、病患定位监护、医疗设备定位管理、一键紧急求助等服务，大幅提升患者的就医体验。

随着5G的发展，智慧导诊机器人将得到更广泛的应用。在5G网络支持下，智能导诊机器人能够为患者提供人工智能导航服务，如科室线路导航、智能分诊等，这对提高医院的服务水平，减轻大厅导诊台护士的工作量，提高导诊效率等方面具有重要意义。

2. 城市导航

现阶段，城市导航大多采用 GPS 导航系统，这是一种 2D 平面下的定位和路线指引，未考虑周边环境对导航的影响，因此导航结果往往不够精准。

而在未来，5G 能够为需要医疗健康服务的用户提供覆盖整个城市的精确导航。导航系统可以在可穿戴设备上实现音视频的同步传输，它除了能够对位置和方向进行指引，还能通过影像分析对导航进行纠正，防止突发情况的出现。

例如，视障人群在日常行走中经常会遇到各种特殊地形，虽然盲杖能够对地面进行探测，但很难避开空中的障碍物，加上交通环境日趋复杂，盲人独自在盲道行走时也会有很大的安全隐患。浙江大学针对这种情况研制出基于 5G 技术的“重明”智能盲杖，安装在智能盲杖上的全景相机可以对周围环境进行探测。在 5G 网络技术的支持下，全景相机将探测到的信息以全景图像的形式上传到云端，然后由云端处理器扫描并计算实时接收的全景图片，进而判断地形和路况，并通过带有蓝牙功能的骨导耳机向盲人发布行动指令，指导盲人避开障碍物。图 9-14 所示为“重明”智能盲杖的运作原理。

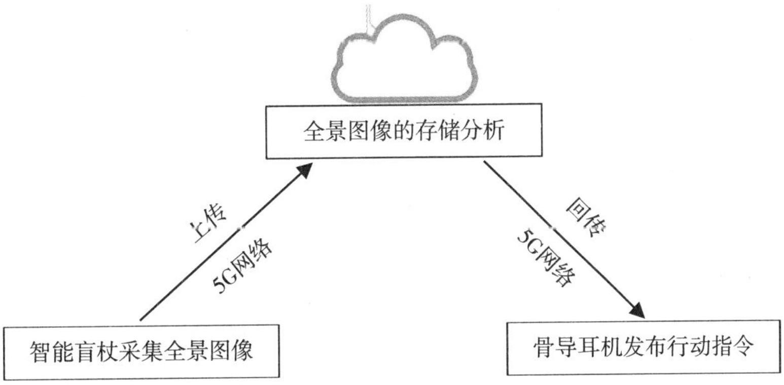

图 9-14 “重明”智能盲杖的运作原理

“5G+ 全景图像 + 云”的方法让盲杖不需要携带强大的计算芯片，省去了大量的电子元件，云端计算的方法让智能盲杖的导航及时又可靠。出行时，智能盲杖会实时拍摄盲人周围的路况并上传云端，这就会产生大量数据。由于 5G 具有高速率、低时延的特点，因此我们通过 5G 可快速处理这些数据。

三、医院如何进行 5G 部署

2019 年是 5G 商用元年，随着 5G 网络建设速度的加快，5G 技术在各个行业的应用和落地场景也在快速增加。“5G+ 医疗健康”的应用试验已经在部分医院展开。医院在进行 5G 部署的时候，只有明确医院部署 5G 的参与主体、建设方式和基本流程，才能推进 5G 在医院的应用试验。

（一）医院部署 5G 的参与主体

现阶段，5G 在医疗健康领域尚处于试验和测试阶段，各个参与主体协同发力，共同促进了 5G 医疗场景在医院的落地。具体来说，医院部署 5G 的参与主体主要有四个，如图 9-15 所示。

图 9-15　医院部署 5G 的参与主体

1. 5G 通信设备供应商

5G 通信设备供应商处在 5G 产业链的上游，主要负责天线、射频模块、小微基站等设备的研发设计，以及核心网、传输网和接入网的建设。从基础芯片到网络系统，从基站到终端，5G 通信设备供应商已经形成了完整的体系。

在垂直行业，5G 设备供应商为未来 5G 规模化商用的深层次发展奠定了良好的基础。在医院的 5G 部署工作中，5G 设备供应商为医院提供智慧医疗落地所必需的设备，同时负责相关网络的建设，为医院部署 5G 提供必要的基础设施。以华为为例，2016 年华为启动了在“5G+ 医疗”方面的探索和研究。华为联合产业合作伙伴，基于华为 5G 室内解决方案，已经构建了上百家“5G+ 医疗”的示范点，诸如远程会诊（如 MDT 多学科会诊）、远程门诊、远程影像诊断、远程心电诊断、远程超声、远程培训等应用场景已经可以实现商用化。

2．5G运营商

5G运营商是指提供5G网络服务的供应商，它们承担了医院5G部署中5G设备的安装、运营及维护等工作。国内许多医院在5G运营商的支持下，实现了5G在医疗场景应用中的初步尝试。

2019年1月3日，中国电信股份有限公司安徽分公司携手中国科学技术大学附属第一医院及相关厂家联合成立的智慧医院5G实验室正式挂牌，参与方将共同在智慧手术室、智慧病区、智慧后勤、远程医疗等场景开展应用，率先在省内开展“5G+医疗”试验；2019年2月24日，北京移动通信有限责任公司携手华为完成了中日友好医院5G室内数字化系统部署，为实现移动查房、移动护理、移动检测、移动会诊等应用场景提供了5G网络环境。

3．医院

作为部署5G的主要参与主体，医院为5G的部署提供了场地、医务人员及患者，为构建5G应用场景提供了物力、人力和财力支持。

4．医疗器械厂商

5G的推广和铺开将对现有的医疗器械的使用带来巨大改变。当前，5G网络、人工智能、云计算、大数据、物联网等技术与医疗器械行业加速融合，涌现出智能健康穿戴式设备、VR/AR设备、手术机器人等多种新的产品形态。

随着各个智能医疗应用场景的落地，医院对医疗器械厂商提出了更高的要求，医疗器械厂商只有加紧对相关医疗设备进行升级改造，开发新型多功能检测仪心电图机、超声仪、可穿戴设备等，才能适应日新月异的医疗应用场景。

在5G时代，设备商、运营商、医院、医疗器械厂商将合力推进5G应用的快速落地，共同促进医院5G部署的进程。在未来，医院将会在各方参与主体的共同努力下朝着智慧化、便捷化的方向发展。

（二）医院部署5G网络的建设方式

目前，5G通信网络建设有改造和新建两种方式，即非独立组网和独立组网。这为医院部署5G网络提供了两种路径。

1．对4G网络的改造

非独立组网方式的本质就是改造现有的4G网络，将其接入到5G核心网，以满足5G的通信要求。

4G 网络的改造是在现有无线基础设施之上进行相应的软件升级，无须投入新设备和新基站，虽然在很大程度上节约了网络建设成本，但网络体系架构和技术方面主要继承了原有网络，因此通信的效率和质量会受到一定影响。

2. 新建 5G 网络

虽然新建 5G 网络在毫米波、波束赋形、网络切片等全新技术的加持下，能够更好地满足 eMBB、URLLC 和 mMTC 三大场景的需求，并能根据应用场景提供定制化服务，从而满足各类行业用户的使用需求，但是新建 5G 网络成本较大，网络建设所需要的时间也会更长。纵观现阶段医院部署 5G 的情况，为验证在真实 5G 网络环境下医疗行业发生的重大变革，其网络试验大都采用新建 5G 网络的方式，以便在不久的将来实现 5G 独立组网架构下的医疗场景应用。

（三）医院部署 5G 网络的基本流程

要实现“5G+ 医疗”健康应用场景的落地，就必须通过复杂的系统工程在医院进行 5G 网络的部署。一般来说，在医院进行 5G 网络部署的基本流程如图 9-16 所示。

图 9-16　医院进行 5G 网络部署的基本流程

1. 签订协议

5G 网络在医疗健康领域的普及是医疗信息化发展的必然趋势。因此，在“5G+ 医疗”健康试验的初期，医院应不断加强与通信设备供应商及电信运营商的合作，通过与之签订协议，确定 5G 网络部署的项目内容、工程周期以及工程分工等，开展相关医疗场景应用的搭建。

2. 勘察选址

签订协议后，通信设备供应商和电信运营商应对业务区进行实地勘察，根据医院的基础条件和参与意愿进行站点的具体布置，找出适合做基站站址的位置，初步确定 5G 基站的天线挂高、天线的方向角及下倾角等参数。在 5G 网络部署初期，医院一般提供部分区域或部分科室作为 5G 试验区域。

3．网络建设

网络建设即 5G 网络的施工环节，在这一环节主要进行的是基站、天线等设施的建设工作。由于 5G 的频率超高，而电磁波频率越高波长越短，衰减也越快，更容易被障碍物屏蔽。因此，仅凭室外基站，5G 很难完成对室内信号的覆盖，这时还需要在医院的每个楼层安装一定数量的微型基站，才能将信号相对均匀地分布到室内。

4．网络调试

在整个 5G 网络基础设施建设好后，还需要对 5G 网络进行一系列调试，检验网络通信质量是否达到了相关应用要求。

5．场景应用

场景应用是 5G 网络部署流程的最后一环，医院在 5G 网络部署完成后需切入实际应用场景，通过一系列试验来对所建网络进行效果评估，对场景应用的试验结果进行验收，以确定 5G 网络建设在医院内应用的稳定性、安全性。另外，还要将相关结果反馈给电信运营商，以便做进一步的改进。

四、5G 落地医疗领域的未来展望

在未来，随着 5G 智慧医疗生态的初步完善与成熟，便携式、无线化医疗设备将逐步从大型医疗机构走近基层医疗机构和家庭。传统大型综合医院不仅能够支持各医院间实现远程医疗，还会形成面向区域医疗联合体、社区、家庭的医疗服务网；智慧医疗将实现线上与线下的无缝对接，由实体医院主导的远程医疗走向融合的新医疗。具体说来，5G 落地医疗领域将分三个阶段逐步推进，如图 9-17 所示。

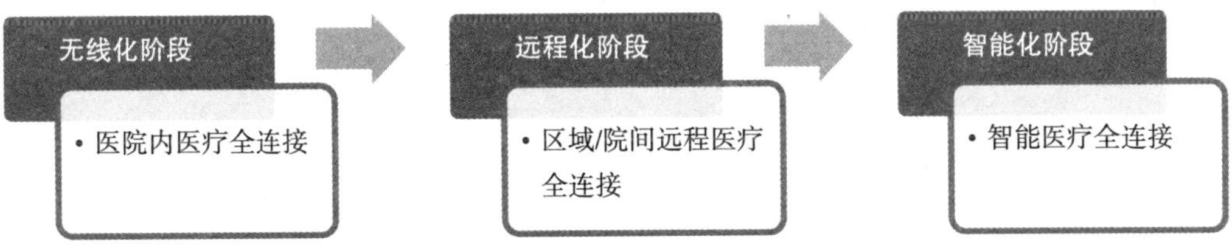

图 9-17　5G 落地医疗领域的发展阶段

1．无线化阶段

随着医院网络信息化的普及以及通信技术的大力发展，医院的各种无线终端迅速普及，如 PDA（掌上电脑）移动医护终端、无线平板电脑等，这些终端拓展了医院内移动查房、无线监护、机器人查房和远程实时会诊等场景。这不仅能大大节省医疗人员的时间，还能提高他们的工作效率和工作准确度。

2．远程化阶段

在医疗行业的远程化阶段，开展院间医疗业务能够与院外应急救治和区域医疗系统实现有机结合。在 5G 无线网络接入的超低时延以及 VPN（虚拟专用网络）有线专网传输的保障下，远程操控类医疗场景如远程 B 超、远程手术等，将在大范围内得以落地。从单一医院到多院协作，5G 在促进优质医疗资源下沉、节约诊疗时间等方面将发挥重要作用。

3．智能化阶段

随着医疗信息化的不断升级，未来 5G 医疗行业将向着互联互通、共享、移动、协同、智能的方向发展。在这一阶段，5G 智能医疗网络将从支持院内、区域及院间医疗连接，发展为面向区域医疗联合体、社区和家庭的医疗服务专网。

在 5G 技术赋能和人工智能、云计算等技术的加持下，医疗检查的实时诊断能力将会得到大幅提高，漏诊、误诊情况将会大大减少。随着智能医疗业务走向云端化，得益于 5G 超大带宽、超低时延的网络能力，人们可通过便携式 5G 医疗设备与云端医疗服务器实现与远程医疗专家的沟通，享受更优质的医疗服务。

第十章

5G+ 车联网：人、车、网、路、物的互联融合与交互

汽车在给人们带来方便的同时，也给交通带来了压力。为了缓解日益严重的交通压力，在互联网、汽车及移动通信技术的融合发展下，车联网应运而生。5G 技术的不断成熟为车联网的快速发展奠定了坚实基础，车联网将带动汽车和交通产业的高速发展，实现人、车、网、路、物的互联融合与交互。

一、何为车联网

近年来，交通安全、出行效率等问题日益突出。车联网的出现能够大幅度缓解交通拥堵，提升现有道路的通行效率，因而它成为国内外新一轮科技创新和产业发展的重心。那么究竟何谓车联网？下面将从构成系统、关键技术要求和系统体系架构三方面来讲解车联网的内涵。

（一）车联网的构成系统

随着物联网逐步为人熟知，智慧城市、智慧生产、智慧交通等概念也日益进入大众的视野。物联网的建设和发展让人们的生活步入智能时代。物联网是新一代信息技术的重要组成部分，它以互联网为基础，兼容各项信息技术，通过运用智能感知、智能识别与普适计算等通信感知技术，能够为社会不同领域提供可定制信息化服务的、具有泛在化属性的信息基础平台。车联网是物联网在交通领域的重要应用。

在最初，物联网的技术应用到汽车领域被称为“汽车移动物联网”，它是指通过无线射频等识别技术，识别装载在车辆上的电子标签，以实现在信息网络平台上对所有车辆的属性信息和车辆的静、动态信息进行提取和有效利用，并根据不同的需求对所有车辆的运行状态进行有效的监管和提供综合服务的系统。

科学技术的创新发展拓展了车联网的概念和内涵，使得车联网的内涵愈加丰富。根据车联网产业技术创新战略联盟的定义，车联网是指以车内网、车际网和车载移动互联网为基础，按照约定的通信协议和数据交互标准，在车与车、车与路、车与行人之间进行无线通信和信息交换的系统网络。车联网能够有效提高交通运输效率，改善道路交通状况，拓展信息交互方式，助力实现智能化交通管理、智能动态信息服务和车辆智能化控制。

车联网又称为V2X（Vehicle to Everything），包括基于车与车、车与道路基础设施、车与人（Vehicle to Pedestrians，V2P）以及车与后台数据中心或车与云端服务平台（Vehicle to Cloud，V2C）的应用。

车、人、路，以及通信和云端平台是构成车辆网的关键要素。其中“车”主要涉及汽车的智能系统和联网通信系统；“人”是指道路环境的参与者和车联网的使用者，“人”可以通过个人便携智能终端与通信网络连接，实现数据的传输；“路”是指道路环境中的信息化设备，如测速设备、交通信号灯等；“通信”则包括车内通信，车与车、路、人的通信，以及车与云端平台的通信，是信息交互的载体；“云端平台”是能够实现车联网服务能力的数据、业务载体。车联网中各关键要素之间的关系如图10-1所示。

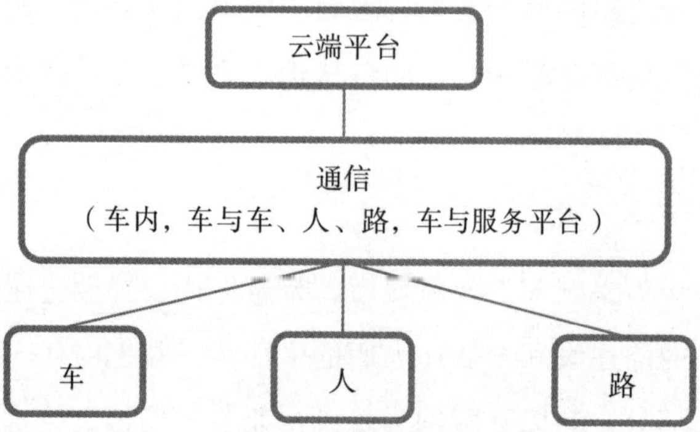

图10-1　车联网中各关键要素之间的关系

具体来说，车联网的构成系统包括车内网、车载移动互联网、车际网三个部分，只有三网融合才能构成完整的车联网系统。

1．车内网

现阶段，几乎所有汽车上都搭载有车内网，车内网是车辆本身的通信网络，它是以控制器局域网络（CAN）、局域互联网络（LIN）等在车内总线技术为基础建立起来的标准化整车网络，负责车内绝大多数传感器、执行器信号的传递。通过车内网，车载模块之间可以实现信息的传输和交互，从而反映出汽车各部件的使用情况，以便让驾驶员及时发现车辆问题，确保安全驾驶。

2. 车载移动互联网

车载移动互联网以汽车 Telematics 技术为基础，通过移动通信网络，将手机、车载多媒体、车载终端（T-BOX）、数据中心连接起来，从而实现车辆的远程通信。车载移动互联网将车辆所产生的信息，通过移动网络发送至云端，然后运用大数据计算分析出车辆的工作状态，帮助车辆实现定位、获取交通信息以及远程监控等功能，并及时发现潜在故障及危险，让驾驶员及时实施相应的解决方案。

3. 车际网

车际网是整个车联网系统中最为关键的一环，它是以专用短程通信技术（DSRC）、射频识别技术（RFID）等技术为基础建立起来的车与车之间，以及车与交通设施、道路和行人之间的通信网络。车际网的主要功能是实现车与车、路、人的短程通信，它能够将车辆周围物体的信息，如车流、事故、路况等信息实时反馈给驾驶员，使驾驶员能够提前做好相应准备，及时规避风险。

只有车内网、车载移动互联网以及车际网协同作用，才能逐步实现车辆的自动驾驶、导航、救援和路况分析等功能，从而更好地为智能交通系统（ITS）提供通信服务。

如今车内网已经普及，许多导航软件也实现了移动联网的功能，并能根据车辆的行驶数据为用户提供路况、导航等信息。随着技术的发展，很多车载终端已经能实现车内联网、行车监测、车网互联、人车交互等功能操作。但是车际网的发展尚不成熟，仍需通过技术的支持、设备的改造等才能获得进一步发展。

（二）车联网的关键技术要求

车联网是一个巨大的科技载体，集成了各类技术。近年来，随着科学技术的快速发展，智能化与网联化技术正在加速融合，而在车联网领域，汽车智能化和网联化已经成为车联网技术创新的方向。具体来说，车联网需要具备以下几项关键技术。

1. 射频识别技术

射频识别技术是车联网的核心技术之一，是一种利用射频信号通过空间电磁耦合实现无接触信息传递，并通过所传递的信息来识别物体的技术。

最常见的RFID产品是感应式电子芯片、感应卡、非接触卡、电子标签、电子条码等。一套完整的RFID系统由阅读器、电子标签（所谓的应答器）和应用软件系统三部分组成，其工作原理是阅读器向应答器发射一组特定频率的无线电波能量，以驱动应答器将内部的数据传送出去，此时阅读器便能够依序接收和解读数据，之后再传送到应用软件系统做相应的处理，如图10-2所示。

图10-2　射频识别技术工作原理

车联网通过运用RFID技术，并结合已有的网络技术、数据库技术、中间件技术等，构建出一个由RFID大量联网组成的庞大联网系统。在这个系统中，车联网利用RFID技术能够自动识别车辆、道路、建筑物等对象，获取相关数据，然后经过短距离无线数据传输，将各类信息进行整合，从中提取出与交通堵塞和行车安全有关的内容，从而帮助交通管理部门实现对道路上的车辆运行状态的监管，并为交通运行提供相应的服务。

2. 车用传感技术

传感技术、计算机技术及通信技术被称为信息技术的三大支柱。传感技术是一门关于从自然信源获取信息，并对之进行处理（变换）和识别的多学科交叉的现代科学与工程技术。传感技术在车联网的数据采集方面发挥着关键性的作用。

在车联网中，传感技术主要应用在车和路方面，建立起车的传感器网络和路的传感器网络。车的传感器网络包含车内传感和车外传感，如监控车速、温湿度、油量等的传感器，以及防碰撞的传感器、外部环境摄像头等。通过车的传感器网络，车主可以及时了解车辆状况和车外环境状况。路的传感器网络主要是指由铺设在路上和路边的传感器构成的网络，车流量、车速、路口拥堵情况等信息都能通过路的传感器网络反馈给车载系统。

随着各类应用技术的发展，车辆智能化的程度越来越高，车联网中传感器的数量与种类越来越多，主要包括汽车运行监测传感器、安全系统传感器、图像传感器、超声波传感器、雷达传感器等。

（1）汽车运行监测传感器

汽车运行监测传感器对行车安全具有重要意义，它利用传感技术采集车辆运行中的各项参数，如油耗、刹车、发动机等的运行数据，对车辆进行实时监控并告知用户汽车的整体运行状态。现阶段，丰富多样的汽车运行监测传感器为用户提供了更为便捷和安全的行车体验。图 10-3 所示为汽车上经常用到的各类汽车运行监测传感器。

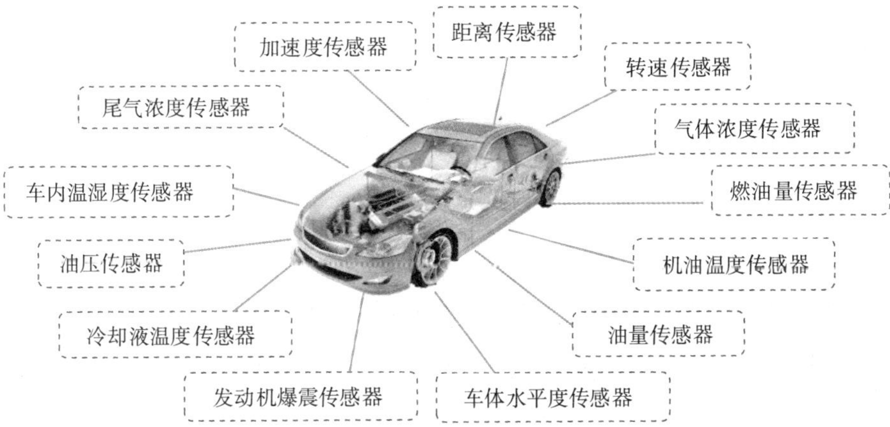

图 10-3　汽车运行监测传感器

（2）安全系统传感器

安全系统传感器包括安全气囊系统传感器、安全带传感器、乘员区别传感器等。安全系统传感器主要用于当汽车发生碰撞时，检测碰撞时的加速度变化，判断碰撞的剧烈程度和方位，然后确定安全气囊是否弹起，以最大限度保障车内人员的安全。

（3）图像传感器

汽车图像传感器能利用几个摄像头合成汽车周围的环境图像，或者利用立体摄像头生成3D图像来模拟人类视野，在提高行车安全的同时还能提升用户的驾乘体验。

汽车图像传感器的应用非常广泛，包括视觉方面的应用，如倒车影像、前视、后视、俯视、全景泊车影像、车镜取代等；车舱内的应用，如乘客监控、疲劳驾驶监测、仪表盘控制、行车记录仪（DVR）、气囊等；先进驾驶辅助系统（ADAS）方面的应用，如正向碰撞警告、车道偏离警告、自动远光灯控制、交通信号识别、行人检测、自适应巡航控制、盲点检测、夜视等。

（4）超声波传感器

超声波传感器是将超声波信号转换成其他能量信号（通常是电信号）的传感器。

经超声波传感器转换后的信号具有频率高、波长短、绕射现象小等优势，且这种信号方向性好，能够成为射线而定向传播。在车联网中，超声波传感器被用来确定障碍物的位置，特别是在自动驾驶与半自动驾驶的汽车中，可以通过运用超声波传感器来辨别障碍物到汽车的距离。

（5）雷达传感器

雷达传感器在其检测波束范围内能实现对任何对象的有效检测，不受天气影响。因此，其是防撞和驾驶辅助的理想之选。雷达传感器的运用原理是由雷达传感器发射电磁波，电磁波遇到障碍后反射回来并向传感器发送信号，从而让传感器实时计算出汽车与障碍物之间的距离。在车联网中，雷达传感器主要用于距离测量方面，如停车帮助、起停巡航、自适应巡航控制（ACC）盲点检测、防撞控制、变道辅助系统等。

另外，利用激光技术与雷达技术相结合衍生出的激光雷达（LIDAR）传感器，能够通过发射不可见的激光光束对周围环境进行扫描，再结合摄像头传输的数据，不但能够探测障碍物与车辆之间的距离，而且能够生成3D图像，判断障碍物是人还是其他事物等。

3．车用无线通信技术

车用无线通信技术（V2X）是指将车辆与一切事物相连接的新一代信息通信技术。其中，“V”代表车辆，“X”代表任何与车交互信息的对象，当前“X”主要包含车、人、交通路侧基础设施和网络等。在车联网中，智能汽车需要天线通信技术为其提供全方位的感知，也需要网络来共享云端的处理资源。

在汽车搭载网联技术方面，美国等国家采用的是专用短程通信技术（DSRC）标准，中国力推蜂窝车联网技术（C-V2X）标准。C-V2X是基于移动蜂窝网的车联网通信技术，以长期演进技术（LTE）蜂窝网络作为基础的C-V2X称为LTE-V2X。虽然C-V2X起步晚于DSRC，但是C-V2X可以直接利用现有蜂窝网的基础设施，极大地降低了网络部署成本。按照业务模式的不同，C-V2X可以分为四类，如图10-4所示。

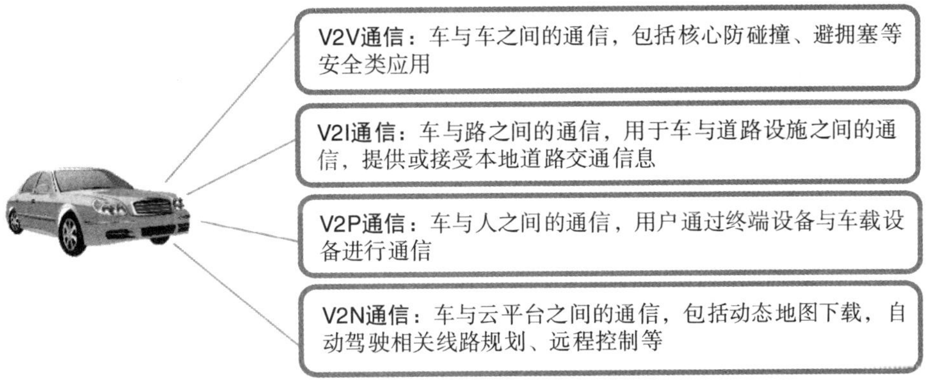

图 10-4　C-V2X 业务模式的分类

4. 5G 技术

随着 5G 商用化的推进，移动通信网络与汽车和交通之间的结合越来越紧密。目前，车联网以 2G/3G/4G 蜂窝通信技术为主，汽车行业已经将联网功能作为汽车产品的重要技术特性。而 5G 的大带宽、低时延的特性为车联网诸多服务场景的实现提供技术保障，如定位导航、远程通信、智能交通、车载娱乐、车辆诊断、远程控制、车队管理和紧急救援等。

5. 云计算

车联网为人们的生活提供了便利，同时日益增长的车辆终端也将产生海量的数据，这就给网络进行数据分析处理带来了巨大压力。针对这种情况，利用边缘云计算（MEC）可以将本地云平台下沉在基站侧，对获取的数据进行综合加工分析，可为移动终端提供低时延的网络支持，有效保障车联网业务中有关驾驶安全类的业务。

依托 LTE 蜂窝网络和 MEC 车联网平台的本地计算，车联网系统能够提供各类综合服务。例如，通过 MEC 车联网平台不仅可以分析最佳行车路线，还可以获得行车与停车引导、安全辅助信息推送和区域交通服务指引等服务。

6. 高精度定位技术

在车联网中，车辆作为移动的实体会经历不同的应用场景，主要包括交通安全、交通效率和信息服务等应用场景，不同的应用场景对定位技术的要求也不尽相同。定位信息越准确，车联网业务的可靠性越高。高精度定位系统是实现无人驾驶和远程驾驶的基本前提，因此对定位技术的要求很高。

目前，车辆高精度定位的关键技术主要包括基于 RTK 差分系统的全球导航卫星系统（GNSS）定位、传感器与高精地图匹配定位、蜂窝网定位及同步。其中，基于

RTK 差分系统的 GNSS 定位由于成本低、应用范围广最值得关注。

7. 新型人机交互技术

汽车的人机交互技术主要分为两类：一类以物理实体按键、触摸屏交互技术为主；另一类以语音识别、手势识别、增强现实技术为主。其中，以增强现实技术、力反馈技术、语音识别、眼球追踪为主的新型人机交互技术成为车联网未来发展的趋势。

在新型人机交互技术的应用中，增强现实技术通过抬头显示等方式能够为用户提供更加安全、直观的车载导航和信息服务；力反馈技术通过压力、纹理的触觉反馈实现了类似物理按键的盲操作；语音识别使人车交互更加自然和便捷；眼球追踪实现了对驾驶员疲劳程度和注意力降低的提醒。

车联网的发展是动态的，在未来车联网的发展中，还会遇到新的挑战，面对新的问题，也会有新的技术与解决方案出现，以满足日益丰富的车联网应用场景的要求。

（三）车联网的系统体系架构

在未来车联网中，云、管、端将是信息服务的新架构，通过云、管、端相结合，在平台、网络、设备三个层面为车联网提供强大、可靠的技术支撑，如图 10-5 所示。

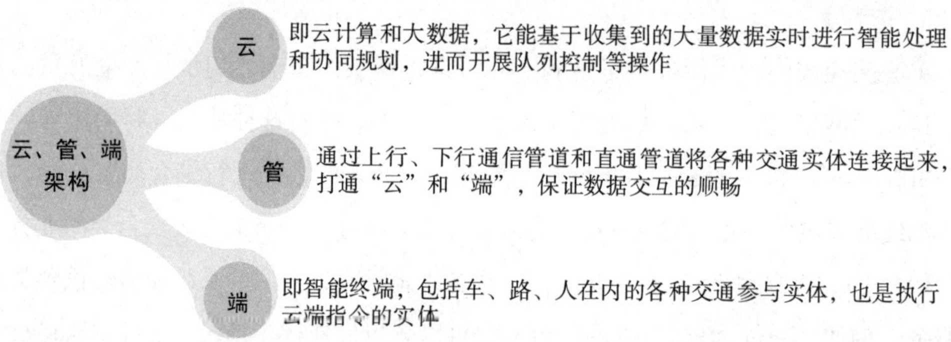

图 10-5　车联网的云、管、端架构

将车联网服务体系的技术支撑扩大到云、管、端的体系架构中，具体分为感知层、网络层和应用层三层。

1. 感知层（端）

感知层指车联网的终端系统，即车联网的神经末梢，包括车载通信系统（V2X 通信设备、车载通信网关）、路测设施（路测通信单元）、个人便携通信终端。

在车联网中，感知层的信息来源有多个（见图 10-6）。首先，通过感知设备实现对车辆自身状态的感知，如车辆环境温度、安全气囊故障、电子停车制动状态等；其次，通过车与车、车与路通信实现对周围车辆和道路环境的感知，包括周围车辆的位置、方位、速度以及交通信号状态、道路拥堵状态等；最后，通过与后台和第三方应用的交互获得更多与车辆行驶相关的信息，如天气状态，车辆限号信息等。

图 10-6 感知层的信息来源

车联网通过运用传感技术、射频识别技术、高精度定位技术等，实时感知车辆行驶状态，对车内控制系统、车辆当前位置、周围车辆与道路环境等信息进行采集，实现对车辆自身属性以及道路环境的监测，然后将数据上传到云服务平台进行数据的整合分析，为车联网应用提供全面、实时的终端信息服务。

2. 网络层（管）

网络层相当于车联网的神经中枢和大脑，它负责传递和处理从感知层获取的信息，以实现车与车、车与路、车与人和车与云平台之间信息的共享。通过运用车联网的通信技术，如 V2X 通信技术、蜂窝移动通信技术（3G、4G、5G），能够在网络层传递不同设备所采集到的数据，再通过云计算、大数据等技术对数据进行整合分析，从而为应用层提供有力支撑。

3. 应用层（云）

应用层是推动车联网技术发展的源动力，它是指车联网的应用支撑系统和车联网应用。应用支撑系统包括开放业务平台、数据平台和支撑平台等；车联网应用包括公共服务、行业应用等。

通过应用层，车联网不仅能够实现智能交通管理、车辆安全控制、交通事件预警等功能。还能够为用户提供车辆信息查询、信息订阅、事件告知等各类服务。同时还能通过云计算平台为不同类型的用户提供差异化的汽车综合服务，实现对车、人、路的管理。

二、车联网产业发展图景

车联网具有技术整合、信息共享、产业融合的特点，能够解决交通领域存在的诸多问题。随着前沿技术和产业发展融合程度的不断加深，汽车领域的新业态、新产品不断涌现。作为全球技术创新和汽车产业变革的焦点，车联网将拥有更广阔的应用前景。

（一）车联网的应用前景

由车联网的构成系统和体系架构可以看出，车联网可以实现车与车、人、路、服务平台的全方位网络连接，在行车安全和交通管理中发挥着重要的作用。同时，车联网也是实现智能交通的有效途径之一，是未来智能交通系统的核心信息通信平台，能够为智能交通开拓出更为广阔的应用前景。

1. 安全行车的重要保障

根据世界卫生组织提供的数据显示，全世界每年因交通事故而死亡的人数约有125万人，相当于全球每天有3500人因交通事故死亡。除此之外，每年还有几千万人因交通事故而受伤或致残。这些数据表明，在车辆行驶、交通管理方面我们还面临着巨大挑战。

针对这一情况，车联网应用的落地能够有效解决交通管理中存在的诸多问题，为安全行车提供重要保障。碰撞回避是车联网的一个重要应用场景，它能够有效减少交通事故的发生率，确保驾乘人员的安全。在车辆网的应用中，通过对附近车辆、道路的监测和对车辆采取紧急制动手段，能够有效减少由于人为原因导致的事故。此外，车联网还可以通过运用路口预警、超速警告、逆行警告、事故现场预警等相关技术最大限度地保障驾乘人员的行车安全。

2. 缓解交通压力

目前中国大多数城市都不同程度地存在着交通拥堵的现象，在全国600多个城市中，约有2/3的城市在交通高峰时段会出现机动车车速下降、交通拥堵严重的现象。交通拥堵不仅会耗费人们的出行时间，而且会增加交通运输成本。

随着智能交通行业的不断发展与车联网技术的不断进步，交通压力的缓解有了一定的技术保障。在车联网环境下，车辆的运行信息都将呈现在互联网平台上，交通管理部门可以通过平台实时监控车辆运行信息，利用智能交通管理系统进行管理，根据不同情况实时对拥堵路段的车辆进行导流。

3. 智能化驾乘体验

车联网的发展能够为驾乘人员带来智能化的新体验。随着车联网的发展，车辆搭载的娱乐信息显示屏不仅能为用户提供路线导航、影音播放、显示车辆安全监测等服务，还能为用户提供天气预报、交通实时状态、实时新闻等信息，从而实现了更好的人车互动。

4. 加速汽车产业升级

新兴通信技术的应用驱动了汽车行业的升级和变革。作为中国经济支柱产业之一，我国汽车产业的整体竞争力与发达国家相比仍存在较大差距。积极布局车联网能够有效提升我国在汽车领域的技术创新能力，为我国汽车产业带来新的发展机遇。

5. 实现智能交通管理

通过车联网能够实现智能交通管理。运用车联网，交通管理部门不但能对逃逸车辆、超速驾驶或酒后驾驶车辆进行实时追踪，还能实现远程指挥、调度车辆、路桥不停车收费等服务。此外，在交通信号灯智能控制、交通事故处理等方面，车联网也发挥着积极作用。

6. 实现绿色出行

车联网将人、车、路作为整体系统进行整合，有效提升了交通指挥调度的效率。车联网可以运用传感设备采集车辆与路边基础设施的信息，并据此辅助驾驶员及时做出响应。同时，车联网还可以对车辆进行一系列辅助控制，减少驾驶员做出一些不必要的操作，从而降低车辆的油耗与排放量。车联网的普惠应用，将极大地促进道路资源的合理利用，提升交通通行效率，推动节能减排，实现绿色出行。

（二）推动车联网产业发展的有利因素

车联网是未来智慧交通发展的核心，是汽车产业、信息产业和交通产业的融合汇聚点。现阶段，车联网产业进入快速发展时期，在产业信息化、智能化的推动下，全球车联网需求逐步加大。根据相关统计数据显示，当前全球联网车数量约为 9000 万辆，预计到 2025 年将突破 10 亿辆。

具体说来，推动车联网产业发展的有利因素包括以下三个方面。

1. 政策利好

当前，车联网已经成为中国汽车产业发展的战略新契机，其发展状态不仅影响到汽车产业本身的发展，而且还将影响到整个社会的智能化进程。近年来，中国出台了一系列政策鼓励车联网产业的发展（见表 10-1），将发展车联网作为推进人工智能技术实际落地与智能网联汽车产业加快突破的关键。

表 10-1 车联网发展的政策导向

政策颁布时间	政策颁布主体	政策名称	关于车联网的相关内容
2017 年 1 月	工业和信息化部	《物联网发展规划（2016—2020 年）》	规划物联网产业的五年发展规划
2017 年 4 月	国家发展和改革委员会、工业和信息化部、科学技术部	《汽车产业中长期发展规划》	明确汽车产业的发展方向
2017 年 7 月	国务院	《新一代人工智能发展规划》	明确建立营运车辆自动驾驶与车路协同的技术体系
2017 年 7 月	工业和信息化部、交通运输部	《推进“互联网+”便捷交通，促进智能交通发展的实施方案》	明确了自动驾驶汽车的研发方向
2017 年 12 月	工业和信息化部、国家标准化管理委员会	《国家车联网产业标准体系建设指南（智能网联汽车）》	明确了车联网产业的标准化工作
2017 年 12 月	工业和信息化部	《促进新一代人工智能产业发展三年行动计划（2018—2020 年）》	明确了未来三年车联网产业的发展方向
2018 年 1 月	国家发展和改革委员会	《智能汽车创新发展战略》	明确了智能网联汽车的发展战略
2018 年 4 月	工业和信息化部、公安部、交通运输部	《智能网联汽车道路测试管理规范（试行）》	明确了智能网联汽车的测试主体、测试驾驶人、测试车辆等相关要求
2018 年 6 月	工业和信息化部、国家标准化管理委员会	《国家车联网产业标准体系建设指南（总体要求）》	提出车联网产业的整体标准体系结构、建设内容，指导车联网产业标准化总体工作
		《国家车联网产业标准体系建设指南（信息通信）》	主要面向车联网信息通信技术、网络和设备、应用服务进行标准体系设计，着力研究 LTE-V2X、5G eV2X 等新一代信息通信技术，支撑车联网应用发展的相关标准化需求和重点方向
		《国家车联网产业标准体系建设指南（电子产品和服务）》	主要针对支撑车联网产业链的汽车电子产品、车载信息系统、车载信息服务和平台相关的标准化工作，明确车联网电子产品和车载信息服务的标准化发展方向

（续表）

政策颁布时间	政策颁布主体	政策名称	关于车联网的相关内容
2019 年 5 月	工业和信息化部装备工业司	《2019 年智能网联汽车标准化工作要点》	明确了 2019 年智能网联汽车标准化工作要点

在国家政策支持下，中国车联网产业发展持续加速，技术创新愈加活跃，新型应用蓬勃发展，产业规模不断扩大，汽车与电子、通信、互联网等跨界合作加强。同时该产业在关键技术研发、产业链布局、测试示范等方面也取得很大的发展。

2．技术演进

在物联网领域，中国在技术研发和标准研制方面投入了大量人力和财力，在芯片、通信协议、网络管理、协同处理、智能计算等领域开展了多年的技术攻关，并取得了一定的突破。此外，中国在传感器网络接口、标识、安全，以及传感器网络与通信网融合等技术标准的研究中也取得了一定成果，这些技术成果为车联网产业的发展奠定了坚实的基础。

近年来，5G 和 C-V2X 技术的快速发展，加速了汽车产业智能化与网联化的技术融合，为车联网的发展提供了技术支撑。分布在“端—管—云”三个层面的车联网关键技术都有了创新性发展，如汽车电子、车载操作系统技术、5G 车载蜂窝通信技术、LTE-V2X 和 802.11p 直连无线通信技术等都有了较大发展。

尤其在 5G 技术发展的推动下，车联网应用也将催生巨大市场。根据中国汽车工程学会公布的数据，到 2025 年、2030 年，中国销售的新车里，运用车联网的比率将分别达到 80% 和 100%，总市场规模将超万亿元。中国信息通信研究院发布的《5G 经济社会影响白皮书》指出，预计到 2030 年，在中国车联网行业中，5G 相关投入（通信设备和通信服务）大约能够达到 120 亿元。

3．产业诉求

中国汽车市场潜力巨大、保有量不断提升，新车搭载智能网联终端的比例将不断提升，预计在 2025 年之前，大部分新车都将实现联网，联网汽车的渗透率将不断提升。作为投资的热门领域，车联网产业将会成为众多企业争相投资的蓝海，竞争日益激烈。

面对车联网产业巨大的市场前景，无论是汽车制造商还是科技企业均加大了在车联网领域的布局力度，意图占据先机。现阶段，百度、阿里和腾讯均已完成车联网布局，同时市场上也涌现出一批车联网创业企业。这些都对中国车联网产业的发展起到了巨大的推动作用。

（三）车联网产业链构成

车联网产业链条长，产业角色丰富，涉及汽车制造、移动通信、操作系统、车载芯片、消费电子等多个基础领域。车联网产业链主要分为产业链上游、中游和下游三个部分，产业链构成如图 10-7 所示。

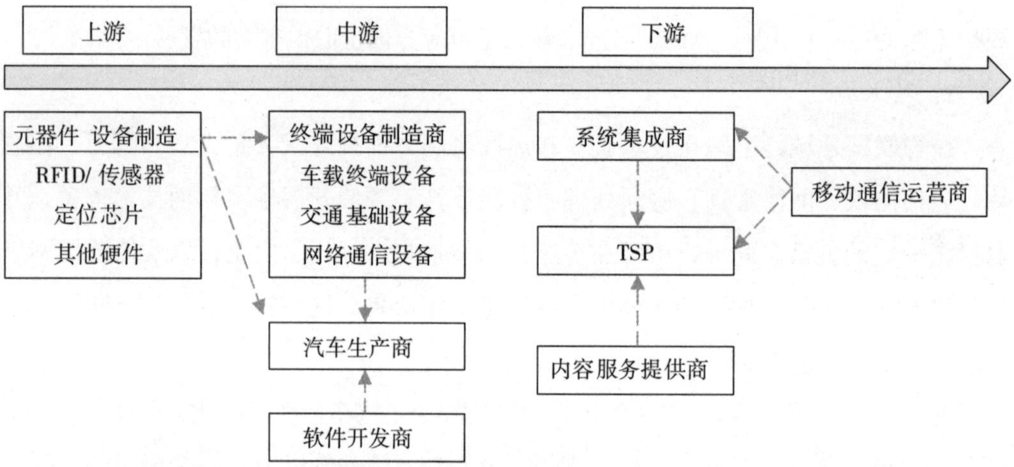

图 10-7 车联网产业链构成总览

车联网产业链的上游主要是各类元器件和芯片生产企业，包括 RFID/ 传感器、定位芯片、其他硬件等设备制造商。在中国，虽然这类企业数量较多，但普遍规模较小，它们主要负责将中间产品提供给汽车生产商与各类设备生产商。

车联网产业链的中游主要包括终端设备制造商、汽车生产商和软件开发商。其中直接面向消费者的汽车生产商位于汽车制造业中的核心位置，集成了终端、软件、服务三大模块，而且包含了自身的车载智能信息服务业务，因此在产业链上具有很强的话语权。

车联网产业链的下游主要包括远程服务提供商（Telematics Service Provider，TSP）、系统集成商、内容服务提供商和移动通信运营商。TSP 在产业链中处于核心地位，上接汽车、车载设备制造商、网络运营商，下接内容服务提供商。可以说，谁掌控了 TSP，谁就掌握了车联网产业链下游的主导权。系统集成商和内容服务提供商也在车联网产业链中占有突出的位置。系统集成商直接负责车联网的应用项目，按照系统的规划与设计来开发各类软硬件产品，同时进行联合调试。验收通过后既可以交付给运营商，也可以自行承担运营商角色。车联网的内容服务提供商主要是传统 TSP 供应商，如安吉星信息服务有限公司。

三、基于 5G 技术的车联网

5G 技术为汽车行业的发展打开了新的想象空间，也为车联网的发展带来了更具颠覆性的发展契机。作为未来车联网的基础，5G 将革新车联网的体系结构，使车联网呈现优于以往的特点，最大限度地丰富车联网的应用场景。

（一）5G 对车联网发展的影响

通信技术与汽车的深度融合，是智能网联汽车发展的必然趋势。与 4G 相比，5G 将对车联网的发展产生更深刻的影响。5G 通信有着更可靠、低时延、大带宽等诸多优势，与智能网联汽车结合，将实现车与车、车与路、车与人、车与云的高度协同。

基于 5G 的车联网通信技术，将成为智能网联汽车大规模发展应用的基础与关键。在 5G 通信网络技术的加持下，车联网将实现定位导航、远程通信、智能交通、车载娱乐、车辆诊断、远程控制、车队管理和紧急救援等功能。具体来说，5G 对车联网发展的影响表现在以下三个方面。

1. 安全更有保障

作为 5G 关键技术之一的网络切片技术可以为车联网提供始终如一的低时延和高速率服务，协助车联网实现车辆紧急避让、急弯预警、道路施工预警、红绿灯车速引导等功能，能够极大地满足车联网对安全性的要求，即便是在高速移动或网络拥塞的热点区域（如演唱会、体育场附近），网络切片技术也能优先保障汽车通信的高速率和低时延性能，为车联网提供更优选择。

2. 升级驾乘体验

5G 与云计算、大数据、AI 技术、VR/AR 等新兴技术深度融合，能够为用户提供高质量的娱乐和应用等场景的体验，为人机交互体验带来了质的提升。

5G 网络传输的高速率、大带宽的特性使影音文件的播放码率有了质的飞跃，未来车载系统将会迎来硬件升级的风潮。高清的影音娱乐也将更好地满足驾乘人员的娱乐需求。

3. 促使智能网联汽车朝着自动驾驶方向迈进

5G 分布式边缘计算将更多的数据计算和存储任务部署于接近数据源的地方，一些数据不必再经过网络到达云端就能实现处理，数据从“核心”下沉到“边缘”，极大地缓解了云计算中心的网络负荷，降低了网络时延，同时也提升了数据的安全性和保密性。

5G分布式边缘计算技术在车联网中的应用，促使智能网联汽车朝着自动驾驶领域迈进，极大满足了自动驾驶对网络时延、网络计算和存储能力的要求。未来，对于靠近车辆的移动通信设备，如基站、路边单元等都将运用车联网的边缘计算，以完成本地端的数据处理、加密和决策，为车辆网提供实时、可靠的通信能力。

（二）5G车联网的体系构成

车联网是5G技术的主要应用场景之一，5G网络所具备的技术优势将为智能网联汽车的规模化商用提供重要支撑。随着车联网场景与5G技术的深度融合，5G车载单元（On Board Unit，OBU）、5G基站、5G移动终端、5G云服务器等新型元素被开发出来，构成了车联网更加灵活的体系结构。

5G技术不仅能够满足传统车联网系统中车内网、车际网、车载移动互联网的信息通信需求，还能够实现OBU、基站、移动终端、云服务器的互联互通，以新的通信方式促使车辆向电动化、智能化和网联化方向发展。

5G车联网体系结构主要包括可多网接入与融合的OBU系统、多渠道互联网接入和多身份5G基站。

1. 可多网接入与融合的OBU系统

随着车联网和无线通信技术的快速发展，用户对OBU的功能、通信方式、通信质量等方面提出了更高的要求，希望实现车联网更加优越的通信质量、更快的通信速度以及多种网络的接入与融合。

现阶段，在车联网中已经形成了一个自组织多层次的大规模网络，包括车内网、WLAN、设备到设备（D2D）通信、基于IEEE 802.11p标准的车辆自组网以及蜂窝通信等网络，其标准和协议并未统一，因而导致OBU在数据处理和网络的融合上不够完善，影响了系统的运行效率。5G在车联网中的应用能够融合多种网络，有效解决现有技术中存在的不足，使网络更好地实现信息交互。

5G移动通信网络包括宏蜂窝层网络和设备层网络。其中，宏蜂窝层网络与传统蜂窝网络相似，涉及基站和终端设备之间的直接通信。在设备层通信中，D2D技术为车联网提供了新的通信方式。D2D是一种终端与终端之间不借助任何网络基础设施直接进行信息交互的通信方式，它是5G移动通信技术的重要组成部分。5G移动通信网的D2D通信方式在车联网的应用主要分为四种，如图10-8所示。

基站控制链路的终端转发

- 终端设备可以在信号覆盖较差的环境下，通过邻近终端设备的信息转发与基站通信。其中，通信的链路建立由基站和中继设备控制，在这种通信方式下，终端设备可实现较高的服务质量

基站控制链路的终端直接通信

- 终端之间的信息交互与通信没有基站的协助，但需要基站控制链路的建立

终端控制链路的终端转发

- 基站不参与通信链路的建立和信息交互，源终端与目的终端通过中继设备协调控制彼此之间的通信

终端控制链路的终端直接通信

- 终端之间的通信没有基站和终端设备的协助，可自行控制链路的建立，这种方式有利于减轻设备之间的干扰

图 10-8　5G 移动通信网的 D2D 通信方式在车联网的应用

在未来，5G 车联网将实施多实体之间（OBU 之间以及 OBU 与移动终端、行人、5G 基站、互联网之间）的信息交互，改变基于 IEEE 802.11p 标准的车联网通信方式，实现 OBU 的多网接入以及车内网、车际网、车载移动互联网的“三网融合”。

2. 多渠道互联网接入

在未来 5G 车联网中，5G 终端能够以最优的方式实现信息交互。通过自行控制通信链路的建立，5G 终端能够定期广播身份信息，而其他邻近的终端能够及时发现并评估多个信道状态的信息，并选择当前最优的信道，通过 D2D 或 D2B（终端到基站）的方式转发信息。

这种通信方式能够提高频谱和能源的利用率，且具有多样化的特点。在这种通信方式基础上，OBU 可通过多种渠道接入互联网。OBU 除了可按照当前车联网的 V2I 协作通信方式，还可通过邻近的 5G 基站、5G 车载单元 OBU 和 5G 移动终端等多种渠道自适应地选择信道质量较好的方式接入互联网。

3. 多身份 5G 基站

传统的基站在数据转发和链路控制等方面起着重要作用。在车联网的应用场景中，5G 基站具有多重功能。5G 基站不仅具有传统基站的中继转发功能，还能够通过超密集组网实现精确定位、协助终端通信等功能。而 D2B（终端与基站）与 B2B（基站与基站）在 5G 毫米波的通信网络中非常关键。在车联网环境下，5G 基站拥有以

下功能。

（1）协助中继

作为无线接入点，5G 基站能够协助车与互联网通信，发挥传统基站的中继转发功能。

（2）替代 RSU（路侧单元）

在高速移动的环境下，车辆自组网通信中的 5G 基站能够替代 RSU，与 OBU 进行实时通信。通过 5G 基站以广播的方式向车辆自组网中的车辆发布交通信息，并协助车与车通信以及多个车辆自组网通信。这样既节约了车联网体系的构建成本，又解决了 V2I 协作通信系统融合面临的多方面问题。

（3）精确定位

当前，车辆定位系统一般采用的是 GPS 技术，但 GPS 信号容易受天气的影响，导致无法实现精确定位，且 GPS 信号容易受欺骗、阻塞等多种类型的攻击，较为脆弱。而 5G 的高密集组网和大规模 MIMO 阵列能够使 OBU 在非视距复杂环境下减少定位误差。D2D 能充分利用高密度的终端设备连接的优势，提高定位性能。

（三）5G 车联网的特点

5G 的商用为车联网的发展提供了新的机遇，在 5G 所建立的端到端的生态系统中，增强移动带宽、高可靠性、低时延及更大的带宽连接为车联网信息的交互提供了强大的网络支撑，保障了车辆驾乘的安全性。5G 移动通信融合边缘云计算、毫米波、大规模天线阵列、超密集组网等关键技术，显著提高了通信系统的性能。

在车联网的应用场景中，5G 车联网的特点主要体现在低时延与高可靠性、频谱和能源高效利用、更加优越的通信质量等方面。

1. 低时延与高可靠性

5G 时代的网络具有高传输速率、高可靠性、低时延等优点，传统汽车产业、交通体系也将随着高速网络的应用迎来新一轮的变革。

车联网是一个复杂的系统工程，从面对复杂交通环境下的感知技术、决策技术，到车辆的运动控制技术、信息交互技术，均对车联网通信网络的时延与可靠性提出了很高的要求，且车联网对信息传递过程的私密性、安全性也有着很高的要求，而传统的无线通信网络无法满足车联网的这些要求。

在 5G 网络高可靠性和超低时延特性的支持下，网络带宽和时延等问题得以解决。超密集组网技术赋予 5G 车联网高流量密度、高峰值速率的性能。同时，设备能量消耗较低，减少了维护的开销。5G 毫秒级时延足以保障车联网高稳定、高可靠性的通信能力。

2. 通信质量更加优越

5G 网络的频段在原有 Sub-6GHz 频段的基础上加入了毫米波频段。毫米波拥有更为丰富的可用频谱资源，同时具备明显的速度优势，不易被干扰。5G 网络下大量可用的高频段频谱可提供极致的数据传输速度和容量。5G 应用在车联网领域，能够为其带来更加优越的通信质量，具体体现在以下三方面，如图 10-9 所示。

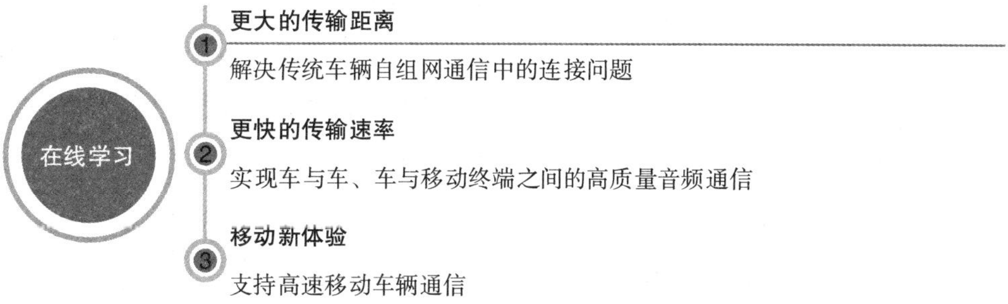

图 10-9　5G 车联网优越的通信质量

3. 频谱和能源的高效利用

作为 5G 的关键技术之一，大规模天线阵列结合空间复用技术能够有效提高频谱和能源的利用效率，有利于解决当前车联网资源受限等问题。频谱和能源的高效利用是 5G 车联网的一个重要特征，其内容如表 10-2 所示。

表 10-2　5G 车联网频谱和能源的高效利用的主要体现

项目	内容
D2D（设备到设备通信）	在 5G 通信中，通过复用蜂窝资源实现设备到设备之间的直接通信，在 D2D 技术的基础上，5G 车载单元将实现与邻近的车载单元、5G 基站、5G 移动终端的车联网自组网通信和多渠道互联网接入
全双工通信	全双工通信是指在发送设备的发送方和接收设备的接收方之间采取点到点的连接，这意味着在全双工通信的方式下，车联网可以得到更高的数据传输速度
认知无线电	通过频谱感知和系统的智能学习能力，实现动态频谱分配和频谱共享，满足更多车载用户的频谱需求，提高频谱资源的利用率

（四）5G 车联网的应用场景

随着 5G 车联网的普及，其应用场景由单一向多元化迈进。具体来说，5G 车联网的应用场景主要包括四个方面。

1．自动驾驶

自动驾驶又称无人驾驶，是通过车载传感系统以及车与外界的通信，感知周围环境，规划行车路线并控制车辆行驶的应用场景。自动驾驶是提升道路交通智能化水平，推动交通运输行业转型升级的重要途径，也是带动交通、汽车、通信等产业融合发展的有利契机。

5G 车联网是无人驾驶应用场景的基础，自动驾驶是车联网发展的终极目标。无人驾驶汽车通过各类传感器获取外部信息，并将信息通过汽车内部的物联卡传输给处理系统，由系统对汽车做出正确指示，以确保安全行驶。

现阶段，我国很多企业纷纷发力自动驾驶领域，部署基于车路协同的自动驾驶应用试验。例如，东风汽车和华为合作研发了国内首台融合 5G 远程驾驶技术的 L4 级自动驾驶汽车 Sharing-VAN，它可被用于智慧物流、移动零售等应用场景。在运营方面，Sharing-VAN 可通过与人的实时互联定位及自动迎接技术，实现即时出行，为公共交通提供“第一公里”和“最后一公里”的出行解决方案。据了解，该自动驾驶汽车搭载了 LTE-V/5G、无人驾驶、新能源电动汽车、公共 / 共享出行服务等多方面的功能和技术成果，具备一键乘车、限速行驶、动态避障、多车编队行驶、远程操控、实时监控等多样化功能。

2．汽车共享

在共享经济不断发展的当下，汽车共享可以提高车辆的使用效率。目前汽车共享有两种方式，如图 10-10 所示。

图 10-10　汽车共享的方式

在未来，汽车共享将成为 5G 车联网的典型应用场景。在 5G 车联网环境下，汽车共享的用户体验能够得到大幅提升，满足条件的私家车可按一定程序转化为网约车，从事专车运营，使市场服务和市场需求能够高效匹配，以实现利益最大化。

3．紧急救援

在未来，5G 车联网将在高可靠、低时延网络性能的保障下，实现信息的高速率传输。汽车内的智能车载操作系统和高精度定位系统，能够在紧急事故发生时将事故情况和具体发生位置传输到救援中心，救援中心通过快速调取周围路况信息并对其进行分析，迅速做出决策，使救援人员更精准、更快速地进行救援，降低事故造成的损失；其还能够对附近的车辆进行前方事故预警，防止其他车辆进入事故区。

4．新能源汽车

新能源汽车主要使用电力作为车辆的驱动能源，相对于传统燃油车，新能源汽车具有环保、节能、结构简单、维修方便等优点，但它也存在电池续航能力欠缺和充电桩不足的困境。

在未来，5G 车联网平台将更加注重充电设施的建设及服务模式的改善，即为新能源汽车搭建智能化的充电网络，同时采用 5G 车联网的电池管理系统（BMS）对电池组进行远程管理，以提高电池组的性能和使用寿命。

四、5G 对自动驾驶的影响

自动驾驶汽车是指汽车依靠人工智能、视觉计算、雷达、监控装置和全球定位系统等多个系统的共同协作，让车载系统可以在没有或缺少人类主动的操作下，自动、安全地操作机动车辆。汽车的自动驾驶包括感知、决策和执行三个层面，如图 10-11 所示。

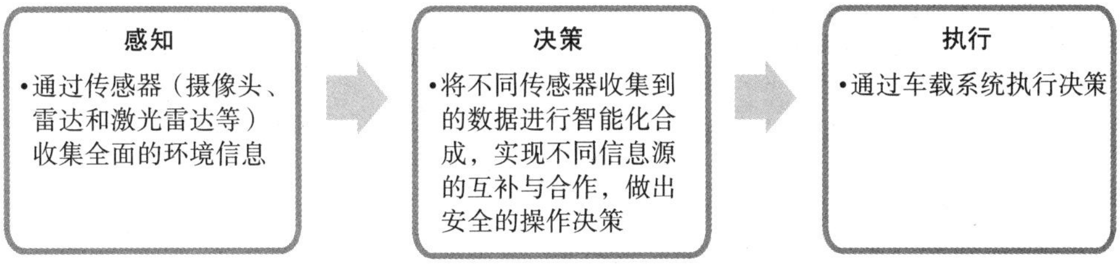

图 10-11　自动驾驶的三个层面

现阶段，自动驾驶主要是通过单车智能来实现的，但这种方式具有一定的局限性。现实道路环境异常复杂，摄像头、雷达和激光雷达等本地传感器受限于视距、环境等因素的影响，无法使汽车的自动驾驶达到 100% 的安全。因此，在自动驾驶的应用场景中，本地传感器所欠缺的感知能力需要被提升。而 5G 技术的落地能够弥补本地传感器所欠缺的感知能力，推动自动驾驶的发展。

首先，5G 优越的数据传输能力能够为自动驾驶系统的数据传输提供可靠保障。

其次，5G 能为自动驾驶提供强大的边缘计算能力。边缘计算技术能够对自动驾驶汽车采集的海量数据进行处理，缓解了云计算中心的负荷，大大降低了汽车行驶操作的时延。最后，与雷达、激光雷达等传感器不同，自动驾驶汽车能够通过 5G 车联网进行信息通信，检测隐藏的威胁，扩大自动驾驶感知范围，从而进一步提升自动驾驶的安全性、效率和舒适性。因此，5G 被认为是自动驾驶的关键推动因素之一。

总的来说，5G 可以帮助自动驾驶突破现有局限，实现自动驾驶的智能化、安全化、舒适化。

五、车联网的未来发展趋势

近年来，车联网被认为是物联网体系中最有产业潜力、市场需求最明确的领域之一，在 5G 网络的加持下，车联网即将进入发展快车道，产业活跃度越来越高，且发展前景可期。在全球 5G 竞争格局中，中国位列国际第一梯队，而且中国企业参与推动的 LTE-V2X 技术已经成为国际 V2X 无线通信两大主流技术之一，这也为车联网产业的发展打下了良好基础。

在 5G 网络的加持下，车联网将呈现以下五大发展趋势。

1. 标准体系日趋完善

为加快推动我国车联网产业发展，发挥技术标准的规范和促进作用，我国正在不断完善车联网领域相关标准体系的建设。2018 年 6 月，工业和信息化部、国家标准化管理委员会联合印发《国家车联网产业标准体系建设指南（总体要求）》《国家车联网产业标准体系建设指南（信息通信）》和《国家车联网产业标准体系建设指南（电子产品和服务）》，全面推动车联网产业技术研发和标准制定；2019 年 11 月，工业和信息化部面向社会公开征求对《国家车联网产业标准体系建设指南（车辆智能管理）》的意见，进一步推进车联网产业标准体系的建立。

毋庸置疑，完善的标准体系在构建产业生态环境中起着顶层设计和基础引领作用。对于飞速发展的车联网产业而言，标准化不仅有利于形成多厂商设备之间的互通，提升产品生产效率，还有利于构建良性的产业竞争环境。在国家政策利好下，未来车联网产业相关标准的体系建设也将提速。

2. 车联网产业将实现跨界联盟、合作共赢

随着 5G 车联网产业竞争的日益激烈，车联网的发展赛道愈发拥挤。面对车联网

产业巨大的市场前景，汽车制造商及科技企业等均加大了在车联网领域的布局力度。

为了增强竞争力，发挥差异化优势，业内不少企业展开了深入合作，企业间的结盟案例不胜枚举。例如，在 2019 年 1 月 9 日，长城汽车股份有限公司与中国移动通信集团河北有限公司签订战略合作协议。双方将结合自身业务发展需要，在产品、业务、信息化等领域展开全方位合作，前瞻性地探讨并推进 5G 在汽车制造、智能交通等领域的探索和应用；又如，在 2019 年 8 月 29 日，百度、江淮汽车高精地图采集车交车仪式在百度上海研发中心举行，在此次活动上，百度和江淮汽车首次对外透露了清晰的合作规划。

在车联网产业，合作共赢将成为大势所趋，跨界联盟将成为车联网产业的常态。

3．人机交互带来车载终端新体验

随着 5G 车联网的蓬勃发展，汽车操作环境与车载终端呈现出的复杂化的特点。在传统汽车操作中，人体自然感官处于受限的状态，特别是在驾驶舱的环境中，视觉与触觉都受到高度约束。

在 5G 与人工智能技术的支持下，人车交互将迎来新的突破，而作为人车交互的核心，语音交互技术也将获得巨大的发展空间，各企业在语音技术等领域的投入将继续加大，不断提升车载终端的人车交互水平，为用户带来全新的体验。

4．更加丰富的车联网应用场景落地

在未来，基于人、车、路的车联网应用场景将不断丰富，以满足用户的日常需求。车联网在构建新型城市智能交通系统中发挥着重要作用。在车联网的初级阶段，通过车联网技术可有效降低交通事故的发生率，从而大幅提升交通安全性。到了智能汽车和车联网的终极阶段，即自动驾驶阶段，则有可能实现交通事故零伤亡甚至零事故。此外，在车联网环境下，车载终端平台能够为用户提供更加多元化的服务，为用户提供便捷、安全的驾乘体验。

5．商用步伐加快

在政府和企业的共同努力下，车联网技术的测试、试运营等环节正在有序推进，车联网商用步伐不断加快。2018 年 8 月，在中国国际智能产业博览会上，美国高通公司总裁克里斯蒂安诺·阿蒙（Cristiano Amon）在大数据智能高峰会上透露，高通公司与大唐电信科技股份有限公司共同开发了基于蜂窝车联网的芯片组，并于 2019 年支持商业部署。这充分体现了车联网商用进程的不断加快。

第十一章

5G+ 文化旅游：科技助推数字文旅发展

信息技术的创新是现代社会产业发展的重要基础，任何一次信息技术的发展和变革都会对产业的发展产生重大的影响。“4G 改变生活，5G 改变社会”，5G 技术的特征是万物智联，它可以让文化和旅游行业产生新的变革，迎来智慧生长的局面。5G 网络具有的高速率、低时延特性，结合人工智能、高清视频和 AR/VR 等先进技术，可以很好地彰显旅游目的地的文化内涵，增强旅游消费者的体验，也为这些旅游地点的传播和服务创新提供了强有力的支撑。

一、科技与文化旅游的融合

新一轮科技革命和产业革命已经到来，以互联网为代表的新技术正在深刻地改变着人们的生活方式和生产方式。当前，数字经济成为全球经济增长的重要来源，而中国的数字经济在全球处于领先地位。

一方面，旅游产业的综合带动功能全面凸显，旅游产业开始全方位融入国家战略体系，成为国民经济建设的战略性支柱产业，在 GDP 中也占据了越来越高的比例；另一方面，文化和旅游行业是国民美好生活方式的重要载体，因此该行业的发展承担着更高的使命和责任。

综合来看，推动科技和文化旅游的融合发展与创新，将新技术应用到文化和旅游行业已是未来发展的趋势。

（一）智慧旅游的发展现状

智慧旅游是在 2008 年 IBM“智慧地球”的背景下提出的，是科学技术进步和信息化增强而产生的旅游信息化升级的概念。它借助物联网和云计算等技术的支持，开发出新模式来改变旅游行业的各个方面，系统化地整合和开发旅游资源与信息服务，从而带动旅游产业发展。

1. 国外智慧旅游的发展现状

智慧旅游的概念起源于北美，美国宾夕法尼亚州首次引入无线射频“手腕带”系统，开启了北美的智慧之旅。游客通过携带无线射频手腕带，就可以进行酒店的入住、结账、消费等。在旅游的整个过程中，游客都可以采用射频识别技术购买商品或服务，这使游客出行更加方便。

到目前为止，智慧旅游在国外已经有了较好的发展，许多酒店服务已经融入了智慧旅游。游客可以十分方便地查询酒店信息，减少不必要的流程，提高旅游效率。同时，游客也获得了更全面的住宿体验。有的国家甚至已经建立了智慧旅游交通，为游客的整个旅程提供便利的交通引导，使其能够较好地规划行程。

智慧旅游的发展促进了大量手机软件的开发，游客能够通过智能手机规划旅游线路，获得游览解说等服务。在一些手机软件上，智慧旅游可以采用汉语、英语、法语、日语等语言进行旅游导航，即使是异国游客也可以十分方便地享受旅游服务。

2. 国内智慧旅游的发展现状

2010年，江苏省镇江市在全国率先提出智慧旅游的概念，开始进行智慧旅游项目的建设，并获得国家的大力支持，成为中国“智慧地球”的典范。在此以后，苏州、扬州等地也开始了智慧旅游项目的创建，在长江三角洲地带的旅游城市群形成了跨区域的智慧旅游城市群。

随着科学技术的进步和信息化的到来，创建智慧旅游项目的城市越来越多，政府在一定程度上也给予了资金和政策支持。例如，2012年5月，中华人民共和国国家旅游局（以下简称国家旅游局，现称文化和旅游部）确定了18个国家智慧旅游试点城市；2015年，国家旅游局发布了《关于促进智慧旅游发展的指导意见》；2017年3月，国家旅游局公布了《“十三五”全国旅游信息化规划》，旨在推动信息技术在旅游行业中的应用；2018年3月，中华人民共和国文化部与国家旅游局合并，组建了文化和旅游部，文旅融合成为行业热点。在这样的政策支持下，智慧旅游的概念在中国的发展态势越来越好。

尽管如此，中国的智慧旅游仍然存在较大的提升空间。有的旅游城市在创建智慧旅游项目时盲目跟风，甚至没有调查市场需求，也没有真正地理解游客的需求，其创建的智慧旅游项目并不能给游客带来便利。因此，中国的智慧旅游还需要不断改进，以不断地满足市场需要。

（二）智能技术应用于文化和旅游行业的发展前景

随着智能社会的开启，各行业已拥有了全新的生产工具，这主要得益于以人工智能技术为代表的一系列智能技术的应用，这些新技术正在成为行业发展的新引擎。在这些新技术中，AI 技术重塑了机器和工具；5G 技术提升了网络支撑能力，加快了网络速度；云计算提升了终端工具接入能力；AIOT 为万物智联提供了便利。正是这些新技术的应用，文化和旅游行业的供给能力才能实现大幅度提升，使该行业发生全新的变化。

在 4G 时代，由于智能手机的普及，手机 App 取代网站成为消费者使用的主要入口，人们可以随时随地消费。在旅游过程中，吃、住、行、购物、娱乐等方面基本实现了用户侧的数字化应用。

到了 5G 时代，AI、大数据和云计算等新技术可以和传统产业产生更大的协同作用。一方面，可以帮助文化和旅游行业的供给侧实现全面数字化升级，包括用户洞察、产品设计、服务体验、综合管理、智慧大脑建设等；另一方面，可以在服务侧打造令人惊艳的产品体验，利用 VR 技术、人机交互技术、人工智能技术和全息技术突破原有的旅游体验局限，带来全新的旅游产品和设施。

其中，沉浸式旅游是一种全新的情境体验式旅游，更多地强调游客的参与性和互动性，为游客带来更多新颖、有趣、智能化的全新体验，同时也为游客的整个旅游流程打造一体化的智能服务。

智能技术应用于文化旅游行业的最终发展目标是连接政府公共资源和目的地商业旅游的“全资源系统”，并以该系统为核心，提升文化旅游行业的服务能力，打造 5G 时代下全新旅游服务体验，实现数字身份、数字诚信、数字支付、数字消费等体系，构筑完善的全域旅游数字生态。

二、5G 在文化旅游产业发展中的重要作用

随着 5G 网络的不断商业化，以及文化和旅游行业的不断完善，5G 除了可以丰富生态内容和提升游客体验，还会使文化和旅游行业的信息更具智慧化，同时优化了整体文化和旅游行业的格局。

（一）5G将成为景区运营的必备基础设施

在5G时代，网络将从人的连接转向物的连接，由为人传递信息转向为万物传递信息，即“万物互联”。这样一来，物理世界中存在的每一个物体都可以在虚拟世界中找到数字化的“孪生体”。凭借5G网络，物理世界中的海量信息可以输入到数字系统中。随着文化和旅游行业数字化建设的逐步加快，5G网络将成为景区运营必备的基础设施之一。

5G网络将在景区中承担以下角色。

1. 满足游客的上网需求

景区会实现信号的全面覆盖，可以使用大带宽、低时延的5G网络，即使景区客流量十分密集，游客也不会再为访问网络而发愁，可以顺畅地浏览网络信息。

2. 协助景区提供服务

5G网络将成为景区实现信息化和智慧化的必要条件。景区中会配备不同形态的行业专用终端，如大屏、无人驾驶、无人机、监控终端、物联网设备和VR自拍手机等。

以无人驾驶为例，5G网络结合无人驾驶出行技术，在景区内部署无人摆渡车，可以搭载游客往返于景区内各景点或各景区之间，这不仅能为游客带来高科技的出行体验，也能在景区客流高峰期缓解运输压力，分担有人驾驶车辆的工作量。另外，无人驾驶车辆还可以树立景区的特色，车辆内的人工智能设备可以加强景区与游客的互动，为游客定制路线，提升游客的使用体验，从而全面提升景区的话题度和游客忠诚度。

随着嵌入式SIM技术的发展，其节省空间、适用面更广与用户签约激活较为灵活的特点促使其终端占比越来越大，以游客为中心的终端协同将会成为景区服务的常态，这些都有利于丰富景区的特色旅游项目。

3. 景区建设规划与5G网络部署规划并行

景区在管理、营销和服务方面都要依靠5G网络，因此景区在建设各种设施之前要考虑好5G网络的同步部署，以免影响景区的日常运行。景区的景观是吸引游客的重要因素，所以在安装5G基站等设施时，要确保其外观与景观和谐一致。

（二）5G将有效促进景区的精准化运营

依托图像识别技术、感知设备与海量游客数据，文化和旅游大数据从原来的面向规模群体身份的分析，扩展为基于用户个体精准识别、景区产品、服务评价等更多数据源，并形成面向具体应用或产品的“景区内容推荐—游客欣赏评价—景区产品迭代”的数据应用闭环。

同时，5G 网络结合大数据、AI 技术，可以为游客提供更加个性化的服务。例如，通过分析游客业务数据，基于“5G+AI”的景区导览服务可以为每一名游客提供专属服务，将游客之前去过的或推荐的景点信息及相关的交通和食宿信息都精准地提供给游客。

“5G+VR”辅助讲解业务可以为不同的游客推送相应的讲解信息，使游客在每次游览时都可以获得不同的感受。

“5G+AI”游记助手业务可以根据不同游客的需要，为其输出不同类型的游记素材。

在 5G 网络的基础上建立起来的泛连接数据链，可以使游客在游前、游中和游后都能享受到独特的专属服务。

（三）5G 应用将为游客提供深度文化互动体验

一直以来，中国的旅游市场多以景区、景点的观光旅游为主要形式，因此自然风光更受游客的青睐。随着文旅融合的不断深入，民众对旅游体验的要求不断提高，游客越来越注重旅游时的文化体验。

5G 网络与文化旅游行业的深入融合能够从主题化、舞台化、场景化等多个层次为游客提供旅游体验，使游客的旅游经历不再停留于“到此一游”，而是享受深刻的旅游体验，甚至留下宝贵的人生回忆。为此，景区可以从以下几个方面入手，提高游客的旅游体验。

1. 对游客的深度体验进行数字化处理

游客既可以参与景区内的现场活动，如文化或历史知识讲解、文化活动等，也可以参与虚拟历史再现，从而获得深度的文化体验。于是，游客对文化的感受不再是旁观的姿态，而是置身其中，切身感受。

再现历史场景的 5G 互动体验中，系统会提供多条主线供游客选择，游客既可以根据系统的匹配结果进行选择，也可以根据自身喜好选择不同的主线和不同的维度。游客参与的过程会通过“5G+ 边缘计算 +AI”进行数字化处理，处理之后的结果既能作为景区的素材进行展示，也可以让游客观看全景视频，回看自己参与的全过程，随时进行情景再现。

2．拓展游客的文化主题类旅游路线规划

“5G+AI”有可能会改变游客的旅游规划方式，在游客的目的地路线规划基础上，为其提供跨区域的、以文化主题为方向的个性化服务。例如，游客本来确定了以“杜甫 + 诗词”为主题的旅游规划，在咨询以后，“5G+AI”会根据文化数据信息为游客提供个性化的路线规划方案，游客可根据自身情况进行选择，并在进入景区后享受 5G 应用提供的智慧服务体验。

即使游客只游览了一个景区，也可以通过“5G+VR”和“5G+ 全景视频”的方式沉浸式体验同一主题下的其他景区，从而完整体验主题游，不虚此行。

3．游客可以成为文化体验的创作者

游客在参与 5G 应用互动、进行文化体验的同时，还可以对体验过程进行二次创作，提出优化建议，系统会收集各种反馈，从而不断优化，这就形成了一个良性循环。游客与景区的互动关系越牢固，游客参与体验的积极性就越高，更有利于景区的发展。

（四）5G 将促使新型旅游业态崛起

随着国内大众旅游热的不断提升，以及对全域旅游的大力推进，文化旅游行业的范围在不断拓展，其文化内涵也在不断得到增强。由于国民对文化素养的追求不断提升，促使以特色文化为代表的新型旅游业态快速崛起。5G 对新型旅游业态的影响主要体现在以下几个方面。

1．传统风景区

传统风景区主要以优美的自然风光吸引游客，一般来说，获得“国家 A 级旅游景区”标志牌的景区，其质量是受到大众认可的。旅游景区在评级时，主要参考以下条件：旅游交通、游览服务、旅游安全性、卫生状况、邮政通信服务、购物服务、经营管理、资源和环境的保护、旅游资源的吸引力、市场吸引力、游客接待人次、游客满意度等。而现在，A 级景区的评级更加侧重于用户体验和信息化。

5G 网络与其他新技术相互融合而产生的创新应用，如全景视频直播、基于 AR 技术的智慧导游导览、基于 IOT 的衍生应用、基于 VR 技术的虚拟体验等，这些应用能为游客带来不同以往的全新体验，也为景区拓展了全新的业务，增加了更多的卖点。

以全景视频直播为例，在5G网络的支持下，图像的清晰度不会再受到网络带宽的限制，可以充分地体现出视频的冲击力，旅游景区的动态视频能够提升游客的旅游体验，这对于景区的宣传也有很大的帮助。

2. 特色小镇

特色小镇是以后期开发为主、为游客提供度假服务的小镇，如古北水镇等。特色小镇是文化和旅游行业的重要支撑，也是文化和旅游行业的潜在拓展空间。

特色小镇主要营造文化环境，为游客带来浓厚的文化氛围，以文化为基础开发一系列的旅游产品或服务，包括文化主题住宿、餐饮和购物服务等。

5G网络可以通过新科技为游客提供更丰富、更个性化的服务，其还能为特色小镇的开发、拓展新渠道，促进特色小镇的文化产业不断增强，最后成为特色文化地标。

3. 名村名镇

名村名镇的旅游主要包括两大场景，即历史名村名镇游和现代乡村游。历史名村名镇游不再局限于浅表式的展示，而是在传承中创新；现代乡村游不再单纯停留在传统的田园体验游，而是拓展出生态养生、山林休闲等多种旅游形式。

在5G网络的支持下，村镇旅游会获得更多的活力，游客可以获得更便利的服务。随着更多应用的引入，名村名镇旅游会衍生出新的业态，培养出新的乡俗，为村镇经济的发展带来更多的资本支持。

4. 主题公园

主题公园是指以营利为目的而兴建的，占地和投资达到一定规模，实行封闭管理，具有一个或多个特定的文化旅游主题，为游客有偿提供休闲体验、文化娱乐产品或服务的园区。

主题公园一般拥有特定的IP，这主要依赖于文化、娱乐、动漫等相关联产业的共同发展。游客进入主题公园，就像进入一个故事世界中。

5G应用的引入会使游客的体验变得更加丰富多彩，其结合4D成像、全息技术、建筑投影、水幕电影和激光造型等声光电设备和技术手段，让现实与虚拟相互交织，时间和空间自由穿越，提升了视觉和音效的冲击力，进而为游客营造绝妙的视听体验，打造出优秀的主题公园品牌。

另外，主题公园可以通过5G和AI技术，运用摄像机等传感器设备来获取各个娱乐项目的排队人数和时间，并通过移动终端和大屏幕实时推送信息，以供游客参考，帮助其规划游玩顺序和路线。

5．主题酒店

主题酒店是指以酒店所在地最有影响力的地域特征及文化特质为素材，设计、建造、装饰的酒店。主题酒店要以某一特定的主题来体现其建筑风格、装饰艺术和特定的文化氛围，营造出一种无法模仿和复制的独特魅力与个性特征，使游客获得富有个性的文化感受，同时将服务项目融入主题，以个性化的服务取代一般化的服务，实现提升酒店产品质量和品位的目的。一般来说，历史、文化、城市、自然、神话、童话故事等都可以成为酒店的主题。

与传统酒店不同，主题酒店是在酒店的区域范围内以住宿为核心，衍生出众多极具个性化和互动化的产品形态。5G 网络和 AI 技术相结合，可以提供网联机器人、虚拟现实等体验业务，更好地为入住主题酒店的游客提供多样化的互动服务，打造出特色鲜明的酒店产品形态。

6．博物馆

博物馆是文化和旅游行业相融合的产物，兼具艺术观赏、历史溯源、科学研究和教育推广等功能，其逐渐成为公共文化服务和旅游行业发展的前沿阵地和有效载体。

5G 网络、虚拟现实和增强现实等技术相互融合，能够为游客提供诸多体验业务，如数字展品鉴赏、虚拟博物馆、展品辅助讲解、展品复原修复（见图 11-1）等。

图 11-1　展品复原修复

游客在参观展品时，可以通过 AR 眼镜或其他便携终端来获取展品辅助讲解服务。终端可以对展品进行智能识别，并针对不同的游客提供相应的语音、文字、图片、视频或3D模型等辅助信息，使终端能够快速下载大视频素材文件，真实地再现展品原貌，这更有利于游客对展品和展区文化的理解，使游客对展品的认识更全面，留下更深刻的印象。基于“5G+AR”技术的终端设备有效地节省了导游的人力资源，成为游客的贴身讲解员，满足了游客的个性化服务需求。

这些服务可以加强博物馆的专题建设，向游客传播博物馆文化，提升博物馆的旅游品质。同时，这些服务也有利于推广博物馆的文创产品，极大地提升博物馆的文化传播力。

（五）5G将提高文化旅游行业的品牌营销能力

随着近几年全球对5G技术的关注度不断提升，5G的热度也在逐年攀升。目前，不断有新的5G文化和旅游应用上线，它们纷纷成为舆论焦点，有力地提升了相关企业和景区的热度，提高了品牌热度和营销业绩。可以说，5G应用自身就是品牌，它对文化和旅游行业的品牌营销能力的影响主要体现在以下两个方面。

1. 5G应用让游客成为营销宣传员

随着5G技术与文化和旅游行业的融合发展，不管是淡季还是旺季，也不管是白天还是夜晚，游客都能获得满足自身体验需求的产品和服务，满意而归。

各种各样的精彩体验会让游客成为口碑的传播者。游客分享的内容会变得越来越多样化、智能化、多媒体化和复杂化，这与4G时代相比有了很大程度的提升。传播的内容会吸引其他游客到现场体验，从而提升文化旅游景区的知名度并扩大品牌影响力。

2. 5G应用会促进文化和旅游周边产品的营销

文化和旅游营销不仅局限于旅游资源，还包括周边产品，如土特产、手工产品和文创产品等。游客来到某个旅游目的地，不仅是想体验当地的风景和人文景观，也有了解当地历史、文化和民俗的需求。除了照片、视频等游记素材可以用来回忆，周边产品也是留念的重要载体。5G应用不仅有利于提高文化和旅游周边产品的个性化、定制化属性，满足游客对周边产品的消费需求，还能促进文化和旅游周边产品的营销。

文化和旅游周边产品与旅游本身有着紧密的联系，它们能够体现产品在功能、审美和体验上的价值。由于游客更喜欢与自己有所联系的产品，所以周边产品的定制化、个性化与情景化十分重要。另外，周边产品还具有时间性和供给性，也就是说，产品并非在任何时间都能销售，游客在购买周边产品时，这种体验会让其获得心理上的满足感。

为了让游客拥有一次难忘的旅游经历，5G 应用可以融合多种技术为游客营造一种氛围和情景，使其沉浸其中，并衍生出个性化和定制化的周边产品，这些产品不仅要反映出旅游地的特色，带有浓郁的民俗风情，还要饱含游客的旅行记忆。例如，在博物馆游览结束时，游客可以买到纪念品，其中不仅有科普内容，还有游客在游玩时操作 5G 应用进行体验的个性化记录；游客在乡村游时，可以通过 5G 应用来遥控农机生产农产品。

对于文化主题游来说，5G 应用不仅可以促进文化和旅游周边产品的营销，还可以促进文化主题游览路线区域内其他景区的周边产品的营销，最终形成跨区域营销。

三、5G 应用于景区的典型案例

通信技术的跨越式升级为智慧旅游落地及旅游景区服务水平的提升带来了现实基础，如今众多景区纷纷拥抱 5G 时代。

（一）红旗渠景区智慧化升级

红旗渠是全国著名的红色景区，也是全国 5A 级景区和全国爱国主义教育示范基地，其首要任务是树立红旗渠的良好形象，让红旗渠精神一直传承下去。2018 年 12 月 15 日，中国联通在红旗渠景区部署 5G 网络，用 5G 创新科技为红旗渠景区赋能，推动景区智慧化全面升级，让红旗渠精神通过最新科技得到更好的传播。

2018 年 12 月 26 日，中国联通发布了首个基于 5G 技术的智慧旅游应用，包括“5G+VR”全景直播、“5G+AR”慧眼、“5G+AI”旅游服务、“5G+ 社交分享”等，并在红旗渠景区成立了“文化旅游 5G 创新应用示范基地”。以此为标志，红旗渠景区正式开启了智慧旅游融合发展的新时代。

1.“5G+VR”全景直播

5G 网络具有高速率、大带宽、低时延的特性，其与 VR 技术相结合，能够为游客带来身临其境的直播效果，使游客沉浸在红旗渠的壮美景色中，深刻领悟红旗渠的精神内涵。

现在 5G 信号已经全面覆盖著名景点“青年洞”和“铁姑娘打钎”旧址，游客只需佩戴 VR 眼镜，即可通过 5G 网络流畅地观看和体验当年修渠的壮阔场景。高科技手段让游客加深了对红旗渠精神的理解，显著提升了红色教育的效果。

另外，红旗渠景区内的多个景点由无人摄像机进行拍摄，高清视频回传之后，坐在室内的游客也可以尽情观赏红旗渠的美景。

2．“5G+AR”慧眼

“5G+AR”能够为每位游客实时提供文字、图片和高清视频等资源，帮助其理解红色旅游的文化背景、意义和内涵，使其沉浸在红旗渠的壮美景色之中，深刻领悟红旗渠精神的内涵。

3．“5G+AI”旅游服务

任何一个景区都想提高服务效率和游客满意度，红旗渠景区也不例外。景区利用5G网络和语音交互技术，部署的智能机器人可以主动服务游客，提供打招呼、场内引导、景区介绍、专业咨询和聊天等服务，并通过AI技术进行人脸识别，迅速响应游客的需求，提高景区的服务效率。同时，“5G+AI”还可以根据游客的喜好，为其推送个性化的讲解内容，让红色文化以游客喜闻乐见的形式得到传播。

另外，景区安装有智慧鹰眼系统，可以通过5G网络提供的边缘计算进行分析，犹如在景区罩上了一张无形的防护网，能够实现景区的精细化管理，提高安全治理水平。

4．“5G+社交分享”

游客外出观光时大多会拍照或录制小视频，然后附上一段文字。但对于拥有5G技术装备的红旗渠景区来说，这样的游记显然有些过时了。

通过5G高清视频游记助手应用软件——AI游记助手，红旗渠景区可以帮助游客自动编写游记，并根据游客拍摄的照片和视频生成相应的720度VR交互式视频和8K高清视频，这样的全景游记可以立体式再现美好的回忆，全面记录游客游览时的经历和感想。游客会在离开景区时及时收到这些内容，并可以立刻分享给亲朋好友。

由此可见，将5G技术应用于旅游领域，可以为游客提供更加优质的旅游服务，提升其旅游体验，促进旅游与文化的深度融合，极大地提升景区价值。

（二）成都“5G+8K”直播烟花秀和“夜游锦江”的美景

2019年2月19日元宵节当晚，中国电信四川公司携手四川广播电视台、华为、富士康和四川传媒学院，在全国首个5G文化旅游示范街区——成都“夜游锦江”，成功实现“5G+8K”的惊艳亮相。

“夜游锦江”项目是成都打造的休闲旅游新模式，航线全长4.4千米，天府熊猫塔、兰桂坊、合江亭等片区被串联起来，其中包含诸多主题场景，包括“夜食”“夜游”“夜宿”“夜市”“夜展”“夜秀”等。

“5G+8K”在成都的全球首航，让人们身临其境地感受锦江河畔夜游景色的同时，也宣告了“5G+8K”开始融入并推动城市文化旅游产业的发展。

中国电信四川公司与成都市公安局合作，启用“5G+无人机”来实时巡查“夜游锦江”航线的周边情况和路况。无人机能够将现场视频画面实时回传到大屏幕和各种终端设备上，观众可以非常清楚地看到码头的乌篷船和锦江两岸的灯光。

安顺廊桥是“夜游锦江”航线的重要节点，当晚7时左右，一位花旦演员在这座桥上面对着一台特殊的摄像机修补妆容。这台摄像机价值70万元，它是采用最新技术的8K摄像机，由专人操控，将花旦演员化妆的画面采集下来以后，通过5G网络实时传播到距离安顺廊桥2000米的直播展示厅。

展示厅位于望平街滨河路上，厅内一台8K超高清电视上的画面备受人们的关注。观众在画面中能够清楚地看到演员的精致妆容和华丽的衣着，演员十分专业，动作无比流畅，而观众甚至可以看到演员的每一根睫毛与补妆时空气中浮动的粉底尘屑。很多市民赞叹道：“面对面也看不了这么清楚吧！”

同时，中国电信四川公司携手成华区、四川广播电视台，将成都天府熊猫塔打造为全国首个5G电视塔，向全市人民直播“2019梦想之塔光电烟火秀”，将成都的迎新春活动推向高潮。当晚，中国电信四川公司在电视塔周围的多处地点进行5G网络覆盖，提供直播的网络技术支持。

本次烟花秀也成为全国首个360度VR全景烟花秀，工作人员通过全景摄像机对本次烟花秀活动现场进行360度VR全景影像视频采集，再借助5G网络上传。市民在5G体验点可以通过佩戴VR设备尽情观赏烟火秀的美景，这对于那些不方便到现场游览的市民或外地游客十分友好，他们只需打开电视或手机就能全程观看烟火秀的盛况，畅享视听盛宴，共享精彩瞬间。

此外，乘坐行驶在成都二环高架路上的中国电信5G公交车的乘客也可以通过5G网络实时观看天府熊猫塔元宵节烟花秀和“夜游锦江”的美景。

据中国电信四川公司的相关负责人表示，“5G+8K”直播连线包括诸多环节，如8K拍摄、8K编解码、8K直播、8K连线、5G网络传输等，有很高的技术难度。成都首次实现“5G+8K”直播，标志着“5G+8K”融入城市文化旅游产业有了一个良好的开端。8K 视频分辨率高达 7680×4320，画面清晰度可以达到肉眼的 4.3 倍。以 8K 为代表的超高清视频业务将是 5G 时代的重要应用之一，它能满足赛事或演出直播、游戏等消费娱乐领域的需要，在生活、交通、医疗、工业能源、教育等领域的应用前景也十分广阔。

为了保证本次全球首航的“5G+8K”直播顺利完成，5G 网络支持是必备条件。4K 高清直播的网络带宽至少需要 30M，而 8K 高清视频直播的网络带宽则需要惊人的 200M。经过未来进一步的研究与发展，“5G+8K”将在文化旅游、远程医疗等诸多领域发挥重要的作用。

（三）“5G+VR”，足不出户游黄山

自古以来就有“黄山归来不看岳”的说法。古往今来，文人骚客对黄山赞不绝口，题词不断，黄山上的那株千年迎客松深深地印刻在人们的记忆中。随着科技的发展，在 5G 网络的支持下，游客可以免去爬山的劳累，足不出户就可以尽情欣赏黄山美景。

2019 年 3 月 10 日，中国电信黄山分公司成功开通了黄山风景区光明顶、玉屏楼的 5G 基站，“5G+VR”全景直播业务成为安徽省首批测试成功的 5G 网络应用并率先试用。通过 5G 网络环境实时传输现场画面，可以让人们在其他地方通过 VR 设备 360 度纵览黄山美景。这标志着安徽省首个 5G 智慧旅游应用的成功落地，同时也拉开了 5G 应用的序幕。

5G 的高速率、大带宽、低时延、高可靠性不仅能够改变人们的生活，也能够改变全社会，这意味着万物智联将成为现实，并将为众多行业带来全新的发展机遇。“5G+VR”全景直播的下载速率是 4G 下载速率的 10 倍以上，图像高清，播放流畅、稳定，可以让用户获得沉浸式体验，在远处就可以身临其境地感受黄山美景。

为了满足人们日益增长的通信需求，全面落实智慧旅游发展战略，中国电信安徽公司以提升网络覆盖为己任，通过建设微基站的方式开展 5G 试点建设工作。中国电信安徽公司 5G 网络的部署和落地，将推动安徽新型智慧城市的建设，为 VR、AR 等未来媒体的融合应用打下了坚实的基础。

（四）洛阳龙门石窟，建设“5G+ 智慧龙门”

洛阳龙门石窟世界文化遗产园区管理委员会和中国移动河南洛阳分公司在 2019 年 8 月 16 日宣布，拥有千年历史的洛阳龙门石窟将运用 5G 网络新技术，成为河南

首个 5G 网络全覆盖的 5A 景区，也标志着河南省智慧旅游进入到一个新时代。

2019 年 7 月 24 日，洛阳龙门石窟世界文化遗产园区管委会与中国移动河南洛阳分公司签署了“5G+ 智慧龙门”战略合作协议，经过一段时间的建设，已建设 17 个 5G 基站，龙门石窟主景区及周边重点区域已实现了 5G 网络无缝隙、连片覆盖。

在发布会上，卢舍那大佛前的景区讲解员与位于龙门西北服务区的中国移动公司员工打通了景区的第一个 5G 电话，实时回传的视频画面显示在发布会现场的大屏幕上，视频通话清晰、流畅。经 5G 手机现场测速，其峰值速率达 1.16Gbit/s。

龙门石窟景区的日接待高峰曾超过 7.5 万人次，实现 5G 网络全覆盖之后，游客可以获得高速网络服务，即使在客流高峰时也能避免通话、上网拥塞的情况；5G 网络还能为龙门智慧旅游、安全管理提供了全方位的支撑，奠定良好的网络基础，游客不管是打电话、上网、娱乐，还是支付，都可以获得更好的体验。

“5G+VR”和“5G+AR”等应用可以让游客身临其境地游览龙门石窟，观赏大佛。游客可以在现场体验 360 度 VR 直播和无人机直播。游客只要一戴上 VR 直播眼镜，就仿佛置身于景区中，眼前是一尊卢舍那大佛，只要旋转身体，就可以 360 度观赏卢舍那大佛及其周边的景象。

戴上 VR 无人机眼镜之后，游客眼前就会浮现景区上空无人机摄像头拍摄的景象。随着无人机位置的变换，人们的视角也会发生转换，就好像飘在空中一样，壮丽的景象尽收眼底。

在 5G 滑雪展区，游客的双手可以做出滑雪动作，身体会随着屏幕上的地形倾斜，遇到下坡路段时会不禁发出阵阵尖叫。

在 5G 背景下，龙门石窟智慧文化旅游的发展能够实现更多的场景应用。

在文物保护方面，相关人员开展“5G+AR”数字文物复原工作，即通过 AR 数字复原技术对文物进行数字化修复，并对海外流失文物实行数字化回归，让龙门石窟的文化遗产在这个时代焕发出新的活力。

在旅游服务方面，龙门石窟推出“智游龙门石窟”一张图导览、“奉先寺阿难”龙门 AI 智能导游。景区配备了更多的 5G 智能设备，游客可以在线上和线下体验到更加丰富和完善的旅游服务。

在旅游管理方面，景区建立了智慧交通引导系统和智能停车场，及时、有效地为游客提供智能引导，为游客提供实时的天气、交通、停车服务等信息，全面提升景区的管理效率。

龙门石窟未来会全面应用5G技术，最大限度地为游客提供定制化和个性化的贴心服务，为其创造丰富的游览体验，这将进一步激发龙门石窟景区的创新活力，促进龙门石窟文旅融合的深入发展。

除此之外，“5G+人工智能”、物联网、云计算、大数据、边缘计算等应用技术会加快5G无人机安防、5G无线监控、5G无人驾驶、安防机器人等项目的建设，让千年文化遗产在5G时代迸发出新的魅力。

“千年古龙门，5G新启程”，在5G时代，龙门石窟园区的经济发展方式、资源配置效率、管理服务模式会发生深刻的变革，龙门石窟文化旅游业态会逐步向综合型和融合型发展，文旅融合、智慧文化旅游的发展步伐会进一步加块，最终实现文化、交通、住宿、餐饮、娱乐等行业的互联互通。

四、“5G+文化旅游”的未来畅想

在5G时代，文化和旅游有三大数字化趋势，分别为新业态创造新资源、新应用带来新体验，以及新平台支撑新服务。文化和旅游行业的数字化创新发展，对于一直以来就存在的各种难题（如资源不可替代、体验复制难度大、需求预判难度大等）提供了新的解决方案，有利于开创文化产业和旅游业的新局面。

1. 新业态创造新资源

新业态即数字化业态，它不仅是指传统业态的数字化应用范围扩大，也不单指对生产流通的个别环节进行数字化技术改造，而且还指整个产业链和整个生态圈的数字化重构。

新业态将打破文化和旅游的传统边界，扩大文化和旅游资源的范围和形式，以数字化为核心创造文化和旅游新资源。新资源主要是指数字化资源，它成为继自然资源、地理资源、人文资源、社会资源之后的新战略资源。

新业态与新资源之间相互支撑、交替发展，形成螺旋式上升的良性循环：新业态会不断创造文化和旅游新资源，而新资源又会不断催生文化和旅游行业的新业态。文化和旅游行业的新业态在对新老资源进行深度整合、聚合再造、价值挖掘的基础上，不仅能够满足客户的已有需求，还能挖掘客户的潜在需求，并对其进行引导，使其产生新的需求，从而不断开拓文化和旅游行业新的发展空间。

2．新应用带来新体验

在5G时代，文化和旅游行业结合人工智能、传感器、移动通信等运用机器感知技术的新应用，将不断拓展用户的体验内容，创造出更多样化的体验方式，不断提升体验的质量，创造出非凡的文化旅游新体验。新体验主要表现为内容多维度和渠道泛在化，具体如下。

（1）内容多维度。以沉浸式体验、多层级链接、全功能整合为特点，数字内容视频化、视频内容互动化、互动内容功能化，介入式交互型超高清视频也会日渐普及。随着大数据、AI、VR、AR等技术的广泛应用，感官体验与人文感受融于一体的文化旅游新内容将不断出现，这些内容能够为游客带来更好的体验，而旅游体验也可以转化为内容，新内容的维度将越来越广泛。

（2）渠道泛在化。未来产品推广与信息传播之间的界限会越来越模糊，甚至渠道与媒介完全混同，呈现出媒介渠道化和渠道媒介化的特征。所谓媒介渠道化，是指传统信息媒介成为新的数字化渠道；而渠道媒介化是指传统交易渠道成为新的数字化媒介。

到那时，新渠道和新媒介随处可见，客户端、功能性软件、App、在线平台、流量入口、社交工具既是渠道，也是媒介。媒介类型千变万化，如多媒体、自媒体、微媒体、跨媒体、融媒体、泛媒体、全媒体等；渠道类型全面融合，如沟通渠道、流通渠道、传播渠道等。

3．新平台支撑新服务

在5G时代，旅行信息平台掌握了捕捉前置化场景的能力，它将在文化旅游领域发挥更大的作用。捕捉场景就是抓住需求，捕捉前置化场景可以预判需求。

游客是文化旅游行业最活跃、最有价值的目标人群，旅游场景是文化旅游活动最典型、最重要的前置化场景。基于时间、空间、用户和行为等核心要素，旅行信息平台通过运用大数据和人工智能技术，不仅可以了解游客的身份、来源和目的地，还可以在一定程度上分析游客的偏好。在不侵犯游客个人隐私的前提下，旅游信息平台能够以非常自然的方式，快捷、精准地向游客推送个性化的文化旅游服务。

旅游信息平台还可以起到连通供求的作用，它能凝聚各种文化旅游资源，提升服务的价值，助推文化和旅游行业产生协同效应、聚变效应和乘数效应。在5G技术支持下的旅游信息平台，将为文化和旅游行业不断推出的新服务提供坚实的技术支撑，成为文化和旅游行业高质量发展的新动力。

第十二章

5G+ 制造业：智能工厂的自动化新模式

5G 的发展为我国工业生产向智能化发展提供了坚实的技术基础。智能工厂的自动化新模式打破了传统的制造生产方式，我国工业将迈进智能制造的新时代。当前，智能工厂模式体现了制造业迎合市场的新需求，工业企业正面临着前所未有的发展机遇与挑战。

一、“工业 4.0”时代的智能制造

进入 21 世纪，信息技术革命可谓愈演愈烈。在企业生产中，人、机器设备及产品等基础制造元素不再是孤立的关系，它们可以通过网络技术实现紧密整合，从而创建更加协调且高效的制造体系。这将整个生产系统提升到一个新的高度，推进新一时期的工业智能化革命。“工业 4.0”时代的智能制造彻底打破了传统工业的生产模式，以全新的姿态彰显强大的优越性，其以智能互联模式为核心，融合个性化和特色化需求，构建了一个高度灵活的数字化、特色化产品与服务的新型生产模式。

（一）何谓智能制造

随着现代信息技术的飞速发展，智能制造成为一个被广泛关注的话题，也是如今经济发展中出现的一个高频词汇。为了便于人们理解智能制造，我将“智能”与“制造”拆分开来进行解释。

“制造”通常是指对原材料进行加工或再加工，以及对零部件进行装配的工业的总称。按照制造方式的连续性不同，制造业又被划分为流程制造业、离散制造业，以及离散流程混合型制造业。根据中国国民经济行业分类标准（GB/T 4754-2017），中国现阶段制造业涵盖 31 个大类，进一步分为 175 个中类和 530 个小类，可谓遍及

经济发展的各个领域，对中国经济的长足发展起着重要的支撑作用。

对于“智能”的理解，就要对“智慧”与“智能”进行深入辨析。从感性思维到理性思维这一过程，被称为“智慧”，该过程往往产生行为和语言，行为和语言的表达过程被称为“能力”，两者相结合称为“智能”。故此，“智慧”与“智能”的含义不可混淆，智能的过程构建了记忆、回顾、思维、语言和行为的整个过程。

针对智能制造，工业和信息化部提出了一个较全面的描述性定义：“智能制造是基于新一代信息技术，贯穿设计、生产、管理、服务等制造活动各个环节，具有信息深度自感知、智慧优化自决策、精准控制自执行等功能的先进制造过程、系统与模式的总称。它具有以智能工厂为载体、以关键制造环节智能化为核心、以端到端数据流为基础、以网络互联为支撑等特征，可有效缩短产品研制周期，降低运营成本，提高生产效率，提升产品质量，降低资源能源消耗。”从严谨性的角度来说，虽然这一概念在对标准术语的描述上还存在不足之处，但在现有认识基础上，这一概念减少了人们对智能制造理解的歧义，聚焦了发展智能制造工作的目标，并突出了智能制造对我国现阶段企业的转型升级所具有的重要意义。

从广义上来说，智能制造是新时期现代制造技术和现代信息技术相融合的新兴产物。智能制造始终贯穿于制造、产品及服务的每一个环节，它体现了系统的优化集合，其目的在于实现制造业集网络、数字、智能化于一体的发展目标。智能制造的演进过程可以分为三个基本范式，如图 12-1 所示。

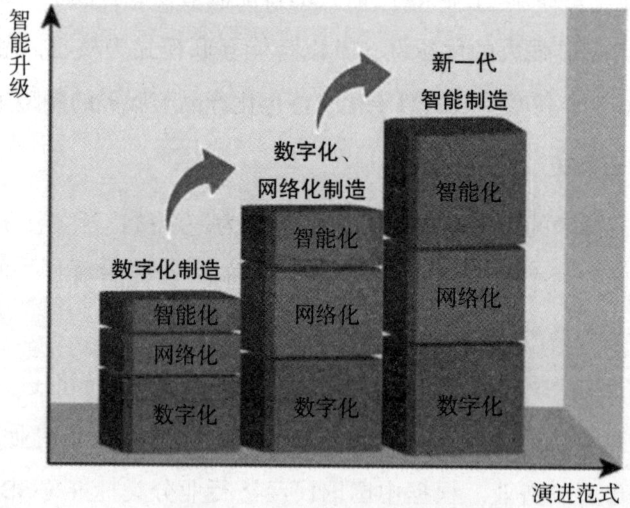

图 12-1　智能制造的演进范式

1．数字化制造——第一代智能制造

第一个基本范式是“数字化制造”。在20世纪50年代，人们就已经逐渐在制造业推行数字自动化控制了，通过对产品和工艺信息进行数字化分析、调控及决策，以满足生产的需要。从制造层面来说，在数字化设施、数字化建模及仿真生产方面，数字化管理方式已经得到普及；从产品层面来说，数字化技术在产品的生产过程中得到较为广泛的应用，形成主要以数控机床为代表的产品。

2．“互联网＋制造”——第二代智能制造

“互联网＋制造”作为第二个基本范式，应对的是国际推行的Smart Manufacturing。20世纪90年代末，互联网技术在中国逐渐发展起来。在当时，中国大力推行互联网技术与制造业的结合，即数据、人、物及生产设备等元素通过网络实现连接，通过有效整合社会和企业资源，对各类资源进行合理的汇集和优化，推动制造业从数字化制造向数字化、网络化智能制造的过渡。

3．数字化、网络化、智能化制造——新一代智能制造

第三个基本范式是“数字化、网络化、智能化制造”。随着大数据、云计算、物联网等新一代信息技术的发展，以新媒体智能化、人机交互，以及大数据智能化为典型代表的新生代人工智能技术崛起，并获得了前所未有的发展。尤其是现代制造技术和新生代人工智能技术的深度整合，产生了新一代智能制造，即数学化、网络化、智能化制造，这给制造业的发展带来了翻天覆地的变化。

（二）智能制造的主要特征

伴随社会信息化程度的不断加深，以传感网、物联网、工业机器人为代表的智能设备与技术大量涌现，尤其是人工智能、云计算和大数据等先进技术，俨然已经成为未来制造业竞争力的核心要素。

当前的智能制造是推进新一代工业革命的决定性因素，智能制造通过智能设备实现制造业的最大化价值，其优势逐渐被凸显出来。在智能制造模式中，企业注重发挥设备智能化的作用，而不是仅限于提升设备的准确度和高效性。

智能制造聚焦于制造生产领域，是一次全流程、端到端的转型过程，它将促使研发、生产、制造、销售、客户管理等环节发生巨大的变革。在企业生产过程中，虽然智能制造仍旧具有标准化、自动化和规模化的特点，但智能制造还应具备传统制造模式所不具备的可视化、柔性化、低碳化的新属性。具体来说，与传统制造模

式相比，智能制造具有四个特征，如图 12-2 所示。

图 12-2　智能制造的主要特征

1．个性化设计的智能化

智能制造模式下生产的产品，一般会将内置传感器、处理器、存储器、传输系统等技术融入产品，产品集智能化的监测、跟踪、记录、反馈和远程控制功能于一体，使产品具备动态存储、感知和通信能力。详细来讲，智能产品在运行过程中可以进行全方位的自我监测，能够对自身产生的数据做准确的跟踪、定位和记录，并对运行中出现的问题进行及时的反馈，保障用户在产品的全生命周期中对其进行控制与管理。

产品智能设计系统能够针对用户的需求对产品进行个性化设计，这将使用户在线参与产品的生产制造成为可能，将产品制造生产的模式由传统的先生产后销售转变为先定制后销售的模式，这样既能更好地满足用户的个性化需求，又能有效改善企业产能过剩的问题。

2．生产方式的智能化

在现代工业制造中，生产方式具有高度的智能化。智能制造系统往往能够自行感知外部环境和自身状态，多维度地采集和监控生产信息。智能制造体系中的各个组成部分能够基于工作的实际需要，自行构建最优结构，并运用最优的方式进行自组织，在实践中不断完善。当遇到突发的系统故障时，智能制造系统还具有自行诊断和自行修缮的能力。因此，智能化的生产方式能够对库存水平、生产线运行状态及需求变化进行反馈，从而实现生产制造的智能辨析、推理和决策。

另外，个性化的研发设计、总集成、总承包等新服务产品全生命周期的管理，会随着生产方式的变革不断出现。个性化定制、服务型制造以及云制造等新型生产模式，其本质是在重组客户、供应商、销售商及企业内部组织的关系，重构生产体系中信息流、产品流、资金流的运行方式。智能制造中生产方式的智能化构建了全新的产业生态价值链。

3．资源装备的智能化

信息技术具有开放性、共享性的特点，信息技术与制造技术相结合产生智能网络化的生产制造。智能网络化的生产制造能够跨区域进行合理的资源优化配置，从而有效化解原有的本地化生产边界的局限。在产品供应链上的研发企业、制造企业、物流企业通常以网络为媒介实现连接，从而实现在全球范围内的资源整合，最大化地共享信息资源，并及时、精准地将生产原料和零部件配送到需要的地方。

在“工业 4.0”背景下，装备智能化的发展可以在两个维度上进行：单机智能化，以及单机设备的互联而形成的智能生产线、智能车间、智能工厂。需要注意的是，在智能制造中，单纯的研发和生产端的改造并不是智能制造的全部，在渠道和用户洞察的前段改造也是不容忽视的一环。两者相辅相成、紧密配合，这样才能实现端到端的全链条智能制造改造。

4．服务的智能化

智能制造在运用数字技术的基础上，与智能优化及智能数控加工方法相结合，保证了整个制造系统稳定地运行，极大地提高了生产制造的效率。随着数字技术纵横向集成，以及端到端集成的不断深化，有效保证了企业数据的客观性、及时性和完整性，使工业生产管理更加合理、科学、高效。

此外，智能服务是智能制造的核心内容。近年来，越来越多的制造企业已经充分认识到从生产型制造向生产服务型制造转型的重要性。因此，在未来制造业的发展中，将会实现线上与线下服务并行，融合线上与线下两方面的力量促进服务的智能化发展，一方面不断拓展传统制造业的服务内容，另一方面从消费互联网进入产业互联网。

（三）中国智能制造发展战略

现代科技的不断进步为各行各业的发展带来了新的机遇，新一轮科技革命与中国加快产业变革发展形成历史性的交汇，为中国实施智能制造发展战略提供了重要的契机。制造业作为中国经济的重要支柱，逐渐从高速发展阶段进入了高质量发展阶段。在这一发展趋势下，生产制造企业不仅要紧抓制造业的质量效益，适时地转变生产发展模式，不断优化产业结构，还要加快互联网、大数据、人工智能与实体经济的深度融合，促进制造业的优化升级，从而推动制造业的生产模式发生根本性的变革。

具体发展战略如下。

1. 战略方针

在中国智能制造未来的发展过程中，生产制造企业必须坚持“需求牵引、创新驱动、因企制宜、产业升级”的战略方针，促进中国制造业实现智能化的初步转型。

（1）需求牵引

市场需求是促进企业发展的强大驱动力，因此中国智能制造的发展必须服务于建设制造强国的战略要求，以推进制造业的转型和升级为目标。中国制造业无论是供给侧结构性改革，还是高质量发展都对业界智能化升级提出了迫切的要求。企业作为经济体系的主体，同时也是智能制造的主体。为了实现企业的智能制造，其在数字化、信息化、物联化、智能化不同层面的生产和服务的实际需求需要被满足，即满足企业提质增效、可持续发展的要求。

（2）创新驱动

当前，中国制造要有效地实现智能化转型，就要寻求和把握人工智能技术与制造业融合发展的契合点，着眼于发展智能制造，将其作为中国制造业转型升级的主要方向，以技术创新不断进行开拓和超越，敢于自主创新，实现“换道超车”，从而增强中国制造业的综合实力，推动企业获得跨越式发展。

（3）因企制宜

中国企业推动智能制造的有效发展，就要立足于企业的主体性，以实现企业转型升级为主要任务。由于中国各个企业的实际情况不同，在落实智能转型时，必须做到具体问题具体分析。同时，中国企业要借鉴国外的先进技术，但切莫生搬硬套。各家企业尤其是中小微企业，要结合自身企业发展的状况，坚持实事求是的宗旨，探索适合自身企业转型升级的策略和方法，从而真正实现企业的智能化升级。

（4）产业升级。

由于智能制造的最终落脚点在于产业升级，因此智能制造要着眼于各个领域、广大企业，乃至整个制造业。各级政府，金融、科技、学术界等要共同营造一个良好健康的生态智能环境，有效促进中国制造业的可持续发展，最终实现中国制造业获得全面的智能转型升级。

2. 战略目标

《中国制造 2025》从国家层面确定了我国建设制造强国的总体战略目标，明确提出要以加快新一代信息技术与制造业深度融合为主线，以推进智能制造为主攻方向，实现制造业由大变强的历史跨越。实现这一宏伟目标是一个艰苦而长期的过程，这就需要业界与时俱进、勇于开拓、大胆创新，在不断借鉴和汲取国外智能制造先进经验的基础上，结合中国制造业的实际情况，逐步改变制造理念、智能制造技术、管理运营和控制模式。

中国智能制造在未来发展中，其着重点在于大规模推广和应用“互联网＋制造”——数字化、网络化制造。从整体上看，智能制造的战略目标应该划分为两大阶段来落实，如图 12-3 所示。

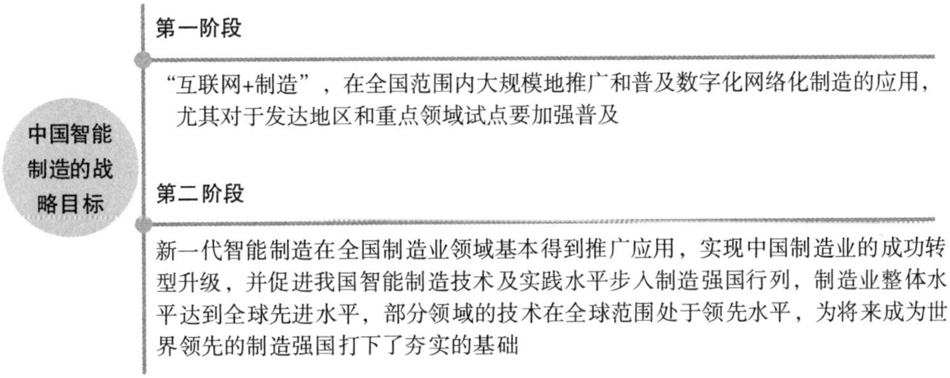

图 12-3 中国智能制造的战略目标

3. 发展路径

中国智能制造的发展路径分为三个层面，如图 12-4 所示。

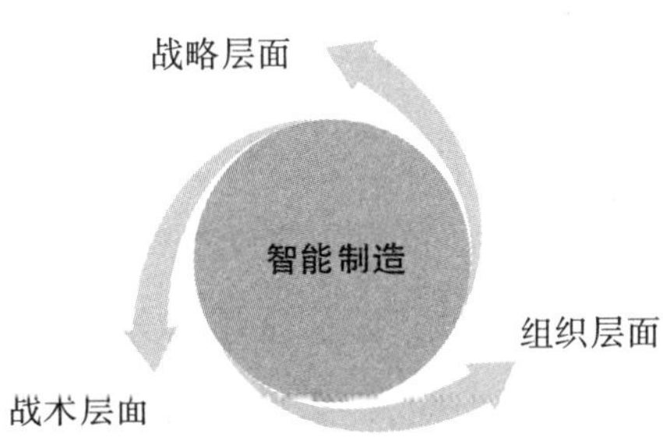

图 12-4 发展路径的三个层面

（1）战略层面

在战略层面，即坚持“总体规则—重点突破—分步实施—全面推进”的战略方针。政府做好智能制造发展的总体规划，明确战略目标，部署具体的工作任务。以此基础，在全国进行全面推广和普及。

（2）战术层面

基于数字化制造的经验，选取合理、有序的方式，即坚持“探索—试点—推广—普及”的推进模式，采用行之有效的科学模式来推进智能制造的发展。

（3）组织层面

企业是制造业的主体，智能制造的发展一定要符合企业的内在发展需求，社会各界要创建有利于企业发展的环境，构建“产学研金政”和谐创新的生态机制。

4. 战略措施

智能制造发展的战略措施可以分为以下三点。

（1）加大对发展智能制造的财务支持

要想加快制造业的结构转型，提升其综合实力，以更好地应对日趋白热化的国际竞争，就要加大对智能制造发展的财务支持，充分发挥国家财政的引导作用，做好信贷的支持工作，引导金融机构对优势明显的先进科技智能制造项目放宽信贷条件，给予它们必要的信贷支持。同时，积极引导企业吸收社会资本，构建一个完善的智能制造多维化的投融资机制。

另外，金融机构在风险可控的前提下，可以开展与智能制造相关的知识产权质押贷款，或者设置以知识产权质押作为主要担保方式的组合贷款、信用贷款，并开展其他非质押类贷款模式创新、贷款产品创新，扩大对智能装备制造企业和应用企业贷款抵质押品范围。

与此同时，在税收方面也应加大对发展智能制造企业的支持，具体表现在以下三点。

①税收激励政策

企业一旦符合税收的规定条件，就可以享受进口税收和企业所得税的优惠政策。对智能升级改造项目，在项目竣工投产后，采用部分税收给予返还的方式对项目予以税收上的支持。对于固定资产加速折旧，可采取减免税收政策。针对企业开展智能化技术改造的项目投资可建立留抵退税制度，列入研发加计扣除。

②利用技术改造专线资金推动智能制造

以智能制造为目标，推动企业加大技术改造的投入，合理利用技术改造专项资金推进智能制造的发展。具体来说，相关部门可通过贴息、股权投资等形式，促进企业加大对数字化、网络化和智能化的投入力度。

③政府不断加大财政资金投入

在企业着重发展智能制造的重点环节，相关部门应采取多措并举、多管齐下的多元化方式，通过国家的各类科技项目、科技计划增强对智能制造发展的支持。对当年度获得国家工业智能制造专项等重要项目的企业，相关部门应给予一定的智能制造专项奖励。

（2）加强体系建设和国际交流合作

企业为了更好地凸显智能制造的主导地位，调动“国家制造强国建设领导小组”的统筹协调的功能作用，就要组织协同好各个部门的智能制造工作，将智能制造作为科技、金融及经济融合发展的纽带，探寻高效的方法深度整合和渗透三者，使其形成良性循环，形成“产学研”智能制造协调发展的格局。各级政府、企业要始终紧密围绕国家制定的战略和目标，构建一个层层递进、紧密关联的智能制造组织实施体系。

在智能制造的发展过程中，加强国际交流合作也是十分必要的。政府和企业要建立高级别智能制造国际合作对话机制，以“引技、引资和引智”相结合的方式加强国际交流合作。

首先，政府应支持国外机构和跨国公司在我国创设智能制造研发和人才培养机构，建立智能制造产业园和示范工厂。其次，政府应依托世界智能制造国际会议开展学术交流，组织智能制造的标准制定。开展知识产权等方面的交流、探讨与合作，积极地推动国际智能制造行业间开展相关的技术研讨、合作，从而进一步推动国际智能制造联盟的发展。最后，政府还应大力支持企业参股国外先进的研发制造项目，以及参与国际并购，借鉴和掌握智能制造的核心技术，为企业实现自主研发奠定基础。

（3）制定智能制造发展指导意见

在技术变革的时代，创新新技术、构建技术竞争优势与不断提高企业的经济效益至关重要。政府相关部门应指导企业根据实际情况，在建设智能工厂时进行综合考虑，企业不仅要客观分析“工业 2.0”和“工业 3.0”存在的问题，有针对性地弥补和完善其缺失的内容，还要时刻关注“工业 4.0”中智能制造的领先技术，并将其与企业自身情况有机地衔接起来，着眼于从智能制造功能维、结构维与范式维的不同水平逐步推进和发展。

另外，政府还应增强企业建设制造强国的社会意识和责任感，号召全社会力量共同促进智能制造的发展。政府部门应充分发挥智能制造产业发展和智能工厂的示范作用，大规模推行和普及企业制造装备的智能化改造工程，倡导形成具有地域本土优势的智能制造生态链。

此外，政府还要建立协同创新机制。国家科技计划应以标准、基础研究为先，重视产业化共性技术，以发明专利为评审依据；在“产学研”同步协调方面，企业应成为投资研发、应用成果、集成创新的主体；在金融与科技、产业协同方面，政府应努力改善制造业的资金环境；在人才协同方面，政府应建立科学的学科评估标准，引导企业培养创新与工程能力。

二、5G对智能制造发展的意义

4G改变了人们的生活，而5G将以万物互联的模式改变整个社会。5G是一个云网络平台下的云服务体系，而智能制造是现代工业制造领域网络数字化后的又一新型模式，5G为智能制造提供强有力的信息技术支持，其信息网络化的优势可以极大地影响智能制造领域的发展，5G对智能制造具有重要的现实价值及深远意义。

1. 5G提供智能制造需要的无线通信

现阶段，4G网络已经得到了全面推广和普及，国民经济中的各个行业和领域均获得了前所未有的发展，人们的生活和工作变得更加便利，物质文化生活得到了很大的提升。与此同时，人们对移动网络通信技术的流通性、智能化，以及传输效率等方面提出了更高的要求。不言而喻，随着信息技术的迅猛发展，当前5G网络的研发及应用俨然成为今后信息技术发展的主流趋势。

在智能制造过程中，企业生产基础设备、云平台、人工智能平台，以及海量传感器的信息交互，人机界面的实时交互，产生了对信息通信的多维化需求，乃至更加苛刻的性能要求，这就需要导入更加稳定、可靠的无线通信技术。

制造业应用无线通信技术显然有着传统制造业无法企及的优势。生产制造设备无线通信化实现了工厂模块化生产和柔性制造。无线网络不仅可以减少大量的维护工作带来的成本，还可以有效改善工厂生产线及改造施工建设的效能，使工作更加轻松、便捷和高效。

2. 5G三大场景切合智能制造的通信需求

5G技术的出现，正好切合传统制造向智能制造转型发展的通信需求。在5G所定义的三大场景（eMBB、mMTC、URLLC）中，eMBB 的高移动宽带性能为智能制造的发展奠定了基础。它主要面向大流量移动宽带业务，这体现在 6GHz 频谱发展技术上。而 mMTC 将会在频段 6GHz 以下，随着大范围覆盖的 NB-IoT 技术产生，为物联网业务大规模的发展提供技术支撑。

此外，URLLC 通常应对高可靠和低时延的业务，如智能制造中的工业自动化及无化驾驶等需求。由于在制造过程中，每个机器都有传感器设备，形成“传感器—后端网络—下达指令—传递到机器”模式的工作流程，该流程如果以现有网络进行数据的传输往往会有延迟，易发生安全事故。而 5G 中的 URLLC 能将网络延迟的时间压低到 1 毫秒以下，这样就能有效确保生产的安全性。

总之，5G 三大场景不但覆盖了以往的应用场景，而且其广域网全覆盖的优势，为企业创建统一的无线网络提供了条件，能够很好地迎合制造业环境下的远程交互及设备互联的应用需求。

三、5G 在智能制造中的典型应用

5G 在智能制造中有着广泛的应用，其应用性能涵盖制造生产中的方方面面。5G 在智能制造中的典型应用主要包括 iSESOL 云协同制造平台、云端机器人——柔性生产、5G 与 VR/AR 整合应用，以及远程自动控制和资产定位跟踪等应用。

（一）iSESOL 云协同制造平台

在 5G 时代，5G 技术将成为智能制造发展的加速器。iSESOL 云协同制造平台应用于机械加工领域，依托 i5 智能控制技术，广泛聚集社会优质产能，贯穿生产制造过程的每一环节。

例如，智能云科 iSESOL 是由沈阳机床集团、光大金控资产管理有限公司和神州数码（中国）有限公司多方共同投资建设的“互联网云制造”服务平台。沈阳机床集团、光大金控资产管理有限公司和神州数码（中国）有限公司基于智能数控设备，始终坚持遵循“互联网 +”和“工业 4.0”的理念，有效整合和利用社会资源，开拓高端工业服务的渠道，打造了这一社会化协同的云制造服务平台，创造了新型的生产模式，为广大客户群体提供了一站式的云制造服务，全面构建了一个全新的制造业生态系统。iSESOL 云协同制造平台示意图如图 12-5 所示。

图 12-5 iSESOL 云协同制造平台示意图

iSESOL 云协同制造平台通过云制造工厂管理系统，实现多区域、多领域、多工序及多设备的协同制造，从而打造出在分享经济背景下的智能制造新生态链，建立社会化、全球化的工厂。在生产制造中，它支持多种 i5 智能机床联网，并为联网在线的 i5 智能机床提供多种功能，如生产的排程、运行状态监控、作业指导书分发和管理、告警上报等；它还能利用 i5 智能机床联网实现需求直达生产设备。此外，它还可以实现订单完成度、工艺路径、生产装备、工序进度的全程可控化和可视化。这些众多增值服务全面提升了生产智能化的应用水平，极大地提高了生产设备的利用率。

（二）云化机器人——柔性生产

现代科技的发展日新月异，随着 5G 技术的出现，社会各领域对提升智能化水平的呼声越来越高，如一直被社会各界所关注的 5G 云化机器人。与传统的机器人相比较，云化机器人对网络性能提出了更高的要求。云化机器人的系统能连接到云端的控制中心，以超高计算能力的平台为基础，通过运用人工智能和大数据技术对生产进行实时高效的运算控制。在智能制造诸多生产场景中，云化机器人都已参与其中，有效运用其自组织和协同的能力来满足工厂柔性生产的要求。

云化机器人技术能将大量运算数据存储并将运算功能转移到云端，有效降低机器本身的损耗和硬件成本。为了符合柔性制造的要求，云化机器人还需要满足能够自由移动的需求。故而，实现云化机器人的技术，要求无线通信网络具有高可靠性和极低时延性的特点。

毋庸置疑，5G 网络是云化机器人理想的通信装备，也是云化机器人的关键支持技术。5G 网络可以达到低至 1 毫秒的端到端通信时延，而且拥有极高的可靠性，5G 强大的网络能力极大地满足了云化机器人对网络时延和可靠性的要求。此外，5G 切片网络能够为云化机器人提供端到端定制化的网络支持。

例如，2019 年 10 月 24 日，由中信重工机械股份有限公司承担的“特种机器人制造智能化工厂”项目顺利通过工业和信息化部验收，成为国内首个运用特种机器人进行柔性化生产的智能化工厂，该项目的建成达到了世界领先技术水准，创造了我国传统制造业向智能制造转型升级的全新模式。

（三）5G 与 VR/AR 整合应用

5G 与 VR/AR 相结合的先进技术将在未来智能工厂的生产制造过程中发挥无可替代的作用。例如，在智能制造中，VR/AR 可被用于工业维护、工业装配等环节，还可用于开展员工培训，甚至用于设计环节。

在智能工厂中，应用 AR 技术能让设备使用者以多维视角实时观测复杂设备的安装与拆解过程，帮助他们快速地诊断问题，有效地开展工作。这样不仅有利于保证设备的正常使用，还能帮助设备使用者积累操作经验，提升自身的工作能力。

另外，对于工业制造的一线员工来说，他们工作中的工序较为烦琐，技术性要求较高，既要追求生产高效，又要保证质量。应用 AR 技术完全可以简化技术人员的操作难度，降低操作成本，减少操作出错的概率，从而提高工业生产作业的效率。图 12-6 所示为 5G 时代 VR/AR 在工业生产中的应用场景。

图 12-6　5G 时代 VR/AR 在工业生产中的应用场景

（四）远程自动控制

针对工业生产中危险性比较高的环节，如化学危险品生产、油田开采、煤矿开采以及对电力设备运维等操作，生产人员可以通过使用 5G 网络和相关设备将前端的生产设备所面临的环境情境实时地传输到监测后端，进而实现对大型设备的远程自动操作管理。此外，利用 5G 网络低时延、高可靠的特性，生产人员还可以对抢险机器人、管线阀门进行远程精准控制。

例如，东莞供电局变电管理二所借助“科比特无人机”率先进行了“5G 无人机”的试点操作，这标志着东莞供电局变电运行作业在我国实现了首例“5G 无人机 + 程序化操作”，这一案例堪称是 5G 无人机引领智能发展战略的重要里程碑。图 12-7 所示为东莞供电局运用 5G 远程控制无人机进行定点巡航，图 12-8 所示为科比特无人机根据预设程序进行数据自动采集。

图 12-7　东莞供电局运用 5G 远程控制无人机进行定点巡航

图 12-8　科比特无人机根据预设程序进行数据自动采集

四、5G 时代智能工厂的创新展望

中国制造业要树立以科技引领创新的新理念，充分利用大数据、云计算以及人工智能等先进技术，不断改良和优化生产模式，促进制造技术与现代信息技术的深度融合。企业要瞄准技术发展方向，加快对新一代智能制造技术的研究、开发、推广、应用及普及，推进我国智能制造迈向更高的水平。

（一）海量数据实时传输技术

在智能工厂中，监测生产车间的状况、采集生产数据，以及监控生产设备状态等工作也是非常重要的。生产数据是企业开展生产运维、调度和决策的客观依据。虽然像窄带物联网（NB-IoT）、紫蜂技术（ZigBee，一种应用于短距离和低速率下的无线通信技术）等技术已在工业数据采集监控中得到运用，并发挥了积极的作用。但是这些技术还存在着不足之处，其局限性主要表现在覆盖范围小、延迟长、传输速度慢、安全性低等方面。

而 5G 网络能大幅改善这些不足，并从多方面赋能数据采集与监控。在智能工厂未来的发展中，对于数据采集与监控，5G 技术将大显身手，为优化生产流程及管理能耗提供很好的网络支持，实现智能工厂内海量数据的实时传输。大带宽、低时延的 5G 网络不仅能够将工厂内海量的生产设备及关键部件进行关联，还能够及时地采集生产数据，如图 12-9 所示。

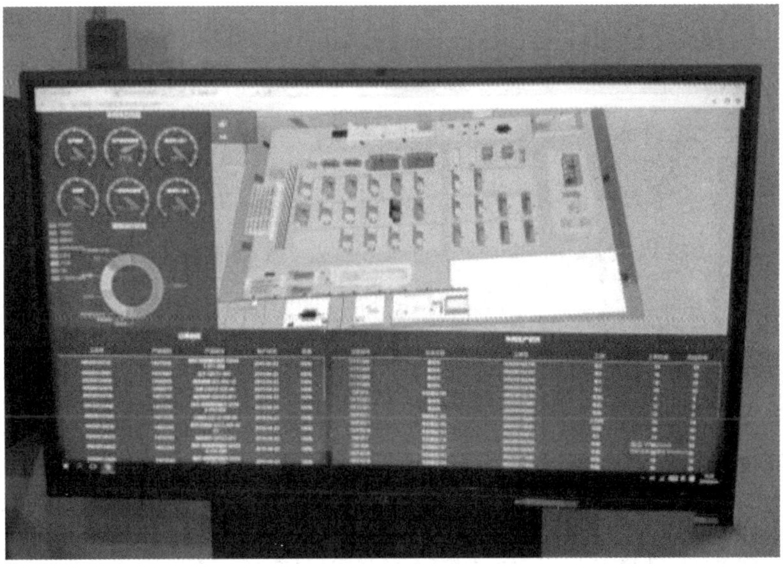

图 12-9　在 5G 网络支持下的实时生产数据监控系统

（二）个性化生产模式——柔性制造

国际生产工程研究协会认为，柔性制造系统是一种自动化的生产制造系统，它在最少人力、物力的干预下，能够生产任何范围的产品族。但系统的柔性制造通常会受到系统设计时所考虑的产品族的限制。柔性制造是随着经济多元化而衍生出来的生产模式，它能够满足用户个性化定制产品的需求。企业为了更好地迎合产品的个性化需求，应不断地优化生产模式，柔性制造技术符合新时期的要求，已经发展成为现代生产模式的主流趋势。与此同时，柔性制造也催生了企业对新技术的迫切需求。

在工厂车间内部，柔性制造要求工业机器人能够开展差异化的业务处理和灵活地移动。5G技术完全能够凭借自身优势，在制造业中助力柔性化生产制造，提高工厂的生产效率。5G技术应用于智能工厂，可以帮助企业节约机器间线缆成本。此外，凭借5G高可靠性的网络覆盖，能有效提高机器人活动的灵活度，扩大机器人的可活动范围，让机器人在移动过程中不再受到活动区域的限制，按指令到达任何地方，在不同场景中进行不间断的操作，还能灵活地切换工作内容。

除此之外，5G技术能够以人与机器为中心，全方位构建连接智能工厂内外的信息生态系统，最终使人和物在任何时间、任何地点都能共享信息资源。另外，当用户在要求个性化、多样化商品和服务时，用户的角色也将发生改变，用户可以根据自己的需求参与企业产品的生产，甚至可以通过5G网络跨区域参与产品设计的过程。不仅如此，用户还可以随时随地对产品的生产状态进行查询，从而快捷地获取产品的信息。

（三）合理优化网络资源

网络切片技术作为现代的一种前沿技术，在智能工厂的未来发展中将发挥重要的作用。5G网络可借助网络切片技术为企业提供各种制造场景的解决方案，极大地简化制造生产的部署工作，帮助企业达到高效低耗的生产目标，实现更高的产能效益。

不同的应用场景，对网络的移动性、时延、覆盖范围和连接密度有着不同的要求，一些应用场景甚至对5G网络的合理配置，如网络资源的快速分配和再分配提出了相当严苛的要求，而利用网络切片技术就能轻松解决这些难题，有效地保障网络资源得到合理分配，以满足不同制造场景对网络的需求。

企业在应用网络切片技术时，需要调度基础设施中的资源，其中包含导入、传递资源及云资源等。而每个基础设施中的资源都具有各自的管理性能，它们往往能够通过网络切片技术进行管理，针对不同用户的需要，为客户提供共享信息资源及隔离的基础设施资源。在未来智能工厂的发展过程中，逐渐会形成多层级的、模块化的新型管理方式，使整个网络切片的管理和协同更加便利、灵活和融通，也更易于进行生产制造的扩展。

此外，在信息技术升级过程中，5G 智能工厂还将额外创建移动宽带切片和大连接切片。不同切片在网络切片管理系统的调度下，能够共享同一个基础设施，但又互不干扰，维持各自业务的独立性。

5G 技术能够通过本地流量分流来优化网络的连接，以满足应用场景对低延迟的要求。根据业务需求，每个切片的优化不但体现在其网络性能的差异上，而且表现在其灵活的部署方案上。切片内部的网络功能模块部署具有较强的灵活性，可根据业务需求分别部署在多个分布式数据中心。原型中的关键事务切片为保证事务处理的实时性，对时延要求很高，而将用户数据的功能模块部署在靠近终端用户的本地数据中心，尽可能地降低时延，在生产过程中能够实时进行控制和反馈。

（四）云机器人参与管理决策

在未来，当 5G 网络全面覆盖工厂的每个区域时，在 5G 技术支持下的机器人将不再受空间范围的束缚，不仅可以在车间内进行高强度地运转，还可以在每个车间的任何区域自由地穿梭，并且对生产设备进行巡查和维修，灵活地做出送料、质检乃至高难度的生产操作动作。

未来的智能工厂只需要布置少数人力承担工厂的运行监测和高级管理工作即可，其他一些比较基础的管理工作可以放权给机器人，使它们成为基层的管理者。云机器人能够通过精准的信息演算对生产做出适时的调控，当遇到生产问题时，云机器人也能制定出理想的解决方案，并合理解决相应的问题。未来的智能工厂将呈现出一种人与机器人共生的理想状态。

如今，随着 5G 技术的日趋完善和成熟，云机器人能够为智能工厂创建一个云化的平台，服务于生产环节中的物流、原料、仓储等环节的管理与决策。在智能工厂中有不计其数的传感器，现代精密的传感技术可作用于无数个传感器，并迅速地进行信息的传送，这样海量的工业级数据借助 5G 网络实现汇集，从而形成数据库，工业云机器人基于云计算的超级计算能力可以依据数据库的计算和分析自主做出客观而精准的辨析和判断，最终得出最优化的解决方案。

此外，在一些特定情境下，依托5G网络，智能工厂能够实现物与物间的直接通信，克服业务端到端时延的弊端，在网络负荷分流时，让生产设备反应更加敏捷，既节省了生产的时间，又显著地提高了生产制造的效能。

（五）有效升级工厂的维护模式

在一些场景应用中，特别是针对大型企业生产场景中涉及的定位场景，如跨工厂、跨地域设备维护，远程维修等场景，应用5G技术能够降低工厂的维护成本，提升工厂运维效率。5G技术不仅打造了万物互联的场景，更打造了万物信息交互的场景，这促使未来智能工厂的维护工作彻底打破了传统工厂边界的限制。在5G时代，对于工厂的维护工作，工厂管理者可以根据工厂的实际情况及维护工作的复杂程度运用工业机器人来完成，或者是采取人机共同协作的方式来完成。

在智能工厂的未来发展中，每个物体都是一个有唯一IP的终端，生产环节中的原材料都具有信息的属性。原材料根据自身的信息属性进行自动生产和自身维护。人也会变成具有唯一IP的终端，在生产过程中，人和机器人进入生产车间，和带有唯一IP的原料、装备共享信息资源。人在数千里外就能第一时间收到实时信息，有条不紊地进行交互操作。

当未来智能工厂的某一设备发生故障时，故障会在第一时间以最高优先级报给工业维修机器人。工业维修机器人可以对故障做出初始判断，之后再由人来进行修复工作。当然，工业维修机器人也可以基于经验数据库自主完成修复设备的工作。这时，人即便不在现场，也可以利用远程触觉感知技术及一台简单的VR设备，对工业维修机器人进行远程控制，并向其发出指令，让工业维修机器人马上到故障现场对设备进行维修。在维修过程中，工业维修机器人可以同步模拟人的动作，人在此时就可以像亲临现场那样进行操作。

在未来，5G技术能够使人和工业机器人在处理智能工厂复杂场景中出现的问题时，变得更加游刃有余、得心应手。如果智能工厂中出现的问题需要多方协作，即使能够处理该问题的专家分散在世界各地，他们也可以通过运用远程触觉感知技术与VR设备，在第一时间同时“汇集”到问题现场。

除此之外，5G网络所具备的大流量特性可以极大地满足VR中高清图像的海量数据的交互要求。即使人远在千里之外，也能将自己的动作准确地传输到工业机器人那里，向它发出准确的指令。与此同时，智能工厂利用万物互联，人和工业机器人，以及原料、设备、产品都被直接关联到各类经验数据库及相关信息中，在诊断和排查故障时，工业智能机器人就可以有效借助海量经验数据库和相关信息资源，以及可供参考的专业知识和经验，提高问题的分析和解决能力，进而对故障做出更精确的判定。

总而言之，在智能工厂的未来发展中，5G 技术的应用不但能全面升级智能工厂的维护管理模式，实现海量数据的实时传输，还能在网络资源配置、云端机器人，或是柔性制造等方面发挥重要的作用。由此可见，5G 技术在制造业领域的价值是不可估量的，它将引领智能工厂的未来发展，为我国制造业开启新的篇章。

第十三章

5G+ 区块链：为数字化经济添加“快速 + 安全”双动力

在 5G 时代，5G 和区块链是相互赋能的关系。如果把信息网络比作交通网络，那么联网设备就是汽车，5G 技术就是高速公路。而区块链则是交通规则，它能够确保高速公路上的数据传输更安全、更准确。也就是说，5G 能够使联网设备更快速地传输数据，区块链则保证传输过程的高效与安全。

一、区块链技术

从学术角度来说，区块链是分布式数据存储、点对点传输、共识机制、加密算法等计算机技术的新型应用模式。从本质上说，区块链是一个去中心化的数据库，该数据库记录了所有曾经发生并经过一致认可的交易，每一个区块就是一个账本，除了记录交易，还可以通过编程来记录任何有价值的信息，如出生证明、结婚证、所有权契约、财务账户、就诊记录、理赔单、食品来源，以及其他任何能够用代码表示的事物。

（一）区块链的技术特性

区块链由一系列算法、技术、工具集构成的架构组合而成，以分布式、不可篡改和可信的方式保证所记录交易的完整性、不可反驳和不可抵赖性。所谓的区块，是一种只能写入和添加的数据集，包含交易及其他记录的确认、合约、存储、复制、安全等信息。

区块链系统中的各参与方按照事先约定的规则共同存储信息并达成共识。为了避免共识信息被篡改，系统以区块为单位存储数据，区块之间按照时间顺序，结合密码学算法构成链式数据结构，通过共识机制选出记录节点，由该节点决定最新区块的数据，其他节点共同参与最新区块数据的验证、存储和维护。数据只要得到确认，就很难被更改和删除，只能进行授权查询操作。

区块链一般具有四种技术特性，如图 13-1 所示。

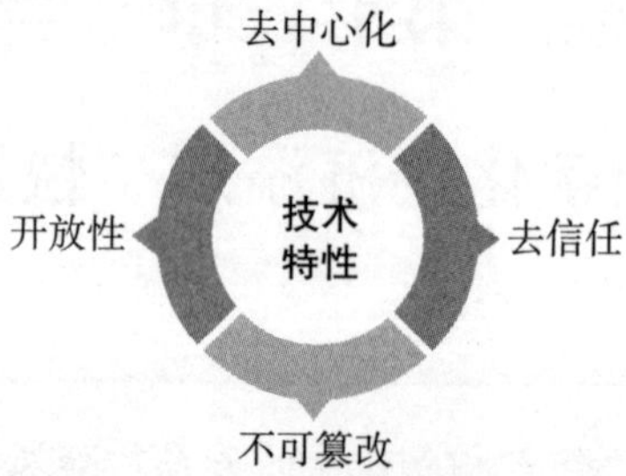

图 13-1　区块链的技术特性

1．去中心化

以往的互联网是中心化的，如果一个中心节点受到攻击，那么整个系统都有可能遭到严重的破坏。区块链采用去中心化的网络，使用分布式记录、分布式存储和点对点通信，每一个节点的权利和义务都是均等的，以去中心化的方式维护共享平台。任何节点上的人都可以按照自己的需求在权限范围内直接获取信息，无须中间平台传递。这种方式有效地避免了平台信息被某个人或某个机构故意操纵的风险，不管哪一个节点遭受恶意攻击，整个系统的运行也不会受到影响。

2．去信任

在以往的互联网中，任何节点之间进行交易都要先获取信任，或者由第三方平台进行担保。而在区块链系统中，节点之间可以直接进行交易，无须任何信任，这是因为整个系统的运作规则公开、透明，一切数据内容都是公开的，所有节点在进行交易时都必须遵守同一个交易规则。该规则与信任无关，而是以共识算法为基础，所以在系统指定的规则范围和时间范围内，某个节点是无法欺骗其他节点的，因此无须第三方介入。

3．不可篡改

区块链采用哈希算法，它可以将任意原始数据（包括图片、音乐、文字等）对应成特定的数字，形成哈希值。任何一个节点遭到恶意篡改，都会使哈希值产生变化，很容易识别出来。因此，只要原始数据在验证之后添加到区块链储存，除非可以同时控制系统中多于 51% 的节点，否则单个节点对数据的篡改是无效的。即使某个节点想要颠覆一个被确认的结果，所需付出的成本也会大大超过其收益，所以区块链的数据稳定性和可靠性非常高。

4. 开放性

在区块链系统中，除了交易各方的私有信息被加密，其他区块链的数据是公开的，信息高度透明。区块链的开放性主要体现在以下三个方面。

（1）账目的开放性。与传统数据库不同，区块链是分布式记账，这是一种颠覆性的记账方式，所有历史记录都对外公开，任何人都可以查询和验证相关记录。

（2）组织结构的开放性。根据历史经验来判断，每一次公司制度的变化都对应着公司组织结构的开放，利益相关者人数呈数量级增加。

最初的个体户，管理权和收益权都集中在一个人身上；后来出现合伙企业，管理权就变得复杂化，收益权也出现分化，收益由多个合伙人共享；有限责任公司、股份公司出现以后，管理权更加复杂，还出现了权力的代理，即股东把权力委托给管理层，但收益仍然由全体股东共享，这时股东人数甚至达到上百人；公司上市以后，管理层更加复杂，包括CEO、董事会、股东大会等，而股东人数继续增加，甚至达到数万人，这说明越来越多的人可以脱离公司的管理，直接参与公司的收益分配。

在区块链系统中，公司利益相关者的人数会继续上升一个数量级，公司整个底层经济逻辑开始具有开放性，有人称之为开源经济。开源不仅是指公司代码的开源，也指公司的生产者、消费者、投资者、供应商等利益相关者。

（3）生态的开放性。开放的账目和组织结构是最底层的基础，区块链的最终目的是构建一个开放的生态，使价值传递的成本越来越低，效率越来越高。

区块链在未来一定会形成一个庞大的、价值转移的开源操作系统，每个人都可以贡献力量，无须获得别人的许可，这正是区块链的精髓，即创新无须批准和计划。因为项目的代码是开源的，所以可以独立开发新产品、新功能，让市场来做出选择。

（二）区块链技术的发展现状

全球各主要国家和地区都在努力促进区块链技术的发展，各国（地区）通信运营商也在积极展开布局，力图在新一轮的技术革命浪潮中抓住机遇，掌握区块链技术发展的主动权，创造新的商业模式，提升效率，降低成本，开拓新的收入源。不过，目前通信运营商在区块链技术的应用方面还处于实验阶段。

1．国际通信运营商在区块链技术上的布局

各大国际通信运营商布局区块链技术主要有三种方式，即自主研究、联盟合作和战略投资，如表 13-1 所示。

表 13-1　国际通信运营商在区块链技术上的布局方式

布局方式	参与者	具体做法
自主研究	美国电信巨头 AT&T	申请了一项关于使用区块链技术创建家庭用户服务器的专利
	法国电信 Orange	选择在金融服务领域开展区块链研究，以提高自动化水平，加快结算的速度
	瑞士大型国有电信供应商 Swisscom	成立了 Swisscom Blockchain AG 公司，运用区块链技术研发面向企业的商务应用
	韩国移动运营商 LGU+	推出基于区块链技术的海外支付系统
联盟合作	日本软银、美国 Sprint、美国区块链新兴公司 TBCASoft 等数十家公司	联合成立了运营商区块链研究小组 CBSG，旨在共同构建跨运营商的全球区块链平台和生态，进而为成员及其用户提供跨运营商的各种服务，如通过跨运营商的支付平台系统进行充值、移动钱包漫游、国际汇款和物联网支付等服务
战略投资	Version	投资了物联网新兴企业 Filament，研究物联网设备安全沟通、执行智能合约与发送小额交易
	美国运营商 Sprint	与区块链新兴企业 NXM Labs 合作推出基于区块链技术的 5G 联网汽车平台

2．中国通信运营商在区块链技术上的布局

中国通信运营商在区块链标准、专利、平台及应用方面一直在积极投入，具体体现在以下几个方面。

（1）推动区块链标准的国际化。中国三大通信运营商及设备供应商在 ITU 建立了多个区块链国际标准项目。例如，在 ITU-T SG20 建立了“基于物联网区块链的去中心化业务平台框架”，在 ITU-T SG13 发起了“NGNe 中区块链场景及能力要求”项目，在 ITU-T SG16 成立了“分布式账本业务需求与能力”项目等。中国移动在 GSMA 的欺诈与安全工作组正在研究区块链应用于运营商 PKI 领域的标准工作。

（2）专利数量位居前列。根据国家知识产权局统计，2019 年第一季度公开的区块链专利数量为 2041 项，中国联通区块链专利数达到 154 项，在国内排名第二，在央企中排名第一。

（3）搭建区块链平台。中国通信运营商纷纷搭建区块链平台。例如，中国电信打造出区块链可信基础溯源平台“镜链”，该平台能够提供完备的区块链溯源基础能力，其基于区块链去中心化的物联网平台，整合中国电信政企网关资源，构建去中心化的共享经济平台，最大程度保证用户的数据安全和设备控制安全；中国移动与火币中国等打造“区块链 + 物联网”身份认证平台，该平台是基于区块链和物联网技术的身份共享核验平台，在快递、租房和旅游实名制等领域具有广泛的应用价值。

（4）深入挖掘应用场景。国内通信运营商致力于将区块链应用于电子招投标、精准扶贫、农业溯源等多行业应用场景，如表 13-2 所示。

表 13-2　深入挖掘应用场景

应用场景	具体作用
电子招投标	运用区块链技术打造四位一体的可信电子招投标系统，实现招标方、投标方、评标专家和监管审计的协同，具有流程合规、多方协同、成本缩减，可信透明等特性
精准扶贫	搭建去中心化的流程，实现扶贫数据的不可篡改，做到对扶贫资金的追本溯源
农业溯源	提供定位、告警、溯源、轨迹回放等一系列服务

（三）区块链的市场前景

作为一种通用技术，区块链将与各个行业创新融合。未来将有更多的传统企业运用区块链技术降低成本、提升协作效率、促进实体经济增长。

据市场调研公司 Tractica 预测，到 2025 年，全球企业区块链市场规模将达到 203 亿美元。

在电信领域，全球市场研究机构 Research and Markets 的数据显示，通信领域中的区块链技术将从 2018 年的 4660 万美元增加到 2023 年的 9.938 亿美元。

在中国，很多业内人士认为，目前中国区块链产业从上游的平台服务、安全服务，到下游的产业技术应用服务，再到保障产业发展的行业，如投融资、媒体、人才服务等，各个领域的企业已基本完备，能够共同推动区块链产业不断向前发展。中国很多互联网企业也纷纷参与到区块链技术的应用中。例如，阿里巴巴关注产品溯源、跨境结算等领域；腾讯更关注电子发票等金融领域的应用；京东更关注透明供应链体系，意在打击假冒伪劣产品。

有专家表示，未来区块链技术在政务、金融、民生等领域有着广阔的应用前景：通过区块链技术，可以实现政务数据的分布式共享；供应链上的龙头企业也可以通过区块链将自己的信用传导到小微企业，进而部分解决融资难和融资贵的问题。

二、5G和区块链融合赋能

5G与区块链拥有各自的优势和劣势，两者相互融合有利于促进社会数字化经济的安全、健康发展。5G作为通信基础设施，为传输海量数据和信息提供了保障，区块链则协助5G解决隐私、安全和信任问题，5G和区块链融合在一起，就能提升网络信息安全，优化业务模式，同时还能相互促进、协同发展。

（一）5G对区块链的促进

区块链本身是建立在网络系统之上的，与之紧密相关的数字技术发展了数十年，依然停留在探索应用价值的阶段，很大程度上是因为诸如5G网络这样的前置技术尚不成熟。

最早的区块容积只有1M，最早的挖矿是通过计算机CPU来实现的。CPU的算力十分有限，所以交易速度非常缓慢，这也成为阻碍区块链技术发展的关键因素，人们为此提出了很多解决方案，如扩容、闪电网络等。如果交易速度无法满足大多数人的需求，人们自然不会信赖这项技术，其应用场景更无从谈起。

与4G网络相比，5G网络传输数据的速度更快，延迟更少。延迟是指信号从发出到接收的时间间隔。低延迟对设备而言非常重要，可以确保快速沟通。对于区块链而言，数据同步是极为重要的事情，因为区块链系统是点对点的分布式系统，任何信息都要保存到每一个节点上，其更新也要同步到其他节点上。节点之间的多次通信会产生频繁而巨大的数据流量需求，消耗大量的网络资源。

4G网络环境无法承载如此庞大的物联网传输需求，而5G网络的高传输速率恰好可以满足，其低时延特性会促进区块链的数据同步，提高共识算法的效率。如此一来，基于互联网的数据一致性可以获得改善，区块链网络的可靠性也可以得到提升，网络延迟产生的差错和分叉就会非常少。同时，5G通过增加节点协助区块链获得更短的阻塞时间，也能推动区块链的可扩展性。

总之，5G网络可以大幅度提高区块链网络的性能和稳定性，加快区块链系统中的转账交易速度，提升区块链中各类分散式应用程序的稳定性，区块链的市场前景会更加广阔，可实现跨越式发展，能够开拓更多的蓝海市场。

（二）区块链对5G的促进作用

5G的优势在于信息传输速率高，网络覆盖面广，通信时延低，并且可以接入海量设备。不过，在5G建设和运营时，很多较难解决的问题大量存在，如隐私信息安全、虚拟交易信任缺失、虚拟知识产权保护等，区块链技术恰好可以弥补这些缺陷。

1. 区块链为5G应用场景提供数据保护能力

5G时代的网络速度将得到大幅度提升，数据量急速增长，更多的计算和存储要由智能终端和边缘计算节点来承担，这就对数据保护能力提出了更高的要求。区块链具备去中心化、交易信息隐私保护、历史记录防篡改和可追溯等特性，特别适合对数据保护要求严格的场景。

区块链是应用密码技术的代表，它可以重构网络安全边界，建立设备之间的信任域，使网络设备之间安全、可信、互联。同时，终端去隐私化的关键行为信息上链后，会分布式地存储在区块链的各个节点上，数据完整性和可用性能够得到保证，这有利于构建智能协同的安全防护体系，防止出现中心数据库的原始数据被篡改和盗窃，甚至中心数据库管理者"监守自盗"等情况。

2. 区块链能够促进5G实现点对点的价值流通

运营商在建设5G网络时，重点布局分布式应用场景，如车联网、智慧城市、远程视频等，而区块链在这种布局架构下，能够做到无须中心机构确权，由去中心化的节点在链上确权和分发，就能实现点对点的价值交换，无须再通过中心化的中转和交换来支付费用，极大地提升了终端的交易效率，减少了交易成本。

3. 区块链能够促进5G网络建设

区块链对5G网络建设的促进作用主要体现在四个方面，如图13-2所示。

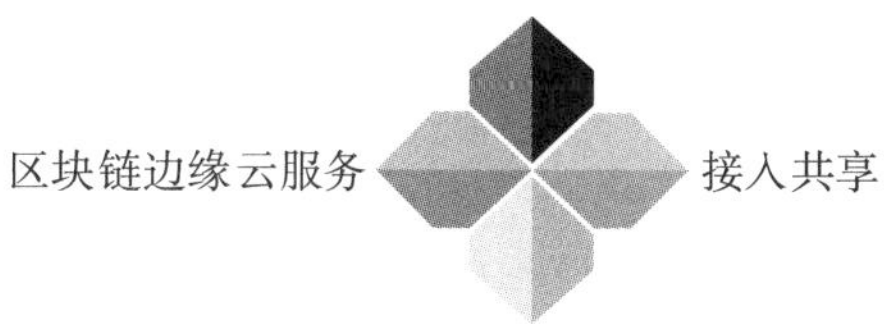

图13-2　区块链对5G网络建设的促进作用

（1）提高频谱资源的利用率。频谱资源是通信运营商最重要的资产之一，不断提升频谱资源的利用率是其一以贯之的追求。随着无线宽带业务的快速增长，频谱资源显得更加珍贵，供需矛盾在将来会更加突出。尽管5G网络具备低时延和大容量的优势，但对频谱资源的消耗非常大，因此多制式网络频谱融合技术被看作未来5G网络的关键。

为了缓解频谱的供需矛盾，实现精细化管理以及高、中、低频段的频谱资源共享尤为重要。而区块链可以记录频谱信息，并通过共识算法解决信道争用问题。在区块链系统中，各参与方都可以对信息进行监督，使无线频谱资源的共享、价值转移流通过程透明化。

（2）接入共享。智能合约是区块链技术的核心功能之一，用于自动执行接入点之间的规则和协议，使网络资源具备实时可用性。通信运营商可以利用该技术为用户提供方便、快捷的5G服务。

在构建新一代分布式无线网络的过程中，运营商可以通过区块链框架允许异构接入节点和设备之间的无缝配置。在区块链环境下，接入节点、网络和用户之间的规定和协议将作为数字智能合约即时协商，且任何设备都可以协商最佳服务。

（3）宏微基站协同组网。随着5G网络建设的不断深入，数据流量大幅度增长，传统宏基站和室内分布系统出现了越来越多的局限性。微基站具有小型化、低成本、低功耗、即插即用、回传网络灵活、安装简单和部署容易的特点，可以很好地对传统宏基站和室内分布系统进行补充，共同实现均衡、优质的网络体验。

区块链技术能够构建去中心化的网络基础设施，在这种环境下，用户可以将自己的微基站接入5G网络，成为区块链的入口。同时，用户可以通过区块链智能合约变现自己的闲置流量，帮助通信运营商建立5G相关的基础设施，推动5G发展。

（4）区块链边缘云服务。多接入边缘计算（MEC）技术是基于5G演进的架构，并将移动接入网与互联网业务深度融合的一种技术。MEC可以利用无线接入网络就近为电信用户提供服务和云端计算功能，能够创造一个具备高性能、低延迟与大带宽的电信服务环境，加速网络中各项内容、服务及应用的快速下载，让用户享有不间断的高质量网络体验。

一方面，MEC可以改善用户体验，节省带宽资源；另一方面，通过将计算能力下沉到移动边缘节点，提供第三方应用集成，为移动边缘入口的服务创新提供了无限可能。

MEC部署方可以利用区块链技术汇聚闲置的各类资源，构建拥有“无限节点”的资源网络，从而聚合成一个强大的资源池，并对分布在各节点的资源进行最优化的实时部署，这样可以有效地节约成本、提高效率。

区块链技术能够提高交易的可追溯和不可篡改等特性，使交易更公平、公正，提高用户参与的积极性，从而激发和促进MEC应用场景的大规模部署，其在数据安全、身份认证和隐私保护等方面将有更大的优势。

4. 区块链能够促进5G通信设备的管理

对于通信运营商来说，管理海量、复杂的通信设备一直是一个巨大的挑战，具体有两个方面的原因：一是通信网络中存在的大量设备种类多、厂家多、批次多，分属于多个领域，很难形成透明化、穿透式、全生命周期的管理；二是通信设备巡检方式仍在向数字化 / 智能化转型，巡检数据的自动采集、可信存储、记录溯源、智能分析等全流程技术尚未完备，数据分析较为困难。

针对以上问题，区块链技术可以带来新的解决方案。区块链的底层数据存储，结合IOT、AI等技术，能够为运营商提供设备巡检和设备全生命周期的管理服务，提高设备巡检的质量和效率。

从分公司与集团层面上讲，分公司按照要求巡检设备，并把巡检信息记录在区块链上；集团从区块链上获取可信数据，实时检查巡检工作的落实情况；从运营商与设备供应商层面上讲，设备管理平台通过接口与运营商的业务系统进行交互，能够实时同步设备故障信息和风险信息，提前预测故障并及时处理。

5. 区块链能够促进5G网络管理

由于区块链具有不可篡改和可追溯的特性，所以其能够应用在告警信息管理和操作日志管理等网络管理的场景。

（1）告警信息管理。5G网络的正常运行和维护离不开告警信息，告警信息可以使用户更清晰地了解设备当前的使用情况。当设备发生故障时，告警信息会非常多，网络管理系统提供了多种告警信息过滤和告警相关性的设置，设置好后可以只显示用户最关心的告警信息。同时，对于那些高级别的告警信息，可以将其上传到区块链系统中，实现关键告警信息的可信存储和不可篡改，以便于对告警信息进行追溯和分析。

（2）操作日志管理。网络管理系统具备日志管理功能，其能够记录网络管理系统运行和操作动作，包括运行日志和操作日志。运行日志主要记录网络管理的进程运行情况，发现网络管理运行的问题。操作日志主要记录操作员的登录、退出和操作命令等人为使用情况。

操作日志在上链存储后，就具备了高度可靠、不可篡改、安全性高和时序不可逆等特性，日志记录的行为可以随时进行追溯。

6. 区块链能够促进5G通信应用与业务

区块链对5G通信应用与业务的促进作用主要体现在四个方面，如图13-3所示。

图 13-3　区块链对 5G 通信应用与业务的促进作用

（1）数字身份认证。数字身份认证分为面向个人的数字身份认证和面向物联网设备的数字身份认证。

①面向个人的数字身份认证

随着技术的发展，身份认证正在从中心化认证到区块链去中心化认证演变。在区块链数字认证方案中，私钥拥有者可以借助非对称加密推导出相应的地址，以此作为身份的唯一标识符，然后通过智能合约关联身份属性。

用户可以选择性地公开身份数据，也可以授权给第三方使用。由于区块链的去中心化特性，通信服务商之间不必维护用户的身份信息，从区块链公开或授权的信息中获得想要的信息即可。借助区块链技术，个人隐私数据不会被泄露和盗取，通信运营商对用户身份数据的使用有了合法和合规的技术基础，且通信运营商可以基于大量用户数据为其提供便捷、安全的身份认证服务。

②面向物联网设备的数字身份认证

网络架构不断优化，设备连接数和业务规模迅速增长，通信运营商面对着更多产业合作方，这一切都需要建立在安全的互信合作与对海量物联网设备进行安全管理的基础之上，而区块链技术提供的信息安全保护机制恰好可以在这一方面提供助益。

在区块链系统中，每个设备都有自己的区块链地址，并使用加密技术和安全算法保护设备的身份，从而保证该设备不受其他设备的影响。在区块链中可以构建 PKI 数字证书系统，使设备供应商和运营商之间建立信任关系，将传统 PKI 技术集中式的证书申请和状态查询通过分布式来实现。设备可以利用 PKI 数字证书系统自行生成并提交证书，区块链节点使用智能合约验证和写入证书。要想使用证书，使用方可以通过区块链检查证书是否正确和有效。总之，区块链技术提升了传统 PKI 技术的易用性，并扩展了其应用场景。

（2）数据流通与共享。目前电信数据的流通与共享存在诸多问题：数据交易的规范性和完备性不足，数据确权、数据定价等核心问题还没有得到全面解决；对数据安全和隐私保护有了更高的要求，但缺乏必要的技术手段；“中心化”数据流通方式尚未在电信业获得足够的公信力。

有了区块链技术后，就可以构建去中心化的数据流通体系，共享数据元信息、样例数据、数据获取需求、数据交易及权属流转信息；在产生数据资源或流通之前，可以将确权信息与数据资源绑定并登记存储，以有利于维护数据主权；智能合约可以实现链上支付、数据访问权限自动获取，使交易自动化水平得到提高。

（3）国际漫游结算。电信运营商之间的漫游关系相对来说比较松散，目前在国际漫游结算方面有四个问题需要解决：在解决争端时，协调成本和时间成本较高；传输漫游协议文件时，极易受到人工干预的影响；漫游处理时效较长，容易产生计费 / 财务 / 欺诈等运营风险；漫游管理模式不够统一，很容易引发争议。

在区块链环境下，各漫游运营商能够可信、互认地共享漫游协议与财务结算文件；通过智能合约，执行漫游协议与公参，实现漫游资费自动配置与生效的一条龙管理，最终减少各运营商巡检和处理协议文件的人工工作量，以及与海外运营商进行申告处理的时间。图 13-4 所示为区块链技术对国际漫游结算的影响。

（4）数字钱包。数字钱包相当于银行账户，用户可以通过分散的方式存储、接收和向他人发送数字化资产。在 5G 时代，应用会更加丰富，而且会出现全新的商业模式，付费应用将不断出现。

通信运营商可以利用区块链进行小额资金支付，以支持音视频、手机游戏和其他此类服务的小额支付。运用区块链技术，只要拥有互联网连接的人都可以创建自己独特的钱包，该钱包在与此类资产的加密网络交互时会自动注册自己的私钥和公钥。私钥是所有者获得访问此类钱包的唯一身份或密码，公钥是所有者用来发送或接收数字资产的地址。

由于每一笔交易都记录在具有加密安全性的分布式账本中，所以网络中的任何人都可以在保留发送方的匿名组件的同时对其进行审计，这为用户提供了更透明、可跟踪和更安全的网络体验。

三、“5G+ 区块链”融合应用

5G 是移动通信技术的重大变革，它将引领新一轮的颠覆性创新浪潮。作为整个科技行业的基础，5G 将与区块链、人工智能、云计算、大数据等技术一起构建全世

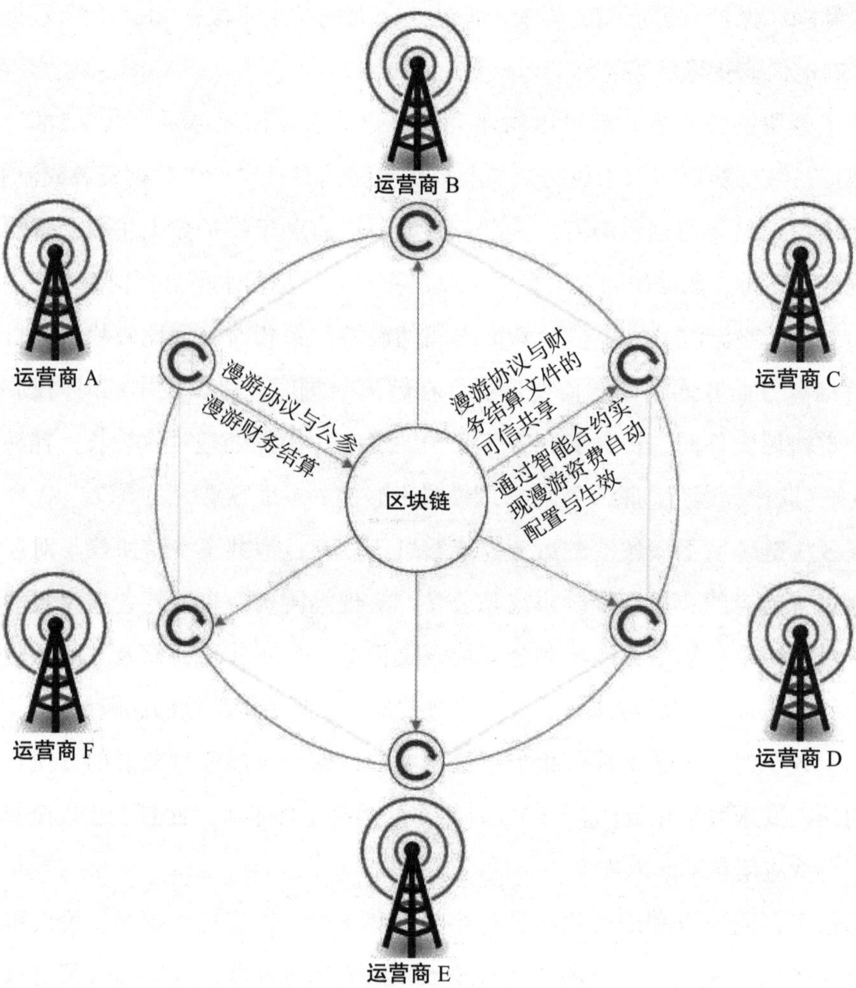

图 13-4　区块链对国际漫游结算的影响

界的 IT 基础设施。5G 及其衍生出的万物智联将有利于提升整个社会的效率，而支持 5G 发展就需要区块链解决 5G 底层通信协议的部分短板，如隐私、安全和信任问题。5G 和区块链技术是相辅相成、密不可分的，两者会协同推动各个领域的发展，拥有广阔的应用场景。

（一）贸易金融领域

目前，全球经济一体化趋势愈演愈烈，各地贸易市场发展迅猛，全球化的大规模交易数不胜数，这对于传统的中心化金融管理机制是一个巨大的挑战。在这样的背景下，传统金融机制已经出现诸多问题，如企业信息分散、企业间缺乏信任、信息获取时间长，等等。5G 与区块链技术相互融合，可以有效地提高网络和安全能力，解决传统金融机制所面临的困境。

在万物智联时代，之前在供应链中无法解决的问题，如实时监控、实时计算、实时对账就有了落地的可能。只要相关区块链解决方案提供商能够在技术难题上取得突破性进展，融合应用的部署规模就会出现爆发式的增长。区块链技术不仅能提供商业模式上的创新，还能减少很多人为的用于增进信任、增加成功概率的风控举措，有利于交易双方减少相关成本，降低摩擦频率。

对于供应链上的每个环节而言，安全的5G网络再加上运用完整、真实的区块链日志，首先带来的好处是可以准确记录商品流通数据，其中一项细分技术被称为“溯源”。溯源应用首先要解决的问题是贸易流通中各种烦冗的物理性的信用证书，如所有权文件、付款凭证、物流标签等。这些信用证书的目的是相同的，即在出现争议时确定责任归属。因此，风控工具便应运而生。例如，每一笔交易对应一份合同，以此来保障双方利益。一旦出现问题，就要引入裁判机制，让法院等具有强制执行能力的行政力量判定责任方，但这种流程非常烦琐和零碎。

基于区块链的智能合约便可以大大缩短这一流程，参与供应链的各方可以大幅减少运营成本，也会大大降低争议的发生率和连带的法务和金融费用。例如，在典型的供应链流程中，一般会约定多少天内付款可以享受折扣，这是对快速结算应收账款的激励。智能合约就可以简化该流程，避免在该流程上发生的各种票据和IT资源的浪费。

另外，一家企业经常会通过在一定程度上增加运营杠杆和财务杠杆这样的手段来尽力提高净资产回报率。运营杠杆起到的作用是增加固定支出的效能，而财务杠杆起到的作用是增加股东的回报。不过，人们一般情况下很难计算出所谓“一定程度”的确切数据，有的经营者使劲加杠杆，只要现金流不断，就想方设法支付利息。有的经营者幸运，赚得盆满钵满，也有的经营者悲惨到跳楼自尽。杠杆的运用程度之所以很难科学计算，是因为数据的采集过程存在瑕疵，数据库的真实性是存疑的。也就是说，企业的经营数据是否完全符合现实情况是不能保证的。

如果需要完全保真的数据，在理想情况下数据的上传应在无人环境。5G技术在此时就显得极为重要，因为真实数据可以立即上传到区块链，不可篡改。在此前提下，智能合约的运用就有了保障。如果出现争议，各方就可以立即访问对应的区块，判断该合约是否正确地满足各种先决条件，这样就省去了长时间的、资金庞大的诉讼。

（二）智慧城市领域

智慧城市有着巨大的产业范畴，包括智慧政务、智慧安防等应用场景。区块链和5G融合将为智慧城市的建设带来更好的体验，不断改善我们的生活。

1．智慧政务

由于区块链具备不可篡改、不可删除、可追溯等特性，这为政府的智慧政务提供了可信的数据互通能力。与5G技术融合以后，数据互通互信的效率能得到大幅度提升，而更多的新业务会为政务服务带来更多、更丰富的新体验。例如，智能合约能够支持政务高效远程审批，节省大量的时间和人力。又如，将5G和区块链技术应用于电子投票系统，以消除选票欺诈，在这方面我们已经在迪拜和莫斯科看到了较为成熟的创新。例如，莫斯科已成为第一个在电子投票系统中使用区块链的城市，旨在消除选票欺诈。

税务部门、工商管理部门等都可以运用5G和区块链技术快速定位票据、登记信息，避免作假行为发生，不断为公司信用提供保障，为相关的各方提供值得信赖的全方位视角。以前通过各种不必要的行政手段束缚中小企业手脚的做法如今不值得提倡了，基于区块链的城市级贸易物流和财务管理解决方案可以通过消除不必要的验证环节来提高效率，提高透明度。

未来，视频或AR/VR影像会记录更多的政务数据信息，政府服务的类型会变得更加多样化和立体化，包括市民政务服务、应急指挥调度和政府数据展示等。这些场景会大量应用区块链技术，以帮助政府各部门进行身份识别，保证办事过程的信息不可篡改，事后可追溯，这些功能可以为5G场景下的智慧政务提供更加可靠、可信的解决方案。

2．智慧安防

5G和区块链的融合在智慧安防领域体现在两个方面，如图13-5所示。

图13-5　智慧安防

（1）智慧城市监控。智慧城市监控是区块链在智慧城市中的一个典型应用，也是整个安防领域中最核心的环节，它涵盖了智慧城市建设主要的数据传输环节。

随着5G技术融合到安防产业中，安全警报器、传感器和摄像头的部署量会呈大幅度增长的趋势。为了保证这些监控及数据传输的安全，监控设备之间可以成立区块链，以保证所有上传数据的真实性，结合5G带来的更高清的画面和更丰富的视频细节来提高视频监控的分析价值。

（2）智慧园区安防。智慧园区是指融合新一代信息与通信技术，具备迅速采集信息、高速传输信息、高度集中技术、智慧实时处理和服务提供能力，实现园区内及时、互动、整合的信息感知、传递和处理，以提高园区产业集聚能力、企业经济竞争力和可持续发展为目标。从狭义上来理解，智慧园区等于智慧社区，但其实智慧社区只是智慧园区建设的一小部分。除了智慧社区，广义的智慧园区建设还涉及智慧写字楼、智慧工厂、智慧场馆、智慧商圈、特色小镇、智慧产业园（地产）、智慧开发区、产业新城以及智慧景区等多个类型。

如今，人们对智慧园区安防的重视程度越来越高。智慧园区安防的重点是监控众多摄像头、压力、温度等传感设备。现在无线监控设备和有线监控设备都处于运行状态，而无线监控设备具备安装方便、灵活性强、性价比高等优势，逐渐受到越来越多用户的重视。不过，由于带宽资源有限，干扰因素过多，视频信号数据量大，且实时性要求很高，目前无线监控设备的发展已经遇到瓶颈。

随着5G网络技术的成熟、设备的大面积铺排和资费下降，这些问题都可能得到有效的解决。网络监控无线化是未来的发展方向。同时，在区块链技术的支持下，不同园区或区域的安防数据可以实现共享，并可杜绝数据造假、推卸安全责任等隐患。

（三）物联网领域

物联网是基于互联网、传统电信网等信息承载体，让所有能行使独立功能的普通物体实现互联互通的网络，是互联网基础上的延伸和扩展，将各种信息传感设备与互联网结合起来形成一个巨大的网络，实现在任何时间、任何地点以及人、机、物的互联互通。

随着5G技术的发展，物联网进入全面发展时期，但安全问题（包括数据隐私、数据传输和存储安全等）成为物联网的最大弱点。所谓“万物互联，安全先行”，安全可靠是物联网产业获得发展的先决条件。物联网终端数量巨大，传感器种类繁多，不同设备之间的数据传输极易受到攻击，设备很有可能成为“僵尸”设备，对系统、数据和网络安全构成巨大威胁。

因此，将区块链应用到物联网中显得十分必要，电信运营商如何在区块链领域进行投资和布局将成为物联网创新初期落地的关键。

1．车联网

车联网是实现智能化交通管理、智能动态信息服务和车辆智能化控制的一体化网络，是物联网技术在交通系统领域的典型应用。

随着5G时代的到来，传统汽车行业逐步迈向车联网时代。不过，当前车联网依然存在很多问题，一是将数据通过网络传送到云端中央服务器进行分析运算的工作量非常庞大，出错率较高；二是车联网系统存在安全隐患，存在安全漏洞的设备可能会传送错误的数据，导致数据收集不准确，车辆防盗系统失灵等问题。

当5G技术发展成熟后，车联网面临的这些困境就能得到解决。5G网络的低时延、高可靠、海量连接能力不仅可以帮助联网车辆实时掌握车辆间位置、速度、行驶方向和行驶意图，还可以利用路边设施辅助联网车辆感知周边环境。

然而，5G技术仍然无法解决系统的安全隐患问题，这就需要运用区块链技术。区块链将车、人、服务商引入链中，可以解决以下四个问题，如图13-6所示。

解决车辆数据诚信问题	记录车辆完整生命线
由于区块链的不可篡改性，违章、故障、交通事故的现场等信息将会永久记录在区块链里，实现证据固化，解决车辆数据诚信问题	区块链可接入包括汽修汽配、车辆管理、汽车制造商、汽车租赁、保险等信息，而智能合约能够实现交易的自动执行
保障数据信息安全	**促进数据产生价值**
车辆与车辆之间、车辆与人之间、车辆与服务商之间等，通过分享由区块链保护的数据信息，提高驾驶安全性和服务商管理效率	通过车联网设备采集行车期间的车内外数据，用户可将自己的数据分享给第三方，让自己的诚信数据产生价值，并使自己获利

图13-6　运用区块链技术能够解决车联网的问题

2．无人机

无人机作为一种新型的科技产品，已融入人们的生活中，而无人机对于移动通信网络的需求也越来越旺盛。无人机以前使用遥控系统进行操控，属于点对点通信，控制范围十分有限。后来，人们设计出了全新的无人机通信方式，即网联无人机，利用基站联网来控制无人机。不过，在4G时代，无人机的空域定位精度约为几十米，在一些需要更高定位精度的应用场景，如园区物流配送、复杂地形导航等，需要增加基站提供辅助才能实现精准定位，否则无人机很容易出现失联等状况。

而在5G时代，针对上述应用场景的限制就能减少很多，无人机搭配5G网络，可以实现动态、高纬度的超高清广角俯视效果，并且能够吊装360度全景相机进行多维度拍摄。另外，借助于5G网络的超低时延和高速率的特性，无人机可以迅速地响应地面命令，地面人员对无人机的操控也能更加精确。

然而，无人机带来的海量通信数据使原有的中心化处理机制难以支撑，这时就需要区块链技术进行去中心化处理。无人机引入区块链技术能够拥有以下优势。

一是区块链技术可以解决无人机云系统大数据的信任危机问题，这些信任危机问题主要包括信息被篡改、被转移等。无人机实时数据被上传至分布式系统后会获取一个专属密钥，对应云系统的一个“储存箱”和“箱号”。在云系统中获得“箱号”内容，需与生成方在总账系统中临时搭建通道，通过专属密钥实现数据信息交互，交互过程会被盖上时间戳并记录于全网。

二是区块链技术可以解决数据存储问题。数据存储问题源于巨大的通信量，为了满足超大容量需求，可以尝试运用区块链技术解决安全方面的隐患，通过无线电频率及区块链管理系统强化商用无人机生态系统。

三是区块链技术可以辅助空中的交通管理。区块链技术融合5G技术，能够促使指令有效传递至各个无人机节点，使无人机节点间实现实时通信。

可见，融合5G和区块链技术的无人机行业一定会掀起新一轮的技术革命浪潮，提供最佳的路线规划、控制交通拥堵、强大的地理围栏和网络安全方法。

3．智能家居

智能家居是物联网领域的重要应用。目前市场上有很多智能家居产品，但由于受到各种限制因素的影响，每一个智能家居产品都成为单一的信息孤岛，无法互联互通，形成智能家居体系。

在5G时代，各类智能家居产品运用5G网络大带宽和低时延两大特性，通过5G网络接入云端，加速家居产品间的互联互通，推动智能家居行业的发展。由于5G信号可以与其他无线信号共存，不存在干扰风险，所以5G与4G相比能同时处理更多的用户需求。5G能够在三个不同的频段上运行，这就意味着5G可以根据连接的设备数量提供需要的速度，为繁忙地区的用户释放了容量，并在高峰时段降低速度放缓的影响。但伴随着智能家居行业的发展，数据存储和隐私安全面临着巨大的考验。

引入区块链技术后，智能家居设备会在一个去中心化的平台上运行，所有传输数据都会经过严格的加密处理，从而保障用户数据和隐私安全，弥补5G数据传输安全性不足的缺陷。

（四）工业互联网领域

工业互联网是互联网与物联网的一个交叉子集，它相对于两个母集之间需要解决更复杂的数据问题，这主要是因为数据源类型多样，数据混乱，数据关系复杂，大小不同，数量不同，频率也各不相同。由于涉及工业生产线上的每一个环节，工业互联网对可靠性和安全性的要求极高。5G结合区块链能够从网络、平台、安全三个方面全方位推进工业互联网的建设，5G能够在工业互联网中引入区块链提供可靠的网络支持，区块链上的任何一个节点都能建立可靠连接，从而提高工业互联网的安全性。

1. 智能制造

据统计，工业系统通信的时延需要达到毫秒级别甚至更低，才能保证控制系统实现精确控制，而如果在生产过程中时通信的延时过长，控制信息在传输过程中就会出现错误，生产过程就很容易中断，使企业遭受巨大的财务损失。

5G可以将生产时延降低到毫秒级别，使闭环控制应用通过无线网络连接成为可能，从而实现工业自动化控制。

在产品质量检验方面，传统的工业生产一般是在产品生产完成后对产品进行数据监测，但运用5G网络的大带宽、低时延特性，工程师可以对工厂中车间、机床等运行数据进行实时采集，运用5G边缘计算等技术在终端侧直接进行数据监测。而区块链特有的点对点通信和去中心化协作机制，可以使智能制造中的各种请求不必从中心系统一层层向外传递，从而提高工作效率。

在安全性方面，区块链技术能够将制造企业中的传感器、控制模块和系统、通信网络、ERP等系统连接起来，并通过统一的账本基础设施，让企业、设备供应商和安全生产监管部门长期、持续地监督生产制造的各个环节，提高生产制造的安全性和可靠性。同时，区块链的可追溯性和不可篡改性也能促进企业审计工作的开展，便于工作人员发现、追踪并解决问题，同时还能优化系统，大幅度提高生产制造过程的智能化管理水平。

2. 智慧物流

物流行业的巨头们基本完成了以无人机配送、无人仓智能分拣为代表的物流智能化布局，但是5G的出现才真正促使物流智能化落地，真正实现物流智能化应用的普及。5G低时延和海量连接的特性能够让车、仓、人、货之间互联互通，实现更高效的互动。但是，如何保证车、仓、人、货之间的安全协作依然是亟待解决的问题。通过引入区块链技术，区块链的不可篡改特性可以保证链中数据的安全，促进5G智慧物流的稳定和健康发展。

区块链技术的去中心化特性可以将客户隐私信息转换成代码，用代码确认客户信息，这样做能够有效减少客户隐私外泄的风险；而货物从一出厂就通过特殊编码形成身份信息，在整个流通过程中的每一个环节都通过区块链技术进行确认，使货物的身份信息、每一个物流环节和流通环节都透明可查，不可更改，让消费者买得放心。

在物流环节，收货人与货物需要进行验证匹配，信息不可更改，这样做可以提高货物的安全性。如今物流行业正在逐步增加无人机应用，引入区块链技术可以确保收货人和货物相互匹配，因为录入信息具备唯一性和不可更改性，如果不是收货人本人，就无法确认和接收货品。

区块链技术的可追溯性可以帮助人们查询货物的基础信息，让所有的货物问题都可以得到点对点的快速解决，降低承运和收货双方的信任成本，提高解决问题的效率，完善双方的隐私安全。

（五）新媒体领域

5G与区块链技术结合，有利于实现传统媒体与新媒体在内容、渠道、平台、经营和管理等方面的深度融合，形成平台化、开放式、高度互联的新兴媒体架构。

在日新月异的媒体行业，虚拟现实（VR）和增强现实（AR）即将成为新的媒体传播方式。不过，如今VR和AR技术仍然存在很多缺陷。例如，只能观看而无法交互，图像分辨率较低，导致模拟的逼真程度不够，且延时过长，观看者容易头晕。5G网络的高速率、低时延特性正好解决了VR和AR技术对网络的速率要求，使虚拟场景和现实场景得到完美的融合。

另外，5G网络的高传输速率也为高清视频的上传和终端无卡顿收看提供了可能，这有利于超高清视频直播技术的落地。可以预见的是，在5G技术的支持下，全新的媒体业务将迎来爆发式的增长。

在5G时代，新媒体行业创造的信息会更加丰富，用户的注意力会更加稀缺。不同于之前的中心化流量分发，区块链的出现有可能颠覆平台化的垄断收割模式，平台方抽走的利益有望回到内容生产者和用户手里。

区块链技术对于新媒体的内容生产、传播、变现、监管和收益分享等方面都有着极大的促进作用。“区块链＋新媒体”可以帮助创作者和投资人更快、更好地实现价值的生态化创造和价值转化，这也是整个行业的突破点。除此之外，新的媒体模式可以采用通证的方式进行激励，以推动资源和特定价值在生态之中流转，用产业通证打通上下游生态链，改变互联网文化传媒产业的生产关系，实现产业协同。

目前，已经有不少“区块链＋新媒体”的项目，致力于使用区块链和其他技术改变现有内容的市场格局，解决优质内容难以识别、传播和变现等问题。

与收集用户数据并卖给广告商的传统社交媒体相比，用户在Steem平台上可以利用自己的注意力赞赏别人或者制造财富，除了发表有价值的文章，还可以通过撰写高质量的评论、回复，或者为优质文章点赞来得到报酬。可以说，Steem平台能够使优质内容的创作者和读者都获得合理的奖励。